Beiträge

zum deutschen

Staats- und Fürstenrecht.

Von

Dr. August Wilhelm Heffter,
Professor in Bonn.

Erste Lieferung.

I. Ueber Ebenbürtigkeit, Standesgleichheit und Standesungleichheit in den deutschen souveränen und ersten standesherrlichen Häusern.

II. Ueber die Rechtsverhältniße der Staatsdiener.

III. Codex Austregalis Confoederationis Germanicae.

IV. Ueber staatsrechtliche Anomalien in den deutschen Bundesstaaten.

Berlin,
bei G. Reimer.
1829.

Zustand der publicistischen Studien in Deutschland; Aussichten und Anforderungen derselben,

— als Vorwort. —

Die Klage ist häufig und meistens gerecht, daß einzelne Theile einer so großen practischen Wißenschaft, wie es die Rechtskunde ist, die ein Kopf selten ganz umfaßt oder zu umfaßen Lust hat, vernachläßigt werde. Wenn es wirklich geschieht, so liegt der Grund entweder in den Zeitverhältnißen, wodurch ein bisher herrschendes positives System in seiner Basis erschüttert wird und ihm ganz neue Gegenstände und Erscheinungen vorgeführt werden, oder in dem stiefmütterlichen Geist, womit sich gerade die Regierungen eines Theils der Wissenschaft annehmen, während sie andre vorziehn und begünstigen, oder in Anmaaßungen andrer Wißenschaften, oder in individuellen Richtungen herrschender und besonders in gewißen Zweigen blühender Schulen, deren Anhänger, ohne den Geist ihrer Meister auch andern Zweigen einzuimpfen, sich meistens nur an die schon belebten und blühenden halten und so, ganz ohne den Willen der Meister selbst, eine gewiße Mode erzeugen.

*

So ist es zum Theil der Staats-Jurisprudenz oder den publicistischen Studien ergangen, ich meine der Wißenschaft des öffentlichen Rechts, samt ihren nothwendigen Vorkenntnißen, und ihrem diplomatischen Colorit.

Einer mäßigen Cultur hatte sich bisher noch zu erfreuen die Wißenschaft der völkerrechtlichen Verhältniße der Staaten, obgleich der Fleiß der Sammler bei der geringen Theilnahme schon zu erkalten anfängt.

Fortschritte sind in unsern Tagen gemacht in der Kenntniß und Literatur des Verfaßungsrechts der neuern Staaten, wofür das allgemeine Intereße gestiegen ist; und schon macht sich als neue Wißenschaft ein allgemeines positives Staatsrecht, wenigstens für die s. g. constitutionellen Staaten geltend. Geltung kann ihm aber bis jetzt nur als vergleichender oder Tendenz-Wißenschaft zugestanden werden.

Aber das vaterländische deutsche öffentliche Recht! Einst war es die Zierde und ein Glanzpunct der deutschen Universitäten; daß es jetzt einen sehr untergeordneten Platz daselbst einnimmt, daß es auch in der Literatur fast nur in wenigen Hand- oder Lehrbüchern lebt, ist eine Thatsache, die niemand bestreiten kann.

Der Werth der ältern deutschen Publicisten und ihrer Schulen bestand nicht etwa in ihren zahlreichen Compendien, worin überhaupt keine Wißenschaft besteht, auch nicht in ihren Theorien des deutschen Staatsrechts, die doch nur Theorien, obschon am Ende noch die einzige Charte der deutschen Constitution waren, sondern in der gründlichen geschichtlichen Bearbeitnng der Einzel-

Verhältniße, welche das deutsche Reich darbot, insbesondre des fürstlichen Familien- und des Regierungsrechts, sowie der geschichtlich begründeten Rechtsverhältniße der Unterthanen, ferner in der Ausforschung und Sichtung der Quellen für alles dieses; und eben hierdurch hat sich die ältere Schule ein unvergängliches Verdienst erworben.

Mit dem gänzlichen Verfall des deutschen Reichs und der Gründung des Rheinbundes war der Boden, auf dem sich diese Schule bewegt hatte, schwankend geworden; die Institutionen und äußern Erscheinungen, an welche sie sich gewöhnt und für welche sie ihre Theorien berechnet hatte, waren nun ihrem Blick verschwunden; sie konnte den Uebergang in die neue Zeit nicht finden. In des trefflichen Pütters allmähligem Hinsterben prägte sich gewißer Maaßen auch der Tod der ältern publicistischen Schule ab; für ihn waren in dem Stumpfsinn seiner letzten Lebenstage die neuen Erscheinungen Deutschlands bloße Nebelgestalten; er lebte oder träumte nur noch in der Erinnerung des deutschen Reichs. Statt deßen war nun jugendlicher Speculation und der Anwendung moderner staatsrechtlicher und politischer Theorien freier Spielraum gegeben. Niemand dachte beinahe mehr an das Alte. Was diese neue Schule gefördert hat, kann zu einem guten Theil, wie der Rheinbund an sich, als todte Schöpfung der Vergeßenheit übergeben werden. Geschadet hätte es wohl wenig, wenn die Rheinbundsfürsten alles Lehren und Schreiben über das Staatsrecht, auf einige Zeit wenigstens, verboten hätten, wie es in Schweden nach der

Restauration der Monarchie geschahe. Glücklich indeßen für die Wißenschaft und das practische Bedürfniß, daß von der ältern Schule einige Jünger übrig geblieben waren, welche die dort gesammelten Schätze bewahrten, und als eine festere Ordnung und Wiedergeburt nöthig wurde, ihre Dienste leisten konnten.

Durch die deutsche Bundes-Acte, ihre weitere Ausbildung und die gleichzeitige Consolidirung der öffentlichen Verhältniße in den deutschen Staaten gewann auch die Wißenschaft des deutschen öffentlichen Rechts wieder festern Fuß. Ein schon vollendetes Gebäude hat sie freilich nicht vor sich, und wie könnte sie das nur erwarten, aber ein im Aufsteigen noch immer begriffenes, kein so morsches, wunderlich zusammengefügtes, wie das System des alten Reiches war, an deßen Vollendung oder schönerer Gestaltung Jeder verzweifeln mußte.

Eben darum kann nun zwar noch keine hoch gespannte Forderung an die Wißenschaft des jetzigen deutschen öffentlichen Rechts gemacht werden; aber Aufgaben und Pflichten hat sie dennoch in Menge. Außer der Pflicht des Sammelns des Thatsächlichen und des wissenschaftlichen Ordnens des schon Bestehenden hat sie besonders die Aufgabe, an das, was aus der Vorzeit des deutschen Bundes geblieben ist, das Neue anzuknüpfen oder Jenes unter die neuen Verhältniße einzufügen; sodann das Bestehende nach seiner innern rechtlichen Natur zu erklären, die Einzel-Verhältniße und Anomalien zu erörtern, und wo es an direct entscheidenden Normen fehlt, diese durch die ihr zu Gebot stehenden künstlichen Mittel aufzusuchen; sie hat ferner immer die Befugniß ausgeübt, die weitere Ausbildung einzelner Verhältniße durch Behandlung der Stoffe vorzubereiten. Für alles dieß giebt die ältere publicistische Literatur nicht blos treffliche Muster, sondern auch völlig verarbeitete Materialien. Und schon darum ist die Kenntniß der alten Reichsverfaßung, selbst der ganz untergegangenen Institute, immerhin unentbehrlich *).

Nicht auf völlig gleiche Weise kann jedoch nach der Beschaffenheit des jetzigen öffentlichen Rechtszustandes in Deutschland bei allen Theilen deßelben zu Werke gegangen werden. Wie jeder weiß, so ist das öffentliche deutsche Recht ein wesentlich zweitheiliges; Bundesrecht und inneres Staatsrecht der zum Bunde gehörigen Staaten. Jenes ist ganz neu geschichtlich; nur wenig Fäden, mehr der Erinnerung als der nothwendigen Vermittlung, leiten davon zurück auf das Reichsstaatsrecht, z. B. bei den Bundesausträgen; es ist ferner ein reines Vertragsrecht, nicht ausgegangen von einer höhern gesetzgebenden Gewalt, also auch nicht aus allgemeinen Staatsrechts-Principien zu ergänzen, nach wie andere Gesetze zu erklären, sondern wie Völkerverträge. Nichts ist für Bundesrecht anzusehn, was nicht die conventionelle verfaßungsmäßige Zustimmung aller Bundesglieder, oder die Anerkennung eines grundgesetzlich gefaßten Bundesbeschlußes für sich hat. Die Wißenschaft kann hierbei fast nur als Sammlerin und systematische Ordnerin thätig seyn; gewiß darf sie aber auch für

*) Selbst aus der Reihe der academischen Vorlesungen darf das ältere Staatsrecht noch nicht gestrichen werden. Ich verbinde wenigstens das alte und neue.

erlaubt halten, einzelne Probleme der bisherigen Gesetzgebung technisch durch folgerechte Schlüße zu lösen, auch ihre Anwendung auf einzelne vorkommende Fälle zu versuchen, nicht minder auf gewiße Bedürfniße aufmerksam zu machen und so vorbereitend und dienend mitzuwirken. Denn wenn gleich der Bundes-Versammlung allein das Recht gebührt, die Bundesgesetze zu interpretiren und anzuwenden, so kann doch eben dabei der wißenschaftliche publicistische Gesichtspunct unmöglich ganz ausgeschloßen werden, es kann auch in contentiösen Fällen im Intereße einzelner Regierungen liegen, eben diesen Gesichtspunct aufrecht zu erhalten; nur versteht es sich von selbst, daß nicht bloße Compendiengelahrtheit oder einseitige Ansichten einzelner Publicisten als unumstößliches Resultat der Wißenschaft angesehn werden dürfen, und so genommen kann sich die Wißenschaft in ihrer reinen Idee nicht durch die Erklärung der resp. Bundesgesandtschaften vom 11. Decbr. 1823.*) verworfen oder erniedrigt finden.

*) »Es verdient wohl im Allgemeinen unsern Beifall, daß sich Schriftsteller mit Studien des Bundesrechts befaßt haben; es kann gleichfalls nicht befremden, daß nebst viel Gediegenem auch mancher Irrthum und falsche Theorieen zu Tage gefördert worden. Aber eben darum und weil die Anwendung der bestehenden Gesetzgebung und die fernere Ausbildung des teutschen Bundes nur allein durch uns — bewirkt werden kann, wäre es bedenklich und verantwortlich, solchen Lehren in unsrer Mitte irgend eine auf Bundesbeschlüße einwirkende Auctorität zuzugestehn.«

Etwas anders verhält es sich mit dem innern Staatsrecht der deutschen Staaten, welches sich wieder in der Behandlung in ein gemeinschaftliches inneres Staatsrecht aller, wenigstens der meisten deutschen Staaten theilen läßt, deßen Quellen die auf die innern Verhältniße sich beziehenden Bundesgesetze und das gemeinschaftliche deutsche Herkommen, oder beßer die allgemeine Entwickelungsgeschichte der öffentlichen Verhältniße in Deutschland sind — und in das eigenthümliche jedes einzelnen Staats *). Außer der größern Mannigfaltigkeit der Gegenstände, welch' ein größerer Umfang und Reichthum der Quellen, die meistens eine ganz andre Behandlung erfordern und zulaßen, als die bundesrechtlichen, und wie viel hat die Wißenschaft hier zu lösen, und wie wenig entbehrlich ist sie hierbei, besonders in den Staaten, wo nicht völlig neue, geschriebene Verfassungen, oder Organisationen an die Stelle des frühern, mehr herkömmlichen Zustandes getreten sind. Hier handelt es sich nicht blos von geschriebenen Gesetzen, sondern von Herkommen und Geschichte.

*) Warum Einige kein gemeinsames inneres Staatsrecht der deutschen monarchischen Staaten, ja selbst der freien Städte annehmen wollen, ist mir nicht begreiflich. Giebt es nicht bundesgesetzliche Bestimmungen hierüber, z. B. über die Landstände, die Mediatisirten; giebt es nicht so viele Erscheinungen und staatsrechtliche Institutionen, die alle aus gemeinsamen Quellen hervorgegangen sind und im Wesentlichen ihre Natur beibehalten haben? z. B. Begriff und Eintheilung der Hoheitsrechte? Warum dieß nicht in der Gesamtheit entwickeln wollen?

Wie wenig oder wie viel für dieß Alles in unsern Tagen geschehn sey, geschehen konnte, bedarf keiner langen Auseinandersetzung. Was Schmelzing und Cucumus für Baierns Staatsrecht gethan, was besonders Weiße für das königlich-sächsische geleistet, steht noch sehr isolirt in der publicistischen deutschen Literatur. Bundesrecht und gemeinsames inneres Staatsrecht haben bisher nur einige compendiarische Darstellungen aufzuweisen, wovon die vorzüglichern und vollständigern bekannt genug sind. Am meisten fehlt es noch an dem, was gerade sonst der deutschen Jurisprudenz so viel Festigkeit gab, an Emporhebung der deutschen Reichs- und Staatsgeschichte, welche alle öffentlichen Verhältniße und Veränderungen sowohl der Gesammtheit als der einzelnen Staaten umfaßen muß, und wozu die Leistungen Eichhorns und nun auch v. Lindelofs treffliche Initiativen enthalten. Sehr fühlbar macht sich außerdem der Mangel eines rein staatsrechtlichen deutschen Archivs, einer periodischen Sammlung von Staatsanzeigen über neue Einrichtungen, Gesetze, wichtige Judicate, dergleichen das alte Reich und selbst der Rheinbund noch aufzuweisen hatten; wie einsam steht nicht der Publicist, jeder in seinem Vaterland, und nur zeitraubende Correspondenz, kostspielige Mühe, kann ihm Nachrichten über die öffentlichen Verhältniße anderer Staaten, ja oft seines eignen Landes verschaffen. Möchte doch unter tüchtiger Leitung eine wohlgeordnete Staats-Canzlei wieder erstehen, sie wäre gleich wichtig für die Wißenschaft, wie für unsre Staatsmänner, und, wenn überhaupt ein Nationalband alle Deutschen umschlingen soll, belebend für das Ganze. Ein solches Institut würde dann zugleich trefflich zur Aufnahme von Monographien über staatsrechtliche Einzelverhältniße dienen, deren es noch so viele, nicht genugsam aufgeklärte giebt, und wofür unter andern die nachfolgenden Blätter einige Beiträge liefern sollen.

Nicht höher als die neuere publicistische Literatur steht auch im Allgemeinen bei der stattfindenden Wechselwirkung die publicistische Cultur auf den deutschen Universitäten. Zwar die Vorlesungen über deutsches und Landesstaatsrecht, über Völkerrecht, werden herkömmlich gehalten und besucht; das ist aber auch beinahe Alles was geschieht, und eine gewiße Lauheit, gleichsam als handle es sich nur von einer leicht ergründbaren Nebensache, dabei unverkennbar. Denn außerdem herrscht beinahe ein tiefes academisches Schweigen am publicistischen Horizont, gegen die sonstige Thätigkeit und Regung, kaum daß hin und wieder ein Programm oder eine Dißertation dieses Schweigen bricht. Fehlt es etwa an Gegenständen? Wahrlich Nein! Die öffentlichen Verhältniße sind freilich um Vieles geordneter als ehemals, und zum Theil auch noch in der Bildung begriffen: daß aber die Wißenschaft dabei ganz feiern könne oder müße, wird hoffentlich Niemand behaupten. Schon hat sich die Oberflächlichkeit und Ungründlichkeit hierin gerächt; denn selbst bei wichtigen Streitfällen unsrer Tage hat sich nur in wenigen der darüber gewechselten Streitschriften ächter publicistischer Geist geoffenbart.

Welches nun auch die Ursachen dieses Zustandes der

Dinge seyn mögen, ob vielleicht die privatrechtliche Schule, bei dem in ihr herrschenden neuen geistigen Streben und der Beanspruchung so vieler Kräfte, die publicistischen Studien niederdrücke, wenigstens nicht viel Raum dazu vergönne? *) — gewiß sollten die deutschen Hochschulen und Juristenfacultäten diese Studien wieder in ihrem ganzen Umfang, ihrer ganzen Gründlichkeit mit aller geistigen Kraft emporheben und den Standpunct der ältern Schule wieder zu gewinnen suchen. Noch immer sind sie die hauptsächlichste Bildungs-Anstalt für Staatsmänner, selbst der ersten Claße. Auch die Diplomatie — nicht in der engern Bedeutung des Worts, als die Formenkenntniß der ministeriellen Bewegung in auswärtigen Angelegenheiten, sondern in der höhern, als das Aggregat verschiedner und mannigfaltiger Wissenschaften zur Leitung jener Angelegenheiten — Flaßan zählt ihrer acht — auch die Diplomatie

*) Daß, wie in der etwas hectisch geschriebenen Vorrede einer sonst sehr achtbaren neuern Streitschrift gesagt ist, der große Haufe der heutigen Rechtsbeflißenen, der bei dem Privatrecht, fast nur bei dem römischen stehn bleibe, auf diese sauer erworbene Halbwißerei sogar stolz sey, also jedes andre Studium geringschätze, mag hier, als ein in überreizter Stimmung gesprochenes Wort als Beweis nicht angeführt werden. So lange das publicistische Studium so darniederliegt, kann dem privatrechtlichen ein kleiner Hochmuth nicht so übel genommen werden. Gegen die ältere Schule würde solcher Hochmuth sehr übel anstehn. Wie viel übrigens auch dem Publicisten am Privatrecht gelegen seyn müße, erkannte am Besten J. J. Moser.

wird zu ihrer feineren Cultur nicht leicht des academischen Lehramts und der Universalität seiner Erbringungen entbehren können *). Eigne Staatsacademien sind bisher in ihren ersten Versuchen gescheitert. Vielleicht aber wären die Hochschulen in Residenzen am geeignetsten, um durch begabte Lehrer das Studium der diplomatischen Wißenschaften besonders zu fördern, weniger mit Organisirung eines bestimmten systematischen Cursus, als durch Einzel-Vorträge über gewiße Hauptgegenstände und Anleitung zum Studium des Uebrigen.

Doch nicht blos der Diplomat, der Staatsmann erster Claße, kann publicistische Kenntniße als sein Eigenthum betrachten wollen; der gewöhnliche Richter und Rechtsfreund bedarf ihrer, wenn er seinen Kreis ganz ausfüllen will, nicht minder, um die ihm vorgelegten Rechtsfälle zu durchdringen und gründlich zu erörtern, da sie oft in die öffentlichen Verhältniße eingreifen. Und welch ein hoher Beruf für die Mitglieder der obersten Gerichtshöfe in den deutschen Staaten, im Bundes-Austrägal-Wege, Rechtssachen unter Souveränen selbst entscheiden zu sollen. Möge es also durch Ver-

*) Natürlich begriffen und gesagt schon in einem Responso Consist. Dresd. vom 14. April 1630. bei Pfeffinger zu Vitriar. tom. I. p. 7. über die Frage: ob etwa die professio juris publici abzuschaffen und künftig nur doctores juris privati zu creiren? »Es würde, heißt es daselbst, viel zu lange gewartet werden, wenn die Adlichen und ICti ihr jus publicum erst in aula, da man keine praecepta, sondern nur exempla findet, erlernen wollten.« Vgl. auch L. v. Dresch kleine Schriften. Ulm 1827. No. 1.

nachläßigung der publicistischen Studien und weiter schreitende Unkunde nicht dazu kommen, daß der deutschen Universal-Jurisprudenz jener hohe Beruf entzogen würde, oder daß sich eine von den übrigen juristischen Elementen losgetrennte, besondre diplomatische oder politische Staats-Jurisprudenz, mit einer eignen Competenz bildete, während der gemeinen Rechtskunde nur das Privatrecht überlaßen bliebe. Zwar können Diplomaten vollkommen gute Rechtsgelehrte und also auch Richter seyn; leicht aber könnte die Begegnung des politischen und Rechts-Elements in ihrem Wirkungskreise zur weitern Ausbildung des s. g. Convenienz- oder Intereßen-Rechts hinführen, zu einer Biegsamkeit des Rechts nach politischen oder diplomatischen Tendenzen. Und welch ein Widerspruch wäre dieß mit dem Geiste des wiederhergestellten Gleichgewichts, mit dem Grundsatz des heiligen Bundes, nur die Gerechtigkeit in den äußern und innern Verhältnißen der Staaten herrschen zu lassen!

* * *

Sehr bezeichnend sind für den Gesichtspunct, den der preußische Staat, woran den Verfaßer das nächste, innigste, vaterländische Intereße knüpft, hinsichtlich der publicistischen Cultur verfolgt, nachstehende zwei Actenstücke:

Das Erste eine Bekanntmachung des Ministeriums der auswärtigen Angelegenheiten v. 17. Febr. 1827. die Ausbildung junger Diplomaten betreffend:

Mittelst Allerhöchster Cabinetsordre v. 4. d. Mts. haben Se. Maj. der König zu bestimmen geruht: daß, obwohl die Wahl unter den für die diplomatische Laufbahn sich meldenden jungen Leuten nach wie vor lediglich dem Chef des Ministerii der auswärtigen Angelegenheiten überlaßen bleibt, diese in Zukunft doch nur ausschließlich auf solche Individuen fallen solle, die nach zurückgelegten dreijährigen academischen Studien und besonderer verfaßungsmäßiger Prüfung Ein Jahr bei einer Provincial-Justiz-, und ein Zweites bei einer Landes-Administrations-Behörde gearbeitet und in Hinsicht ihrer erlangten Geschäftskenntniß hinreichende Amtszeugniße aufzuweisen haben. Gleichzeitig aber ist Allerhöchsten Orts festgesetzt worden, daß der etatsmäßigen Anstellung der zum Dienste im Ministerio der auswärtigen Angelegenheiten unter obigen Bedingungen zugelaßenen Personen in Zukunft jedesmal eine, im Ministerio selbst zu bewirkende schriftliche und mündliche Prüfung der resp. Bewerber vorangehn und bei dieser auch insbesondre mit darauf gesehen werden solle, daß dieselben die gehörige Kenntniß der innern Verwaltung, des Cultur- und gewerblichen Zustandes und der vorzüglichsten Handels-Intereßen des Vaterlands besitzen.

Die diesfalligen Allerhöchsten Bestimmungen — werden hierdurch zur Kenntniß — gebracht ꝛc. *).

Es liegt unverkennbar in dem Sinn dieser Verordnung, daß die angehenden jungen Diplomaten ein ordentliches juristisches und cameralistisches Studium ge-

*) S. die Amtsblätter der KK. Regg. v. 1827. (Cöln. S. 37. Düßeldorfer S. 81. u. s. f.)

macht haben müßen; und davon ist allerdings nur Ersprießliches zu erwarten.

Das zweite ist eine frühere königl. Verordnung *), welche den Mitgliedern des Departements der auswärtigen Angelegenheiten den vollständigsten Besitz publicistischer Kenntniße zum Behuf einer fast richterlichen Function zur Pflicht macht, folgenden Inhalts:

Es können Fälle vorkommen daß bei Proceßen zwischen Privatpersonen und dem Fiscus, oder zwischen Privatpersonen unter sich, über die Auslegung von Staatsverträgen, welche auf die Entscheidung der Sache Einfluß haben, von den Parteien entgegengesetzte Behauptungen aufgestellt werden.

In Erwägung — daß Staatsverträge nach den bei ihrer Schließung zum Grunde liegenden Motiven, nicht nach allgemeinen Auslegungsregeln interpretirt werden können; — daß die in speciellen Fällen darauf Bezug habenden Entscheidungen der Gerichtshöfe zu einseitigen Interpretationen führen möchten, welche in den Augen andrer betheiligten Gouvernements als Verletzung der Staats-Verträge angesehen werden, solchergestalt aber in die öffentlichen Verhältniße störend eingreifen dürften; — daß das Ministerium der auswärtigen Angelegenheiten, es mögen dergleichen Staatsverträge mit oder ohne Concurrenz des Preußischen Gouvernements abgeschloßen seyn, sich theils im Besitz der dahin einschlagenden Verhandlungen befindet, theils in den Stand gesetzt ist, eine nähere Kenntniß aller Verhältniße zu gewinnen, welche auf

*) Ges. Sammlung v. 1823. S. 19.

die Entstehung und Abfaßung derselben eingewirkt haben:

setzen Wir auf den Antrag Unsers Staatsministerii hiemit Folgendes fest: Wenn im Laufe eines Proceßes über den Sinn einer in einem Staatsvertrage enthaltenen, zur Entscheidung der Sache beitragenden Bestimmung, oder über die Frage: welcher von mehreren zugleich in Betracht kommenden Staatsverträgen und in wie weit dieser oder jener zum Grunde zu legen sey? desgleichen über die Frage: ob und in wie weit ein in Bezug genommener Staatsvertrag überhaupt an und für sich als völkerrechtlich giltig anzusehn sey? unter den Parteien entgegengesetzte Behauptungen aufgestellt werden; so sollen die Gerichte, ohne Unterschied, ob der preußische Staat bei der Abschließung solcher Verträge concurrirt hat oder nicht, verbunden seyn, vor Abfaßung des Erkenntnißes die Aeußerung des Ministeriums der auswärtigen Angelegenheiten einzuholen *) und sich darnach bei der Entscheidung lediglich zu richten.

Urkundlich rc. Gegeben Berlin den 25. Januar 1823 **).

Diese Allerhöchsten Bestimmungen sind publicistisch und proceßualistisch denkwürdig. Welche besondre Ver-

*) Durch das Justiz-Ministerium nämlich. Vgl. Minist. Verordn. v. 20. Juni 1823.

**) Ein belehrendes anderweitiges Rescript d. J. M. s. in v. Kamptz J. B. XXVIII, S. 290.

anlaßung sie gehabt haben, ist unbekannt; sie waren vielleicht die Folge der Aufstellung eines Princips, daß in diplomatischen Angelegenheiten den ordentlichen Gerichten keine Wirksamkeit zugestanden werden dürfe, eine Ansicht, die auch am Bundestage von der Königl. Gesandtschaft fast gleichzeitig geltend zu machen versucht ward *). Auf jeden Fall sind die angegebenen allgemeinen Motive der Verordnung und der Inhalt der letztern selbst klar und keiner zweideutigen Auslegung fähig. Die Gerichte, ist dabei supponirt, sind nicht immer im Besitz der nöthigen Materialien und nähern Kenntniße, um Sinn, oder Giltigkeit, oder Anwendbarkeit eines Staatsvertrags in einzelnen Rechtssachen zu beurteilen; ihre Entscheidungen könnten zu einseitigen Interpretationen führen und diese zu Collisionen mit andern betheiligten Regierungen. Entsteht in einem Proceß unter den Parteien Streit über solche Puncte: so sind die Gerichte schuldig, darüber die Aeußerung des Ministeriums der auswärtigen Angelegenheiten einzuholen; diese Aeußerung ist aber nicht etwa eine blos gutachtliche, welche die Gerichte nicht absolut bindet, wenn sie gegen ihre Ueberzeugung wäre, wie in einigen andern Fällen nach der preußischen Gerichts-Verfaßung vorkommen kann **): sondern die Gerichte sollen sich darnach bei der Entscheidung lediglich achten, und selbst der höchste Gerichtshof würde daran gebunden seyn, wenn nicht etwa das consultirte Ministerium auf Gegenvorstellungen seine

*) M. vgl. die Bundestags-Protoc. Bd. XII. S. 92 u. 374.

**) Vgl. Anh. zur A. G. O. §. 102—104.

Meinung änderte. Es ist also dadurch eine Ausnahme von der den Gerichten sonst zustehenden unabhängigen Entscheidungsgewalt (A. G. O. Th. 1. Tit. 13. §. 31. Cab. O. vom 6. Septbr. 1815. Ges. S. S. 198.) festgesetzt. Das Ministerium entscheidet die vorgelegte Frage und wird dadurch in der Regel den Proceß zugleich entscheiden, wie es in der That schon in wichtigen Privatsachen der Fall gewesen ist. Es wird auch zuweilen Richter in eigner Sache seyn müssen.

Die Anfrage fällt nur weg, wenn die Parteien unter sich wegen des einschlagenden Staatsvertrags einig sind. Sobald aber auch nur ein Theil streitet, oder entgegengesetzte Behauptungen aufstellt, muß sie geschehen, und nach diesen deutlichen Worten kann sie der Richter nicht einmal durch die Berufung auf Notorietät (A. G. O. 1, 10. §. 56.) oder unter dem Vorwand der gänzlichen Unerheblichkeit und des Ungrundes eines Widerspruchs verweigern.

Der preußische Staat übernimmt dadurch offenbar die Gewährleistung solcher Judicate, stellt sich unmittelbar gegen andre Staaten dafür hin, und entlastet die Gerichte selbst jeder deßfallsigen Verantwortlichkeit.

So viel bekannt, giebt es bis jetzt in keinem andern Staate ähnliche Bestimmungen; ich nehme Frankreich aus, wo nach der bestehenden Verfaßung staatsrechtliche Fragen solcher Art der Administrativ-Justiz, folglich dem Staatsrath in höchster Instanz, einem großen, mit richterlichen Attributionen schon versehenen Corps, in vielen Fällen anheimfallen werden. Da wo Aehnliches nicht der Fall ist, wird man sich ohne Zweifel an das Princip halten, daß der Staat selbst die Entscheidungen der unabhängigen Gerichtshöfe und ihre Ansichten nicht zu vertreten habe; und daß Entscheidungen gegen Inhalt, Sinn, Anwendbarkeit eines Staatsvertrags, also gegen das jus publicum, an sich nichtig sind, deren Execution nicht gestattet zu werden braucht, und woraus keine Verpflichtungen selbst nicht unter den Parteien entstehen können.

I.

Ueber

Ebenbürtigkeit, Standesgleichheit und Standesungleichheit in Beziehung auf die Ehen und Nachkommenschaft in den deutschen souveränen und Ersten standesherrlichen Häusern [1]).

Die Geschichte des Stoffs, deßen Bearbeitung für unsre Zeit hier nur mit einer gewißen zaghaften Bangigkeit versucht und gewagt wird — denn wer meiner Leser, auf die ich mir Hoffnung mache, kennt nicht den schwanken Boden dieses Feldes — die Geschichte ist ein lebendiger Spiegel, wie eine aus dem germanischen

1) Die Lehre von den morganatischen Ehen, wovon die deutschen Fürsten immer nur einen eben so weisen als zarten Gebrauch gemacht haben, bleibt ganz unberührt. Das Recht dieser Ehen ist in den Hauptpuncten nicht streitig.

Volksleben hervorgegangene, mit den äußern Verhältnissen in vollkommenem Einklang stehende Idee zuerst als fest begründetes Recht angenommen und geheiligt ward, wie sie dann im Kampf mit neuen Erscheinungen, die ihre Grundlagen zerstören, und von fremdartigen Rechtsansichten erschüttert ja mit einem gänzlichen Untergang und Verwischung bedroht wird, dennoch aber sich in ihrer moralischen Kraft erhält, ob ihr auch die Weihe des Rechts, der äußern Erzwingbarkeit streitig gemacht wird und unter neuen Verhältnißen neue rechtliche Haltbarkeit zu gewinnen trachtet und auch wirklich gewinnt. Die moralische Stärke solcher Ideen ist vergleichbar der geheimnißvollen innern Zeugungskraft der Erde, äußerlich zwar bedingt durch Temperatur, Witterung und Bearbeitung, doch ohne äußeres Gesetz der Nothwendigkeit und nur in sich unabänderlich und gleich.

Folgende Zeiträume kommen bei unserm Gegenstand in Betracht:

die Zeit der Herrschaft der ältesten Volksgesetze;
die Feudalzeit;
die Zeit des neuern Reichsstaats bis zur Auflösung desselben;
die Zeit des Rheinbundes;
die Zeit seit Stiftung des deutschen Bundes.

Die drei ersten Zeiträume sind in dieser Beziehung von den besten deutschen Publicisten so oft und von so verschiedenen Seiten her, wenn gleich selten ganz unparteiisch beleuchtet worden, daß es schwer halten möchte, dazu noch eine bedeutende Nachlese zu liefern, ganz abgesehn von dem wenig Lohnenden einer solchen Arbeit.

Nothwendig bleibt es jedoch, das rein Thatsächliche sowohl der ältern Rechtsansichten als auch einzelner wichtiger Fälle mit Benutzung der verschiedenen Schriftsteller [2]) in möglichster Kürze zusammenzustellen. Ohnedieß wäre die Arbeit ohne alle Basis und der Schriftsteller über einen solchen Gegenstand nicht zur Sache legitimirt. Weniger hat die Rheinbunds-Periode an publicistischen Behandlungen unsers Stoffs aufzuweisen, beinahe nur eine kurze Diatribe von Gönner [3]); am Wenigsten und fast nur Beiläufiges die neueste Zeit. Gewiß hat die Rechtswißenschaft aber den Beruf, sich in jeder Zeit über die Ansichten derselben auszusprechen und sie in das Archiv der Geschichte niederzulegen. Eine andere Absicht hat der Verfaßer des Gegenwärtigen nicht; er schreibt völlig ohne Beziehung auf einen gewißen Fall; denn dazu bedarf es immer eines besondern Berufs für die Wissenschaft; die Jurisprudenz soll kein geschwätzig klatschhaft Weib seyn, das überall nur die Neuigkeiten und Einzelfälle aufgreift und herumträgt; nein, sie soll die Idee, die Natur der menschlichen Dinge in ihrer Reinheit, abgezogen von allem blos Zufälligen, auffaßen und darstellen.

2) Eine Recension derselben s. bei Pütter über Mißheirathen teutscher Fürsten und Grafen. Götting. 1796. S. 490. ffg. Sonst findet man die Verzeichnisse der großen Menge von Schriften über diesen Gegenstand in den bekannten Literaturwerken für deutsches Staats- und Fürstenrecht.

3) Gönners Archiv für Gesetzgebung. Bd. 1. v. J. 1808. S. 296. flg.

I.

Aeltestes Recht.

Durch das erste und zweite Zeitalter, die wir sogleich mit einander verbinden, geht das Princip: Einem Jeden giebt seine Geburt sofort einen bestimmten Stand mit gewißen davon abhängigen Rechten. Ehen unter ungleichen Standesgenoßen sind zwar nicht überall verboten, doch gegen die Ordnung: ein Kind ist aber nur dann seinen beiden Eltern ebenbürtig, d. h. beiden an Stand und an Rechten gleich und erbfähig, wenn beide Eltern gleiches Standes sind, sonst folgt es der ärgern Hand, wird nur des niedrigern Standes theilhaftig, erbfähig nur in Ansehung des dem Stande nach geringern Theils seiner Eltern.

Zeugnisse liegen vor. Eins der ältesten und bestimmtesten ist jenes von Meginhard aus dem 9. Jahrhundert, bei Adam von Bremen[4]) aufbewahrt und von Conradus Urspergensis wiederholt, wo es von den alten Sachsen, den treuesten Bewahrern alter Sitte und ihres Rechts also heißt: »Kein Volk sorgt so wie sie für Geschlecht und »Adel; nicht leicht sind bei ihnen Heirathen mit Leuten »aus andern Völkerstämmen oder zwischen höhern und »niedrigern Standesgenoßen vorgekommen, sondern im»mer war ihr Streben, sich ein eignes, unvermischtes »und gleiches Geschlecht zu machen. Ja die Gesetze ver»langen sogar, daß immer nur Gleiches sich zu Gleichem »ehelich gesellen, der Nationaladel nur mit adlichen

4) Histor. eccles. 1, c. 4. 5. ann. 1076.

»Frauen, der Freie nur mit einer Freiin, der Freige»
»laßene nur mit einer Freigelaßenen, der Hörige nur mit
»einer Hörigen sich verbinde. Und wer aus niedrigerm
»Stande sich etwa ein Weib aus höherm Stande genom»
»men, kann wohl um Hals und Hand beklagt werden.«
Freilich ist es außer dieser letztern Stelle und einer andern im Westgothischen Volksrecht 5) durch kein Volksgesetz erweislich, daß jede Ehe unter ungleichen Standesgenossen auf den Theil, der zum höhern Stand gehörte, einen bestimmten Nachtheil für seine Person gezogen habe, wenn nicht etwa Freie und Unfreie einander heiratheten, (Schw. L. R. 60.) daran aber kann gar nicht gezweifelt werden, daß ein jedes ungleiches Band auf die Rechte der Nachkommenschaft einen nachtheiligen Einfluß äußerte, indem diese nur in den Stand des geringern Theils eintrat 6). Und vorzüglich wird dieß klar in den Zeiten des Mittelalters oder des Ritterthums und der s. g. Feudalherrschaft.

Nach den Rechtsbüchern gab es jetzt einen dreifachen, sehr bestimmt abgeschnittenen Geburts- oder Geblütsunterschied unter den Freien, womit die Heerschildsverfassung obschon nicht unbedingt 7) in Zusammenhang trat.

5) III. 1. 8.

6) L. Ripuar. tit. 58. §. 11. Selbst das ältere canonische Recht weiset auf die germanische Sitte und das darauß gegründete Recht ungleicher Ehen anerkennend hin. C. 32. qu. 2. can. 12. qu. 4. can. fin.

7) M. vgl. z. B. Sächs. L. R. 3, 63. (Homeyer) Schw. L. R. 9.

Den obersten Platz hatten die **Semperfreien**, die höchst Freien, der uralte eigentliche Adel, der sich schon seit den ältesten Zeiten in die Fürsten (principes) und in den übrigen Adel, d. h. in die freien Herrn des Reichs mit oder ohne ausdrücklich verliehenen Grafenrechten (Grafen und Herrn) und mit unmittelbarer Reichsdienstverpflichtung und darnach auch in den dritten und vierten Heerschild theilte; diesen standen zunächst (im fünften Heerschild) die **Mittelfreien**, alle Freie mit mittelbarer Reichsdienstpflicht unter den Fürsten und Grafen, nämlich theils diejenigen, welche wegen ihres freien Grundbesitzes zu Reichsschöppen geeignet auch schon in der dritten Generation von Vater und Mutter her frei waren — schöppenbar freie Leute — theils die Lehnsmänner und höhern Ministerialen des Reichs und der Semperfreien mit Ritterdienst; — endlich im sechsten und siebenten Heerschild alle übrigen ehelich, nicht in wahrer Eigenschaft geborne freie Leute, die andern Dienstmannen der Semperfreien, die Lehnsmannen der Mittelfreien, die Biergelden, Pfleghaften und sonstigen freien Landsaßen, bei denen allen eine eigentliche Geblütsverschiedenheit nicht angenommen ward [8]).

Diese verschiedenen Geblütstände wurden demnach durch die Geburt bestimmt, erworben und übertragen. Niemand konnte sich ein besseres Recht erwerben, als ihm angeboren war. Sächs. L. R. 1, 16. Schw. L. R. 397.

8) M. vgl. über Alles dieß Wippo, vita Conr. Sal. ap. Pistor. p. 428. »Principes, milites primi, milites gregarii, quin ingenui omnes, si alicujus momenti.« Sodann Sächs. L. R. 1, 3. 3, 45. 73. Schw. L. R. 8. 49.

Eine Frau trat wohl immer durch die Ehe in das Recht des Mannes an äußern Ehren, Buße und Wehrgeld; er ward ihr Vormund und sie seine Genoßin, wenn sie in sein Bett trat; starb er, so ward sie ledig dieses Rechts und trat in ihr früheres Geburtsrecht zurück 9). Bei den Kindern kam aber bei ungleichen Ehen nur der Geblütsstand des niedrigern Theils in Betracht. Es war Niemand semperfrei, wann deß Vater und Mutter semperfrei waren; war nur ein Theil semperfrei, der andere mittelfrei, so war auch das Kind nur mittelfrei und Semperfreien nicht ebenbürtig. Schw. L. R. 50. 328 Blos das eheliche Kind ebenbürtiger Eltern erbte von beiden und von den Verwandten der Schwerdt- und Spillseite; waren die Eltern einander nicht ebenbürtig, so erbte es nur von dem Theil, dem es ebenbürtig war 10). Den nicht ebenbürtigen Sohn seines Vaters

9) Sächs. L. R. 1, 45. 3, 73. Schw. L. R. 328. Eine Modification bei der Vormundschaft der Wittwe s. im Sächs. L. R. 1, 23.

10) Deutlich sind hierüber folgende Stellen: Sächs. L. R. 1, 3. 5. 17. 51. 3, 73. vgl. mit Schw. L. R. 256. II. 259. Schwierigkeiten macht Sächs. L. R. 3, 72. »Das echte Kind und freigeborne behalt seines Vaters Schild und nimmt sein Erbe und der Mutter auch, ob es ihr ebenbürtig ist oder bat geboren.« Bat, baß heißt unstreitig beßer, wie die Vergleichung folgender Stellen: Sächs. L. R. 1, 63. Schw. L. R. 171, §. 3. p. 214. und §. 15. p. 217. Senkenb. unwiederlegbar ergibt. Und Selchow hat gewiß Unrecht, wenn er baß durch niedriger erklärt in diss. de matrim. nob. c. vili pers. p. 382. Elect. j. germ. Auch Pütter. Freilich wie konnte ein Kind

konnte man im Kampfrecht nach seiner Geburt beschelten bis in die dritte Generation. Sächs. L. R. 1, 51. Schw. L. R. 51. Jedoch in Beziehung auf Lehnsverhältniße und in ihrer Verbindung mit dem Ritterthum kam wohl die zwiefache Ebenbürtigkeit mit Vater und Mutter nicht mehr so entschieden in Betracht. Ritterbürtigkeit und davon abhängiger Lehnsbesitz setzte vielleicht (denn entschieden ists nicht) nur die eheliche Abstammung von einem Vater und Großvater von Rittersart mit einer freien Mutter voraus; und die Vasallen konnten auch dem nicht ebenbürtigen Sohn des Lehnsherrn blos dann

nach dem Obigen beßer geboren seyn, als die Mutter? Man muß am Ende sagen: in Ansehung des Vaters; das sollte freilich rechtlich nicht in Betracht kommen; doch es ließ sich allenfalls so sagen. Oder hatte der dem Vater nicht ebenbürtige Sohn einer freien Mutter wenigstens des Vaters Recht an Buße und Wehrgeld? Man könnte sich deshalb vielleicht auf Sächs. L. R. 1, 16. 3, 72. 73. berufen; doch da Buße und Wehrgeld gerade auch von dem Geburtsstand abhing, so ist das nicht anzunehmen, auch steht geradezu der Schw. Sp. 397. entgegen. Uebrigens fehlt der Art. 16. des Sächs. L. R. in der Quedlinburger Handschrift. So ist auch merkwürdig, daß in demselben L. R. 1, 33. die Mutter nur dann ihr Kind beerben soll, wenn sie ihm ebenbürtig sey. Wie konnte aber die Mutter dem Kinde nicht ebenbürtig seyn? Doch nur, wenn sie höhern Standes war als der Vater. Und also auch dann konnte sie nicht erben; es war eine Strafe ihrer standeswidrigen Heirath. Im Schwabensp. 279. fehlen schon die Worte: ob sie ihm ebenbürtig sey, in einigen Handschriften.

weigern, die Lehen von ihm zu empfahen, wenn das Lehn nicht aus dem eigenen Gut des Lehnsherrn war. Sächs. Lehnr. 20. Schw. Lehnr. 15. (40.)

Noch weit weniger zweifelhaft ist, daß bei Ehen zwischen Freien und Unfreien das Kind allemahl unfrei war, und in keiner Beziehung beßeres Recht erlangte. Auch durch Freilaßung erhielt das in Eigenschaft geborne Kind nur freier Landsaßen Recht (im siebenten Heerschild). Sächs. L. R. 1, 16. Schw. L. R. 56. Und eben so gewiß ist, daß die eheliche Nachkommenschaft eines Freien mit einer Reichs- oder fürstlichen Ministerialin oder umgekehrt eines Reichs- oder Fürsten-Dienstmannes mit Freien welch' irgend einer Claße doch auch im Ministerialitätsnexus blieb. Schw. L. R. 52. Freilaßung aber aus der Dienstverbindung gab das volle Recht des Standes, zu dem man sonst geboren war. Ebendas. 56. Und so galt in allen Beziehungen noch: das Kind folgt der ärgern Hand. Ebend. 328.

Ganz im Geiste dieser Zeit und ihres Rechts sind folgende Thatsachen:

1. Die Ehe Heinrichs des Erlauchten von Meißen, mit Elisabeth von Maltitz im J. 1267. Letztre gehörte ihrem Geburtsstande nach zu den Ministerialen von Rittersart. Kaiser Rudolf ertheilte zwar im J. 1278 einen Gnadenbrief, worin er allen Nachtheil der dienstmännischen Geburt von Elisabeth und ihren Nachkommen hinwegnahm; und überdieß noch letztere für ingenuos et nobiles erklärte, ac si de ventre libero nati essent, mit Erbfähigkeit in alles Lehn und Eigen des Markgrafen, alles aus kaiserlicher Machtvollkommenheit. (Pütter a. a. O. S. 35.). Doch nur

der Flecken der servilis sive ministerialis conditio konnte auf diese Weise aufgehoben, nicht auch Elisabeth dadurch mit ihren Kindern dem Markgrafen ebenbürtig gemacht werden; sie trat nur als von Rittersart in das Recht der Mittelfreien, und ein beßeres Recht konnte sie nimmer erwerben, wenn die Rechtsbücher nicht lügen. Allein sie lügen nicht, denn weder Elisabeth kommt irgendwo in den Urkunden als eine Markgräfin von Meißen vor; noch auch gelangte Friedrich ihr Sohn zum Besitz des markgräflichen Titels so wie zur gleichen Theilnahme an der väterlichen Erbschaft mit seinen beiden dem Vater ebenbürtigen Brüdern aus früherer Ehe, er ward mit einem Bezirk Dresden abgefunden und nannte sich blos Herr darüber [12]).

2. Die Ehe des Grafen Hans von Habsburg mit Neze (Agnes) von Landenberg, aus einem Dienstmannsgeschlecht, welche letztre ungeachtet ihres Laßbriefs und der kaiserlichen Standserhöhung v. J. 1393 dennoch

12) Weniger beweisend ist 1) die Ehe des Grafen Reinhard von Hanau mit Adelheid von Münzenberg, der zwar auch von Kaiser Rudolf im J. 1273 ein ähnlicher Gnadenbrief wie der von Maltitz ausgefertigt ward, jedoch wohl mehr zum Ueberfluß um jeden von Ministerialität hergenommenen Vorwurf zu entfernen. Die Münzenberg gehörten an sich zum Herrenstand (Lünig. thes. j. Comit. p. 773.) und dem that wohl ihr Reichsdienstverhältniß als Reichserbkämmerer keinen Abbruch. 2) Die Streitigkeiten wegen Apitz, Sohns von Albrecht dem Unartigen und Cunigunde von Eisenberg, den die Stände Thüringens anzuerkennen sich weigerten, eben so sehr wohl wegen seiner uneheligen Geburt als wegen der Nicht-Ebenbürtigkeit der Mutter.

den Titel einer Gräfin von Habsburg erweislich nie geführt hat, übrigens nur mit Hinterlaßung von Töchtern verstorben ist.

3. Ausdrückliche Familienbestimmungen, daß nur Nachkommen *de legali nobilique matrimonio* succediren sollten (Urkunde eines Grafen Ulrich aus dem J. 1028. Pütter S. 16.) insbesondre auch noch jene von Hans von Limburg an der Läne, eines freien Herrn, wegen seiner Töchter im J. 1396 »und wär es Sach, daß sie sich verendren werden, so sollen sie sich mannen mit ihren gleichen edlen Mannen, und dieselben Mannen sollen dann das Lehen haben«; eine ähnliche Disposition wie sie der Schw. Sp. Art. 299. allgemein aufstellt.

4. Der geschichtlich unzweifelhafte Gebrauch wenigstens in den Häusern der höchsten Freien, nur gleiche Verbindungen mit Genoßen einzugehen, wie das alle Geschlechtsregister darthun, und der Haß gegen ungleiche Ehen *).

Und so hieß es denn auch vom römischen König: »die Fürsten sollen wählen einen König, der ein freier Herr sey und also frei, daß sein Vater und Mutter frei seyn gewesen und nicht sollen mittelfrei seyn. Und hat er Weib genommen, so man ihn (nach andern Lesarten sie) erwählet und ist die Frau nicht als frei: so soll man sie (nach Aa. ihn) nicht erwählen zur Königin (König) wann das wäre wider Recht — und wider römische Ehre«, wie eine Handschrift hinzusetzt. Schw. L. R. 24.

*) M. vgl. die Geschichte des Grafen Friedrich Freien v. Cili und der Veronica v. Deßnitz, einer ritterbürtigen, in Hahns Collectan. T. II. p. 683.

II.

Recht des neuern Reichsstaats. Fünfzehntes bis neunzehntes Jahrhundert.

Noch um die Mitte des fünfzehnten Jahrhunderts bezeugt Petrus von Andlau als eine lang hergebrachte und beobachtete Gewohnheit, daß ein freier Herr des Reichs, der aus dem Ritterstande heirathe, also aus der Claße der Mittelfreien, wohin der Ritterstand wenigstens zum Theil gehörte, seine Nachkommen debaronisire. (de imp. germ. II. 12.) Indeßen im Laufe jenes Jahrhunderts entspann sich eine so ganz neue Zeit und entwickelten sich so völlig neue Ansichten und Institutionen im deutschen Reichsstaat zur Vollendung, daß das alte Recht der Ebenbürtigkeit in Schwanken und Kampf nothwendig gerathen mußte.

Durch die Abschließung der Territorien und die Entstehung der Landeshoheit erhielt das Reichsstaatsrecht und politische Verhältniß der Reichsangehörigen eine ganz andere Gestalt. Bisher war es ein Staat unter einem Oberhaupt gewesen mit einem stufenweise sich daran reihenden Adel und sonstigen Reichsinsaßen: jetzt ward es ein aus größern und kleinern Territorien oder Staaten zusammengesetzter Staat. Zunächst dem Kaiser und der Reichsgewalt standen die Landesherrn, zum Theil mit Europäischer Wichtigkeit; alle andern waren nun gemeine Unterthanen entweder des Reichs, oder des Landesherrn unmittelbar.

Daneben bestand nun noch die Verbindung des Ganzen in der kaiserlichen Majestät, ihren Rechten und in den allgemeinen Reichsversammlungen. Das Recht der Theilnahme hieran hatte seine eignen uralten Wurzeln. Es beruhte auf Reichsämtern, Fahnlehen und Grafschaften, auf Reichslehnbesitz und Reichs-Ministerialität. Es stand nicht in nothwendiger Verbindung mit der neuen Landeshoheit, obgleich es factisch zu ihrer Befestigung beigetragen hatte und für sie ein schätzbares Recht war; erst das neuere Reichsstaatsrechts setzte als Bedingung der Reichsstandschaft Landeshoheit, Besitz eines unmittelbaren Territoriums fest. Reichsstandschaft gab an sich eben so wenig die Landeshoheit, als diese ipso jure Reichsstandschaft gab. Es konnte demnach, wie es auch der Fall war, Reichsstände ohne Landeshoheit, und Landesherrn oder Territorialbesitzer mit landesherrlichen Rechten ohne Reichsstandschaft geben, wenn gleich der Regel nach beides zusammen vereint sich fand, und dadurch die Reichsstandschaft eben so wie die Landeshoheit immer mehr und mehr den Charakter eines dinglichen Rechts annahm, während jene an sich auch ein persönliches Recht hatte seyn können, wie einige Anomalien beweisen, auch fortwährend noch seyn konnte oder wirklich war [13]).

Das alte auf den höchsten Geburtsstand gegründete Geblüts-Recht mußte mit dieser neuen fast zwitterhaften Gestaltung der Dinge in Conflict gerathen. Das landesherrliche Verhältniß, unter den angegebenen unstreitig das vorherrschende und höhere war etwas in

13) Vgl. *Cocceji* de Charact. stat. imp. Frcf. 1709. §. 17. 18.

sich Begründetes, Selbstständiges. Es drückt seiner Natur nach keinen Geburtsstand aus, ist vielmehr über allen Geburtsstand weit erhaben. Seiner historischen Entstehung nach war es zwar großentheils erwachsen unter der Claße des alten höchsten Geburtsadels; aber um Landesherr seyn zu können und selbst der Reichsstandschaft fähig zu werden, bedurfte es keiner Abstammung aus dem alten höchsten Reichsadel — wie hätten sonst die Piccolomini, die Marlborough, die von Holzapfel und von Wartenberg deutsche Landesherrn und in den Fürstenrath admittirt werden können [14]? Je weniger aber die Landeshoheit und Reichsstandschaft von Geblütsrechten abhängig war, je mehr sie an äußerm Werth und Glanz stiegen und wirkliche Rechte verliehen: desto mehr mußte der Werth eines höchsten Geblütsadels, auf Stammverhältniße allein gegründet, sinken; ja seit dem Verfall der Reichsheerschildverfaßung, seit dem Untergang des germanischen Rechts in fremden Gesetzen blieb davon nichts als die Idee zurück, denn Rechte gab jener höchste Adel nur unter der Voraussetzung einer unzerrißenen Einheit des Reichs und besonderer Rechts-Institute.

Gleichzeitig war auch in dem Verfall des eigentlichen Ritterthums und Lehnwesens, der Heerschildverfaßung, ein Grund zur allmähligen Verwischung der alten Geburtsstand-Unterschiede unter den übrigen Freigebornen gegeben. Ein neuer Stand, der Bürgerstand in den Städten erhob sich; ihm gegenüber stellte sich als einen höhern privilegirten Unterthanenstand die Claße der Ritterbürtigen und ehemaligen Ministerialen, die sich

14) Vgl. Moser. gr. Staatsr. Th. XIX, S. 322 flg.

immer mehr von jeder drückenden Abhängigkeit befreiten, und so gingen factisch die frühern angebornen Standes-Verschiedenheiten in drei neuen Ständen auf, in Adel, Bürger- und Bauerstand.

Sehr bald stellte daher auch Wissenschaft und Gebrauch eine neue Terminologie an die Stelle der frühern Geblüts-Unterscheidungen.

Man nahm in Beziehung auf den Reichsstaat einen hohen und einen niedern Adel an, um damit die rechtlichen Verschiedenheiten des ganzen Reichsadels zu umfassen; die alten Namen Semperfreie, Mittelfreie verschwanden. Zum hohen Adel rechnete man allein die mit Reichsstandschaft versehenen Großen des Reichs und ihre Familien. Man befrage deshalb die ältern Publicisten. Es ist falsch, wenn man auch die bloßen Landesherrn ohne Reichsstandschaft dahin rechnen will [15]). Landeshoheit war etwas für sich bestehendes Reales, außer Verbindung mit dem Reichsstaat, wenn auch Kaiser und Reich subordinirt. Dagegen bezeichnete die Reichsstandschaft das höchste Recht, was Jemand für seine Person im Reichsstaat nächst dem Kaiser ausüben konnte, Rechte, die nur der ersten Claße der Reichsangehörigen gebühren konnten, ursprünglich auch weit mehr mit der Person als mit den Besitzungen zusammengehangen hatten und, wie bemerkt, noch zum Theil in neuern Zeiten blos persönlich waren. Landeshoheit ward zwar seit 1654 Bedingung der Reichsstandschaft, jedoch nicht die einzige, mit deren Eintritt sofort die Reichsstandschaft erlangt war. Die Einthei-

15) Dies thut aber Vollgraff, v. d. deutschen Standesherrn S. 552 flg.

lung in eine nobilitas personalis und mere realis ist nie reichsstaatsrechtlich bei dem hohen Adel üblich geworden. Also kein anderer hoher Adel, als der reichsständische. Zwar die Reichsgesetze selbst haben nirgends das Wort gebraucht noch erklärt: wenn sie aber oder die Reichstagsverhandlungen von persönlichen, erblichen Familien-Vorrechten und Ehen der Großen des Reichs handeln, so sprechen sie nur von Reichsständen, nicht von Landesherrn; der landherrlichen Rechte der Reichsstände geschieht nebenbei Erwähnung und in andern Beziehungen. Man lese die Wahlcapitulationen. Mit klaren Worten legt endlich der R. A. v. 1548, §. 66. den Reichsständen »eine praeeminentia« bei, d. h. einen Vorzug unter dem Adel, vor allen Ständen, also einen hohen, höchsten Adel.

Ließ sich nun unter so vielfach neu gestalteten Verhältnißen noch an eine ungestörte Fortdauer oder Beibehaltung des Rechts der alten Geburtsstände insbesondere des Ebenbürtigkeitsprincips denken? Dies ist der Vorwurf weiterer Untersuchung. Hätte sich Deutschland nicht zu einer Staaten-Einheit und doch Vielheit, sondern zu einer Staats-Einheit entwickelt, hätte sich nicht ebendeshalb der Unterschied in einen hohen und niedern Adel geltend gemacht, so würde unstreitig das nämliche was in Frankreich geschehen seyn. Hier verschwand seit dem siegreichen Emporkommen der königlichen Gewalt und bei dem vorherrschenden Einfluß des römischen und canonischen Rechts die durch das Ebenbürtigkeitsprincip vorher so scharf abgeschnittene und bedingte Sonderung der Stände. Ein Mann von Adel zeugte auch mit einer roturière adliche, legitime, succeßions-fähige Kinder [16]); einen rechtlichen Mangel hatte solche Zeugung nicht, wurde auch am Hofe auf Alter und Gleichheit des adlichen Blutes gesehen. Das nämliche geschah in England, Schweden und sonst. Doch in Deutschland gab man nicht so leicht die Anhänglichkeit an das alte hergebrachte Recht auf und seit dem Sinken der königlichen Gewalt gab es keine Macht, die jene Anhänglichkeit an das Alte so leicht hätte ersticken können.

Nirgends blieb auch wohl zu einer Beibehaltung und fortdauernden Anwendung des alten Ebenbürtigkeitsprincips mehr Veranlaßung und Gelegenheit als bei dem alten hohen d. i. reichsständischen Adel Deutschlands. Er war der Mehrzahl nach hervorgegangen aus den alten Fürsten- und höchstfreien Geschlechtern; der Glanz der herrschend gewordenen Familien beruhte zum Theil auf der Abstammung von diesen alten Heroenstämmen; gerade diese hatten nach dem alten Staatsrecht einen eignen Stand gebildet; sie hatten als Standesgenoßen gleiche Rechte, und größere, als alle übrigen ausgeübt; unter ihnen ließ sich also das Princip Gleiches mit Gleichem noch in seiner völligen Reinheit ausführen, ja die vorherrschende Sorge für Familienglanz und der durch die Landeshoheit erzeugte Abstand zwischen dem

16) S. Tiraqueau de nobilitate c. 15. p. 2. no. 22. 23. ed. Lugd. 1566. fol. *Jean Bacquet* des droits du domaine etc. p. 34. ed. *Lyon* 1568. fol. wo der Satz romanistisch bewiesen wird. Sollte aber nicht schon das Recht der Ritterbürtigkeit, die durch Adel der Mutter nicht bedingt war, in dem so für das Ritterthum lebenden Frankreich darauf hingeführt haben?

herrschenden hohen Adel und gemeinen Reichsunterthanen oder Landsaßen mußte sogar zur Festhaltung eines solchen Princips dringend auffordern.

Und dennoch, wie vieles lag nicht in den neuen Verhältnißen, was sich dieser Festhaltung, der Reinheit und Consequenz des Princips in der Anwendung entgegenstellte, sie paralysiren mußte!

Zuerst in der veränderten Genossenschaft des hohen Adels selbst. Die alte höchste oder Semperfreiheit war ein rein persönlicher Geblütsstand. Nur durch ebenbürtige, wenigstens durch drei Generationen erweisliche Abstammung von höchstfreien Voreltern ward er erworben [17]. Der hohe Adel in seinem neuen Begriff war in der Reichsstandschaft gegründet. Jeder der sie rechtmäßig erworben, trat in die Genoßenschaft des hohen Adels; oder findet es sich irgendwo, daß die neuen Reichsstände erst in späteren ebenbürtigen Generationen, etwa in der dritten dazu gehören sollten? Alle Reichsstände, als solche, waren einander völlig gleich, das hat keinen Zweifel; wenn es aber nicht mehr auf Geburt für solche Genoßenschaft nothwendig ankam, wie konnte da von einer stricten Anwendung eines alten Geburtsrechts noch die Rede seyn, wenn man nicht wieder den hohen Adel in mehrere Claßen zerspalten wollte.

Dazu kam weiter der hohe Begriff, und die Rechte,

17) Wenn in alter Zeit der Kaiser einem ritterbürtigen Mittelfreien ein Fahnlehn liehe, so erhöhte er zwar dadurch den Heerschild (Sächs. LehnR. 21.). Seine Nachkommen konnten aber unstreitig erst in der dritten Generation zu den Höchstfreien gerechnet werden.

die man mit der Majestät des römischen Kaisers verknüpfte, als der Quelle aller irdischen Gnaden. Zwar konnte er Niemand eigenmächtig zum Reichsstand machen, aber durch Beilegung eines Reichswürdentitels, durch Fürstung oder Grafung konnte er äußerlich wenigstens in vielen Beziehungen dem hohen Adel annähern und so einen ordo medioxumus zwischen dem hohen und niedern Adel schaffen [18]). Der Kaiser hatte ferner das Recht, nach der allgemeinen Meinung, Flecken der Geburt hinwegzunehmen, und als oberster Lehnsherr konnte er ja auch bei Reichslehnen Personen, die nach früherm Herkommen nicht succeßionsfähig waren, soweit keine Rechte Dritter entgegenstanden, dennoch zur Lehnsfolge zulaßen.

Selbst die Bedeutung des niedern Adels wuchs verhältnißmäßig an Glanz und Rechten. Ministerialität,

18) Ein intermediäres Recht, das aber nachher gänzlich verschwunden ist, bezeugt Petrus von Andlau a. a. O. in Ansehung der neu gemachten Grafen ohne eigentliche Grafschaften, wenigstens kann ich die Angabe nur hierauf beziehen. Er sagt: »der Sohn eines Grafen (im Gegensatz zu den freien Herrn) entgrafe durch Heirath mit einer Ritterbürtigen sein Geschlecht noch nicht, wohl aber der Enkel, wenn er sich ebenfalls wieder mit einer ritterbürtigen vermähle.« Für reine Erdichtung kann man die Angabe nicht halten. Gewiß meint er vom Kaiser gemachte Grafen, die nicht aus dem Stande der freien Herrn waren. Sie bildeten eine neue Mittelclaße. Und so wie man annahm, daß ein Geburtsstand unter Freien erst in der dritten Generation festbegründet sey, so wollte man einen neuen Geburtsstand auch erst in der dritten Generation verlieren laßen.

worin sich früher der größere Theil befunden, hatte ihren ehedem allerdings herabsetzenden Character verloren und ganz besonders gewann an äußeren Rechten die reichsunmittelbare Ritterschaft und der stiftsmäßige Ahnenadel.

Gewiß war nun die Kluft zwischen dem hohen Adel, besonders dem weniger begüterten und bevorrechteten, und dem niedern Adel nicht mehr so groß als ehedem zwischen freien Herrn und Mittelfreien.

Endlich aber kam noch hinzu, wenn auch nicht absolut zerstörend, doch ankämpfend und erschütternd die Lehre der Canonisten und Legisten, nach welcher Ehen auch ohne Gleichheit des Standes unter den Freien vollkommen bestehn und alle rechtlichen Wirkungen in Ansehung der Kinder erzeugen. Und dieses fremde Recht war den Reichsgerichten als äußerste Entscheidungsquelle wirklich vorgeschrieben!

Unter diesen Umständen erfolgte, was auch in andern Beziehungen geschahe: die alten herrschenden Geschlechter zogen sich auf ihre Autonomie zurück und suchten durch Vertrag und Familiengesetz ein ihnen angestammtes und darum theures Princip zu retten. Sie hatten zum Theil europäische Bedeutung erlangt; alle Throne hatten nach und nach sich durch Ebengeburt befestigt; die deutschen Landesherrn konnten von diesem Vorbild nicht abweichen. Dem größern Theil nach entsprang jenes Hausrecht seit dem Ausgang des 15ten Jahrhunderts, besonders im sechzehnten, bis ins achtzehnte Jahrhundert hinein.

Bis 1742 fehlte es bekanntlich an jeder reichsgesetzlichen Bestimmung über die Wirkungen ungleicher Ehen in reichsständischen Familien. Damals erst ward durch Veranlaßung eines im Herzogl. Sachsen-Meinungenschen Hause vorgekommenen Falles und auf Betreiben der Agnaten, besonders auch der altfürstlichen Häuser, so wie des Cur-Collegiums der Wahlkapitulation Carls VII. die so oft angeführte und besprochene Clausel eingerückt:

»Noch auch wollen Wir den aus unstreitig notorischer »Mißheirath [19]) erzeugten Kindern eines Standes »des Reichs oder aus solchem Hause entsproßenen »Herrn zu Verkleinerung des Hauses die väterlichen »Titel, Ehren und Würden beilegen, vielweniger »dieselben zum Nachtheil der wahren Erbfolger und »ohne deren besondere Einwilligung für ebenbürtig »erklären und wo dergleichen vorhin bereits geschehen, »solches für null und nichtig ansehen und achten«.

So wenig im Ganzen hierdurch wirklich bestimmt ward, so sehr es noch auf nähere Erklärung ankam, was denn nun eine notorisch unstreitige Mißheirath sey — die Curfürsten erließen deshalb ein Collegialschreiben an den Kaiser Carl VII. und machten in den neuesten Wahlcapitulationen von Leopold II. und Franz II. die desfallsige Erforderung eines Reichsgutachtens zur Pflicht — so bezeichnend für den eigentlichen neuen Standpunkt der Frage von dem Eherecht des hohen Adels ist doch jene Stelle und wenigstens ward dadurch einige Basis ge-

19) In den zwei letzten Wahlcapitulationen von 1790 u. 1792 ward hier noch der Zusatz gemacht: »oder einer gleich Anfangs morganatisch eingegangenen Ehe,« ein Zusatz, der uns für die gegenwärtige Abhandlung zu fern liegt.

wonnen. Nur muß man die Geschichte dieser Stelle hinzunehmen.

Auf Veranlaßung einer Berathung der altfürstlichen Häuser zu Offenbach im J. 1741 trug die Cursächsische Wahlbotschaft den zum kaiserlichen Wahlconvent versammelten curfürstlichen Gesandten vor, folgendes in der Wahlcapitulation des neuen Kaisers vorzusehn:

»daß den aus ungleicher Ehe oder Mißheirath erzeugten Kindern eines Reichsstandes die väterlichen Titel, Ehren und Würden, vielweniger das Recht der Ebenbürtigkeit und Succeßionsfähigkeit nicht beigelegt werden sollte«.

Allein gegen diese Faßung, besonders wegen des unsichern Begriffs ungleicher Ehe wurden Bedenken erhoben, und Cursachsen schlug deshalb, um aus der Sache zu kommen und wenigstens etwas zu erreichen, den Ausdruck: »unstreitige notorische Mißheirath« vor, der denn auch in die Wahlcapitulation, wie vorbemerkt, aufgenommen wurde [20].

Man sieht hieraus sehr deutlich, daß der alte so genau durch die frühern Geburtsstände bestimmte Begriff einer ungleichen Ehe, die nicht alle Wirkungen einer vollkommen gleichen Ehe habe, gar schon nicht mehr lebendig war, da man Anstand fand, jede ungleiche Ehe ohne weiteres als unstandesmäßig zu proscribiren: man war schon mit der Idee wo nicht befreundet doch nicht gar zu verfeindet, daß es ungleiche Ehen in dem höchsten Stande der Nation geben könne, die doch alle

20) S. J. G. Estors gründlicher Beweis etc. und von Mißheurathen. S. 61 ff. Moser Staatsr. XIX. S. 237.

Wirkungen hervorzubringen vermögend seyen und man nahm davon nur die offenbaren Mißheirathen aus, als eine besondre Art ungleicher Ehen, nämlich die allerungleichsten und wahrhaft anstößigen, um es vorläufig so auszudrücken [21].

Ausgespochen war es nun reichsgesetzlich durch die Wahlcapitulation:

1) die aus einer wahren unläugbaren Mißheirath in einem reichsständischen Hause erzeugten Kinder sind an sich nicht ebenbürtig und succeßionsfähig, wenigstens nicht zum Nachtheil der Agnaten [22], noch auch zu den väterlichen Titeln, Ehren und Würden berechtigt;

2) der römische Kaiser sollte auch nicht solchen Kindern zur Verkleinerung des Familienglanzes diese Titel, Ehren und Würden beizulegen befugt seyn; noch endlich

3) sie für ebenbürtig oder succeßionsfähig ohne Einwilligung der Agnaten erklären dürfen [23];

21) So hieß es auch im Entwurf des Antrags der altfürstlichen Gesandten zu Offenbach: »der Kaiser solle nicht gestatten, daß die aus fürstlichen Mißheirathen mit Personen gar ungleichen Standes erzeugten Kinder zur Succeßion kämen«. Moser a. a. O.

22) An den Fall des Nichtvorhandenseyns von Agnaten scheint man wenigstens nicht gedacht zu haben.

23) Der Antrag der altfürstlichen Gesandten zu Offenbach war überhaupt: »es solle Se. Majestät zum Behuf einer »solchen Mißheirath (aus gar ungleichem Stande) und »daher prätendirenden Succeßion keine Standeserhöhung »ertheilen, es seye denn, daß solches mit allgemeiner Ein-

woraus dann weiter folgte

4) daß mit dieser Einwilligung solche Abkömmlinge allerdings auch successionsfähig werden konnten.

Zwar haben nicht alle Publicisten sogar diese Sätze aus der Wahlcapitulation als feststehend gelten laßen wollen; allein die Worte und die Verhandlungen sind deutlich.

Ein Andres ist die Frage: was man sich ohne nähere gesetzliche Bestimmung unter einer unstreitigen, notorischen Mißheirath zu denken habe. Diejenigen, die geglaubt haben, daß darunter jede ungleiche Ehe eines Reichsstandes mit einer Person geringern Standes gemeint sey, waren gewiß in einem großen Irrthum. Nimmt man wieder die vorausgegangenen Verhandlungen zu Hülfe, so ergiebt sich: daß, wenn es auch die Absicht mehrerer altfürstlichen Häuser war, gegen die ungleichen Ehen überhaupt Vorsehung treffen zu laßen, man dennoch davon Umgang nehmen zu müßen glaubte, weil die Sache an den Reichstag gehöre, ein förmliches Reichsgesetz erfordere und nicht bei dem Capitulationsgeschäft abgemacht werden könne. Nur das Princip, daß keine Ehe einer Person von hohem Adel, die Jedermann unter den bestehenden Reichsstaatsverhältnissen für eine Mißheirath halten müße, legitim seyn oder legitimirt werden dürfe, glaubte man als sich von selbst verstehend und bisher schon immer anerkannt, Kaiserlicher Majestät zur sofortigen Berücksichtigung anheim geben zu müßen, vorbehaltlich weite-

»willigung der Agnaten des fürstlichen Hauses geschehe«. Also auch zur Standeserhöhung wollte man den Consens der Agnaten, dies drückt aber die Wahlcap. nicht aus.

rer Bestimmung über den Begriffsumfang wahrer Mißheirathen. Und wenn gleich der damalige König von Preußen, Friedrich II., in einem an Kaiser Carl VII. gerichteten Schreiben im Gefolg und in Beziehung auf die Stelle der Wahlcapitulation seine Ansicht dahin aussprach, daß alle Ehen des hohen Adels für notorische Mißheirathen zu halten wären, die von Fürsten, auch wirklichen Reichsgrafen mit Personen getroffen würden, deren Häuser nicht Sitz und Stimme auf dem Reichstage hätten [24]: so war dieß doch nur vor der Hand eine Ansicht de lege ferenda.

Blos das läßt sich also annehmen, daß die obigen Bestimmungen der Wahlcap. auf solche Ehen anwendbar seyn sollten, die nach den eigenthümlichen Verhältnißen der Personen entweder durch ein schon befestigtes Herkommen oder wenigstens in der sittlichen Ansicht aller Verständigen und Unbefangenen für wahre Mißheirathen erklärt würden. Das Wort Notorisch umfaßt beide Beziehungen und eine andre Bedeutung läßt sich damit nicht verbinden. Auf das schon bestehende rechtliche Herkommen kann es allein nicht bezogen werden, da die Verhandlungen ergeben, daß man über ein bestimmtes Herkommen noch keineswegs überall einverstanden war; es bleibt also nichts übrig, als die andre Bedeutung vom Notorischen zu Hülfe zu nehmen. Notorisches enthält in sich sowohl Juristisches als Factisches. Eine notorische Mißheirath kann seyn eine entweder durch Gesetz oder Herkommen für eine Mißheirath erklärte Ehe, oder eine solche, die die öffentliche

24) Estor a. a. O. S. 66. ff.

allgemeine Stimme für durchaus unanständig hält. Und dies blieb am Ende der oberstrichterlichen Beurtheilung überlaßen [25]). In letzter Beziehung hatte es nun keinen Zweifel in der damaligen Zeit:

> daß die Ehe eines Mitgliedes eines reichsständischen Hauses mit einer Person aus dem gewöhnlichen Bürgerstande eine wahre notorische Mißheirath sey und die Abkömmlinge nicht ebenbürtig mache.

Den deutlichsten Beweis hierüber liefert die Veranlaßung jenes Anhangs zur Wahlcap. selbst, nämlich die Ehe Herzogs Ulrich von Sachsen-Meinungen mit Philippine Cäsarea Schurmann, eines heßischen Hauptmanns Tochter, einer Cammerjungfer bei des Herzogs Schwester und vor der Ehelichung ohne Zweifel schon seine Beischläferin, die ihm nach vollzogener Ehe im J. 1716 und 1717 zwei Söhne gebar. Kaiser Carl VI. hatte diese Ehe selbst schon für unanständig erklärt, wo weder der Mutter noch den Söhnen der fürstliche Titel gebühre; dennoch ertheilte er 1727 die nachgesuchte Standeserhöhung, mit hinzugefügter Warnung gleichwohl, sich inskünftige dergleichen Mißheirathen zu enthalten; aber Kaiser Carl VII. erklärte 1744 auf den Grund der von ihm beschworenen Wahlcapitulation die

25) In gleicher Art konnte man es auch mit Recht als der kaiserl. Beurtheilung überlassen ansehen, welches die personae viles et turpes seyen, durch deren Heirath sich eine Person der Fränkischen Ritterschaft adelicher Freiheiten oder Privilegien unwürdig machte. Vgl. Cramer Wetzl. N. St. 68, S. 67.

Ehe für eine wirkliche Mißheirath und die daraus herrührenden Kinder für unfähig, in die vornehmen Reichslehen, Land und Leute zu succediren [26]). Hiebei blieb es auch [27]); und selbst ein Reichsschluß bestätigte es. Daß sich im Laufe des 18. Jahrh. die rechtliche Ansicht hierüber nicht änderte, beweist das reichshofräthliche Final-Decret in Betreff der Ehe des Fürsten Carl Friedrich von Anhalt-Bernburg mit der Tochter des Canzleyraths Nüßler im J. 1748 [28]); und noch zuletzt sprach sich der K. R. H. R. in Sachen Lippe-Bisterfeld, gräfl. Agnaten, gegen den Grafen Ludwig Heinrich zur Lippe-Bisterfeld, in einem Rescript d. d. 19. October 1786 so aus:

»da nun diese Klagsache so beschaffen ist, daß wir dem »klagenden Theil die gebetene Hilfe Rechtens um so »weniger versagen können, als die mit einer persona

26) Staats-Canzley Cap. XIV. Tom. L. 36.

27) Spittler (Gött. hist. Mag. Bd. V. S. 42. ff.) frägt etwas sarcastisch, wie man im J. 1742 eine Ehe für eine notorische Mißheirath habe erklären können, der noch im J. 1720 in dem Anhalt-Bernburgischen Fall zwei der damaligen blühendsten Juristenfacultäten, zu Halle und Helmstädt, mit ihren J. H. Böhmern, Leysern u. s. w. die Wirkungen einer vollgültigen Ehe beigelegt hatten. Aber hatten diese über das Wort und die Meinung zu entscheiden gehabt was eine Mißheirath sey? sollten sie nicht darüber sprechen, was eine Ehe eines Reichsstandes mit einer Bürgerlichen wirke? und darüber sprachen sie wohl nicht unrecht, aus dem damaligen positiven Gesichtspunct.

28) Mosers Familien St. R. Th. 2. S. 56. ff.

»plebeia eingegangene Ehe eine notorische Mißheirath »ist, mithin der §. 4. tit. 22. Cap. Caes. hier ein»tritt, so befehlen wir dir hiemit gnädigst, daß du »bei deiner eingegangenen notorischen Mißheirath »weder deinem gemeinen bürgerlichen Eheweibe, Chri»stina Elisabeth Kellnerin, noch deinem mit ihr bereits »erzeugten Sohne oder weiters zu erzeugenden Kindern »zu offenbarer Verkleinerung des uralten reichsstän»dig gräflichen Hauses z. Lippe deinen Geschlechtsti»tel, Namen, Ehren und Wappen nicht beilegest. rc.«

Und selbst für die Zeit vor der Wahl Cap. v. 1742. ist wenigstens ein conträres Herkommen nicht erweislich[29]).

Nun haben zwar vor und nach der Wahlcapitulation mehrere Publicisten zwischen höherem und gemeinem Bürgerstand unterschieden, und nur eine Verbindung mit dem letztern für notorisch standeswidrig halten wollen[30]); indeßen ist jener Unterschied in Deutschland bisher noch nicht genau bestimmbar geworden und dürfte es auch schwerlich werden; er hat ferner nicht die reichs-

29) Die hieher zu rechnenden Beispiele sind die Ehen Graf Antons zu Ysenburg mit Catharina Gumpel im J. 1551, Ferdinands von Baiern mit Maria Pettenbeck oder Pecken 1588 und noch früher vielleicht die Ehe Friedrichs des Siegreichen v. der Pfalz mit Clara Dettina, die freilich auch zuweilen für eine Adliche ausgegeben worden ist. Keine dieser Ehen hat ihre Sprößlinge oder die Ehegenoßinnen selbst dazu erhoben, wozu eine standesmäßige Ehe sie erhoben haben würde.

30) S. z. B. Ludolff tr. de J. fem. ill. p. 1. §. 12. Hersemeyer de pact. gentilit. Mog. 1788. p. 72. sqq.

gerichtliche Observanz für sich; die Schürmann und Nüßler waren nicht ex faece plebis, doch ist man bei ihnen auf gleiche Weise wie bei den andern verfahren; es mag seyn, daß gewiße Aemter die Inhaber in eine Art von Adelskategorie erheben, hinsichtlich gewißer Rechte; ein bleibender Stand, der auch auf die Kinder übergeht, wird dadurch nicht gewonnen, und mit Recht hat sich daher schon Moser gegen jene Distinction erklärt [31].

Was war aber Rechtens außer dem durch die Wahl-Capitulation von den deutschen Fürsten beurkundeten Princip, deßen Anerkennung von kaiserlicher Majestät gefordert ward? und wornach, wie sich aus den vom Reichstag nicht widersprochenen oder angefochtenen kaiserlichen und reichshofräthlichen Entscheidungen ergibt, wenigstens die Ehen unter dem hohen Adel und Bürgerstande für notorische Mißheirathen gehalten werden mußten? Man ist darüber einverstanden, daß deshalb zunächst auf ein etwaniges Reichsherkommen bei dem Mangel andrer directer deutscher Rechtsquellen gerücksichtigt werden müße. »Alle löbliche Gewohnheiten sollen in Zukunft in dem deutschen Reichsstaat streng und heilig beobachtet werden, mit gänzlicher Verwerfung derer, die nur unter den Stürmen und Verwirrungen des Kriegs sich widerrechtlich eingeschlichen haben.« So ordnete das Westphälische Friedens-Instrument (VIII, 4.) und anerkannte dadurch das Ansehn wohlbegründeten ungeschriebenen Rechts, und so blieb dieß auch für un-

31) Familien Staatsr. Th. 2. S. 131.

sern Gegenstand die einzige nächste Entscheidungsquelle. Doch wie schwer ist es auch wieder, eben diese Entscheidungsquelle in ihrer Reinheit zu faßen und zu verfolgen.

Vor uns eine Reihe herrschender Geschlechter, die nur allein in ihrer Stellung zu Kaiser und Reich als Reichsstände und Landesherrn staatsrechtlich auf einer Linie standen, übrigens an Macht, Würde und Geburtsstand sogar unter einander sehr ungleich waren; vereinigt zwar unter einer Constitution, einem oberstrichterlichen und oberstlehnsherrlichen Oberhaupt, aber auch wiederum selbstständig ein jedes in dem Kreise der Familie und in Autonomie, ohne Unterordnung unter ein allgemeines Familiengesetz oder eine sonstige höhere Rechtsnorm handelnd und zu handeln berechtigt. Wie konnte wohl unter solchen Verhältnißen ein allgemeines, bindendes Familien-Herkommen erstehn? Etwa durch die Gleichförmigkeit von Hausgesetzen und Familien-Verträgen, die allerdings über diesen Gegenstand jedoch keineswegs auf völlig gleichartigen Grundsätzen entstanden? Aber mit Recht wird bemerkt, daß wenn auch 99 Familien in ihrem Schoos ein gewißes Princip adoptiren, dieses doch die hundertste selbstständig stehende nicht bindet [32]). Und wiederum konnte etwa durch Ab-

32) Vgl. Pütter üb. Mißheir. S. 435. Es ist eine ganz falsche Ansicht von dem Reichsherkommen, wenn Moser es (St. R. XXIII. S. 455.) definirt: was ohngefähr bei den meisten Häusern gleiches Standes meistens üblich sey. Bei einzelnen Regierungshandlungen und Observantien kann man wohl sagen, daß das, was meistens

weichungen einzelner Familien von dem alten und in der Regel auch meistens aus Gründen der Moral-Politik festgehaltenen Eheprincip, Gleiches mit Gleichem zu verbinden, und dadurch, daß solche Abweichungen entweder durch die Umstände oder durch Zustimmung der Intereßenten oder durch oberstrichterliche Entscheidung zu legitimen gemacht wurden, eine neue allgemeine Observanz, dem alten Herkommen ganz entgegen begründet werden? Auch dieß nicht. Factische Abweichungen von einem sonst gewöhnlich festgehaltenen Princip können nur beweisen, daß Ausnahmen von der Regel statt finden, daß die Regel nicht unzerstörbar feststeht, sondern im Conflict mit andern Rechtsansichten auch zurücktreten kann, daß sie ihre rechtliche Unbiegsamkeit verloren hat, und dieß beweisen dann auch nur die richterlichen Entscheidungen. Letztere begründen oder beurkunden vielmehr nur dann ein Gewohnheitsrecht, eine allgemeine Gewohnheit, wenn sie dieselbe als eine begründete anerkennen, nicht aber wenn sie einen allgemeinen, sonst schon durch sich, nicht erst durch Gewohnheit feststehenden Satz anwenden. Gaben endlich die Agnaten eine ungleiche Ehe zu, so beweist dieß nur für die Familien-Autonomie.

Das Geschichtliche im Einzelnen ist nun dieses:

1) Personen aus dem reichsständischen Grafen- und

in gleichen Fällen beobachtet worden, fortan als herkömmlich weiter zu beobachten sey, daß man z. B. auch in judicando die früher angenommenen Principien verfolgt, aber Familienrechte einzelner Geschlechter können nicht die eines andern oder dritten bestimmen.

Herrenstand, mit oder ohne neuerlangten Fürstentitel, haben, ohne den Vorwurf einer Mißheirath sich zuzuziehn, schon in ältern Zeiten in Familien des niedern Adels geheirathet. Ein Verzeichniß solcher Ehen gibt Burgermeister [33]). Freilich waren die Familien des niedern Adels, wo sich dergleichen Verbindungen nachweisen laßen, meist von altem mindestens stifftsmäßigem Adel; allein in neuern Zeiten sind auch sehr oft Vermählungen mit Personen des niedern Adels vorgekommen, die vollkommen zum neuen Adel gehörten [34]).

Und in der That konnte, seitdem das alte, allerdings zum Theil auf unbescholtene Ahnen gegründete Geburtsstandssystem nicht mehr fortbestand, durchaus kein Unterschied zwischen neuem und altem ahnenerprobten Adel, hinsichtlich des Eherechts gemacht werden. Freilich die Vortheile der Stifftsmäßigkeit gingen durch Verbindung mit neuem Adel verloren, daraus aber auf eine wahre oder arge Ungleichheit der Ehe schließen zu wollen, würde heißen eine Nebensache zur Hauptsache machen. Gab es doch reichsständische und landesherrliche Häuser, denen wegen ihrer Neuheit das Prädicat der Stiftsmäßigkeit nicht zukam.

Wird man irgendwo versucht, ein wirkliches Herkommen anzunehmen, daß nämlich Ehen zwischen reichsständischen Grafen und Herrn mit Personen niedern Adels keine Mißheirathen, sondern aller Wirkungen

33) Grafen- und Rittersaal Th. 3. Sect. 13. S. 441.

34) S. überhaupt de Mansbach tr de matrimonio principis comitis liberique domini cum virgine nobili p. 37. sqq. Struben Nebenst. Bd. 5. S. 249.

legitimer Ehen theilhaft seyen, so ist es hier. Eine Menge gleichartiger Fälle, Ehen theils ohne Widerspruch der Intereßenten geblieben, theils gegen sie durch reichsgerichtliche Erkenntniße gehandhabt, z. B. in Sachen Heßen-Caßel c. Lippe-Alverdißen — dennoch glaub' ich ist es eine unrichtige Ansicht, daß hierdurch ein allgemeines oder s. g. Reichsherkommen begründet worden sey, so lange nicht die Anerkennung und Zustimmung aller in die obige Categorie gehörigen Familien nachgewiesen ist; oder gar mit Moser behaupten zu wollen, der niedere Adel habe ein jus quaesitum auf Rechtsgleichheit in Ansehung der Ehen mit den reichsständischen Grafen und freien Herrn erlangt!! Die juristische Rechtsformel ist vielmehr eine ganz andere, wie wir nachher erörtern werden. Es hat immer alte gräfliche Häuser gegeben, wo man auf vollkommene Ebenbürtigkeit bei den Ehen sahe und sich nicht außer dem hohen Adel verheirathete und wo hausgesetzlich jede andere Ehe außerhalb des reichsständischen Adels für unvollkommen gehalten ward; der Grund war derselbe wie bei den altfürstlichen Häusern, denen die altgräflichen an Geburtsstand keineswegs nachstanden und daher drangen auch die Grafenvereine auf Ebengeburt. Mag letztern auch die kaiserliche Bestätigung ermangelt haben: so kündigen sie doch klar die Gesinnung jener hochgräflichen Häuser und ihr Widerstreben gegen eine andere Gewohnheit an[35]).

2) Wenden wir uns zu den altfürstlichen deutschen

35) Vgl. Pütter a. a. O. S. 444. flg.

Geschlechtern, so treten uns hier 5—6 von den Bearbeitern dieser Materie unzählige Mahl angeführte Beispiele ungleicher Ehen mit Personen des niedern Adels entgegen, die von einigen zum Beweise gebraucht werden, daß dadurch ein Herkommen begründet worden, dergleichen Ehen nicht für Mißheirathen zu halten; von andern aber gerade zur Befestigung der ursprünglichen Regel, daß sie notorisch ungleiche Ehen oder Mißheirathen seyen, wegen der dabei vorgekommenen besondern Umstände. Es sind nun diese:

a) die Ehe Herzogs Wilhelm III. von Sachsen mit Catharina v. Brandenstein im J. 1463.

Hier scheint zwar, daß der letztern die Rechte und Prädicate einer fürstlichen Gemahlin ohne Schwierigkeit von den Stammvettern und sonst wirklich zugestanden worden: indeßen hatte dieß wohl besondere Gründe, vielleicht weil man eine kinderlose Ehe erwarten konnte, wie es auch der Erfolg zeigte [36]).

b) Die Ehe Herzogs Otto von Lüneburg mit Metta oder Mechtild von Campen, aus dem Hause Isenbüttel im J. 1524.

Aber eben dieser Ehe wegen begab sich der Herzog der ganzen Regierung des Fürstenthums Lüneburg an seinen Bruder Ernst. Ihm blieb allein Stadt und Schloß Haarburg nebst der künftigen Succeßion ins Fürstenthum, im Fall seine Brüder Franz und Ernst ohne männliche Erben sterben sollten. Obgleich nun dieser Vergleich von Kaiser Carl V. bestätigt wurde: so ward

36) Pütter über Mißh. S. 56. flg.

doch Otto's Sohn die Aufnahme in den Lehnbrief vom kaiserlichen Hofe abgeschlagen, sofern nicht die Agnaten einwilligen würden. Im J. 1560 wurden ihm aber endlich vergleichsweise zwei Aemter gegen nochmaligen Verzicht auf die actuelle Regierung zugestanden und darauf er selbst in den Lehnbrief aufgenommen. Dieser Fall ist ganz äquivok, er beweist den Widerspruch der Agnaten, die Abgeneigtheit des kaiserlichen Hofes, er ward durch Vergleich bestimmt [37]).

c) Die Ehe Markgrafs Ernst zu Baden, Stifters der Durlachschen Linie mit Ursel von Rosenfels oder Rosenfeld, in dem Jahr 1518. Hier ist unleugbar, daß aus dieser Ehe das ganze nachmahlige Haus Baden abstammt, obschon von einer kaiserlichen Standes-Erhöhung nichts constirt und auch die Behauptung, daß die v. Rosenfeld aus dem Herrnstande gewesen, völlig ohne Beweis ist [38]).

d) Die Ehe des Markgrafen Eduard Fortunat von Baden-Baden mit Maria v. Eicken, Tochter des niederländischen Gouverneurs Jodocus v. Eicken, der auch Freiherr de Rivière genannt wird, im J. 1591 oder 1593.

Es ist bekannt genug, daß und wie der aus dieser Ehe erzeugte Sohn Wilhelm durch Kaiser Ferdinand II. und den Einfluß der catholischen Stände sich gegen die ihm vom Hause Baden-Durlach movirte quaestio

37) Ebendas. S. 91. flg.

38) S. Mosers Staatsr. XIX. S. 112. Pütter a. a. O. S. 83.

status im Besitz der väterlichen Lande und Herrschaft behauptete [39].

e) Drei Ehen im fürstlichen Hause Anhalt, und zwar zuerst die Ehe des Fürsten Johann Ludwig von Anhalt-Zerbst mit Christiane Eleonore v. Zeutzsch im J. 1687.

Aus dieser Verbindung stammte in der That das nachher erloschene Haus Anhalt-Zerbst ab. Der Fürst hatte sie aber eingegangen zu einer Zeit, wo für ihn noch keine nahe Aussicht zur Succeßion vorhanden war, denn drei ältere Brüder waren am Leben; es war ihm ferner gelungen, in Beziehung auf diesen Umstand bei Gelegenheit eines dem Kaiser zur Bestätigung vorgelegten Familien-Vertrags, für seine Nachkommen die Anerkennung aller Rechte legitimer fürstlicher Kinder auszuwirken, die auch nachher wiederholt ward. Ein Widerspruch der Agnaten war hier nicht wohl zu erwarten. Die Linie des Fürsten Johann Ludwig war die jüngste allein noch übrige des Hauses Zerbst; in den übrigen Anhaltschen Hauptlinien konnte aber wegen fast gleichzeitiger oder bald nachgefolgter ähnlicher Verbindungen und deren Genehmhaltung nicht füglich Etwas erinnert werden. Denn im J. 1692 heirathete auch der Fürst Immanuel Lebrecht von Anhalt-Bernburg ein Fräulein Gisela Agnes von Rathen, und sämmtliche regierende Fürsten von Anhalt erkannten im J. 1698 die Descendenten aus dieser Ehe für rechtmäßige Fürsten und Fürstinnen an; und in dem nämlichen Jahre heirathete Fürst Leopold von Anhalt-Deßau Anna Luise

39) Moser a. a. O. S. 102 flg. Pütter a. a. O. S. 125.

Fösen, für welche er im J. 1701 eine kaiserliche Standeserhöhung und im J. 1702 auch von den Stammvettern das Zugeständniß aller Wirkungen einer legitimen Ehe erlangte [40]).

f) Die Ehe des Pfalzgrafen Johann von Pfalz-Birkenfeld-Gelnhausen, mit Esther Marie von Witzleben im J. 1696.

Diese erklärte ein Reichshofraths-Erkenntniß im J. 1715 des agnatischen Widerspruchs ungeachtet für ein „ordentliches giltiges und vollständiges Matrimonium, desgleichen die darin erzeugten Kinder als des pfalzgräflichen Namens, Standes und Würden so wie der Succeßion ohne Ausnahme fähig“ [41]); wobei es auch verblieb.

g) Die Ehe des Herzogs Christian Carl zu Holstein-Norburg mit Dorothea Christine v. Eichelberg im J. 1702.

Dieser Fall bietet viel Eigenthümliches dar. Der aus jener Ehe entsproßene Sohn, anfänglich nur v. Carlstein genannt und nach einem Pactum seines Vaters mit einem ältern Bruder blos mit einem eventuellen Succeßionsrecht bewidmet, ward beim Erlöschen der Holstein-Plönschen Linie zuerst vom König v. Dänemark, dem vornehmsten Agnaten für succeßionsfähig erkannt, auch gegen den Widerspruch des Herzogs von Holstein-Rethwisch geschützt und zuletzt, nach sehr ungünstigen Entscheidungen des kaiserlichen Hofes auch von diesem im J. 1731 für vollkommen succeßionsfähig, als aus

40) Pütter a. a. O. S. 166. 174. 186.

41) Ebendas. S. 183. und Moser a. a. O. S. 94. flg.

ordentlichem, fürstlichem, rechtmäßigem Matrimonium geboren, manutenirt[42]).

Dies sind in der That die einzigen Fälle, die mit irgend einigem Schein zum Beweise der vollkommenen Giltigkeit und Wirksamkeit der Ehen altfürstlicher Personen mit Personen des niedern Adels gebraucht werden können. Bemerkenswerth ist, daß dergleichen um den Anfang des 18. Jahrhunderts so häufigen Verbindungen seit der Wahl-Capitulation v. 1742 etwas seltner geworden sind; die später vorgekommenen sind wenigstens ohne besondere Consequenz oder Bedeutung für die Begründung eines Gewohnheitsrechts[43]); oder es sind solche, wo noch sub judice lis seyn könnte. Zur ersten Claße gehört z. B. die Ehe Herzogs Ludwig von Wirtemberg († 20 Mai 1785) mit Sophie Albertine Gräfin v. Beichlingen († 10. Mai 1807) aus welcher Verbindung nur Töchter hinterlaßen sind; die Ehe Herzogs Carl Eugen v. Würtemberg († 24. Oct. 1793) mit Francisca Therese Freiherrin v. Bernedin, nachmals zur Gräfin v. Hohenheim erhoben, aus welcher Ehe keine Kinder vorhanden sind; und die gleichfalls kinderlose Ehe des Fürsten Carl v. Löwenstein-Werthheim († 1789.) mit der Freiin von Stipplin († 1799.)

42) Moser a. a. O. S. 118. flg.

43) Bedeutenden Widerspruch erregte die Ehe des Landgrafen Constantin v. Heßen-Rheinfels-Rothenburg mit Maria Eva Gräfin v. Stahremberg im J. 1745. Doch abgesehn von andern Gründen, die diese Verbindung von jedem Vorwurf der Ungleichheit befreien mußten, ist die Sache durch Vergleich mit Curhessen beseitigt worden.

Andre ähnliche Ehen, die kinderlos nicht geblieben sind, gegen welche aber von den Agnaten bereits quaestio legitimi matrimonii movirt worden ist oder doch bevorstehn möchte, können bis jetzt wenigstens kein Gewicht für den Beweis eines allgemeinen Herkommens abgeben und dürfen discreter Weise nicht genannt werden.

Was beweisen nun die obigen sieben Beispiele? Recapitulirt man sie und schließt man, was nothwendig geschehn muß, zuerst diejenigen aus, wo nur die ungleiche Gemahlin der fürstlichen Würde und Rechte theilhaft ward, ohne daß wegen Mangels an Descendenten eine anerkannte Ebenbürtigkeit der letztern nachweislich ist, wie bei Herzog Wilhelm von Sachsen und Catharine v. Brandenstein — sondert man ferner diejenigen ab, wo vergleichsweise von den Agnaten den nach altem Recht nicht ebenbürtigen Descendenten aus ungleicher Ehe die Erbfolge und fürstlichen Rechte vorbehalten oder gegeben worden sind — denn da fehlt es an einer opinio necessitatis: so bleiben, wie schon Struben und Pütter bemerkt haben, kaum 3—4 nicht äquivoke Fälle übrig, nämlich und hauptsächlich der Baden-Durlachsche, der Pfalz-Birkenfeldsche und der Holstein-Plönsche. Eine zweifelhaftere Gestalt hat schon die Ehe des Markgrafen Eduard Fortunat von Baden-Baden mit Maria v. Eicken. Denn hier ist die Geschichte zu untrügliche Zeugin, daß Religions- und politische Verhältniße die Entscheidung des Kaiser Ferdinand II. motivirt haben, und mit Recht könnte man darauf anwenden, was in der obigen Stelle des Westphälischen Friedens-Instruments gesagt ist:

de caetero omnes laudabiles consuetudines — imposterum religiose serventur, *sublatis omnibus, quae bellicorum temporum injuria irrepserant confusionibus.*

Was im Kriege, in einer Spaltung des Reichs durchgesetzt worden ist, kann nicht zum Beweise einer Gewohnheit gebraucht werden. Wer ferner den Hergang des Holstein-Plönschen Succeßionsfalles erwägt, wie sich hier die kaiserlichen Decrete selbst widersprochen haben, wie sich im Grunde der von Carlstein doch nur durch seinen mächtigen Agnaten, den König v. Dänemark und dessen Truppen behauptet hat, der wird daraus ganz gewiß nicht die Ueberzeugung von einer anerkannten juristischen Nothwendigkeit schöpfen können. Es bleiben also eigentlich nur der Baden-Durlachsche Fall, worüber gar kein Streit gewesen zu seyn scheint, und die Ehe des Pfalzgrafen Johann mit der v. Witzleben, die ein Reichshofraths-Urtel für sich hat, für das vermeintliche Herkommen übrig.

Und diese 2 Fälle — oder man lasse ihre Zahl noch größer seyn, man rechne immerhin die im Baden-Badenschen und im Holstein-Norburgschen Familien-Ast vorgekommenen mit hinzu — sollten ein Reichs-Herkommen begründen oder documentiren gegen alle andern fürstlichen Häuser? Freilich ist da ein und der andre gewaffnet mit kaiserlicher und reichshofräthlicher Entscheidung. Aber Kaiser und Reichshofrath waren nur oberste Richter und man würde schlecht bewandert in der deutschen Reichs-Constitution seyn, wenn man behaupten wollte, Kaiser oder Reichshofrath habe an sich ein für die fürstlichen Familien verbindliches Herkommen schaffen können. Einen Beweis über Rechtsansichten oder herkömmliches Recht können Judicate wohl liefern, aber keinen unerschütterlichen, noch viel weniger Quelle eines Gewohnheitsrechts selbst seyn. Zur Begründung eines solchen Herkommens gehört vielmehr und ist auch von den Publicisten immer gerechnet worden: stillschweigende Einwilligung ex opinione necessitatis von Seiten derer, die es betrifft und der gesetzgebenden Gewalt, an den Tag gelegt durch gleichförmiges Verfahren in allen einzelnen Fällen, ohne daß contrarii casus von wirklicher Erheblichkeit vorgekommen sind. Und Alles dieß war entschieden nicht vorhanden.

Zunächst Betheiligte und zugleich Theilhaber an der gesetzgebenden Gewalt waren die fürstlichen Familien und die regierenden Häupter und Reichsstände selbst. Wo haben sie wohl je ihre Zustimmung in ungleiche Ehen mit dem niedern Adel gemeinschaftlich oder sprechend zu erkennen gegeben? Im Gegentheil, sie haben den entschiedensten Widerspruch und ihre vollkommene Abneigung gegen solche Verbindungen deutlich erklärt, und zwar Einmal durch die That, indem bei weitem die Mehrzahl, ja man muß sagen Alle mit wenigen Ausnahmen, sich in ihren fürstlichen Häusern vor jeder Art ungleicher Ehen sorgfältig gehütet haben; sodann durch die darüber gemachten Familiengesetze und Statuten; endlich durch die bei einzelnen Gelegenheiten abgegebenen nachdrücklichen Erklärungen [44], durch den

44) M. s. z. B. die oben angezeigte Erklärung Königs Frie-

nur durch Vergleich, oder die Zeit, oder Uebergewalt beseitigten Widerspruch der Agnaten in einzelnen Fällen. Wo ist der tacitus consensus in jene Abweichungen von der factischen Norm oder Regel, wie wir sie vorläufig wenigstens nennen wollen? Dann aber giebt es ja entschiedene contrarios actus. Zuerst das Beispiel des Erzherzogs Ferdinand, dessen Gemahlin aus dem alten ritterbürtigen, stiftsfähigen Geschlechte der Welser zu Augsburg und ihre 2 Söhne nie von dem erhabenen Erzhause, wo dieß die erste und letzte ungleiche Ehe war, Anerkennung erhielten sondern verworfen wurden. Freilich sagt man, es war im Kaiserhause, aber in Beziehung auf den römischen König oder Kaiser gab es keinen rechtlichen Unterschied in der Gleichheit der Ehe vor den deutschen Fürsten und Reichsständen, politische Rücksichten abgerechnet. Dann das Beispiel im Hause Anhalt, wo des Fürsten Georg Ariberts mit Johanna Elisabeth v. Krosigk erzeugter Sohn, Christian v. Aribert genannt, sich bei dem Widerspruch der Agnaten im J. 1671 genöthigt sahe, mit dem Titel eines Grafen von Bäringen und Herrn zu Waldersee vorlieb zu nehmen, so wie mit einer Anwartschaft auf die Lande Anhalt, die jedoch nicht einmal bei seinen Lebzeiten am kaiserl. Hofe weiter ausgewirkt ward [45]); wo ferner dem Fürsten zu Anhalt-Bernburg-Hoym durch reichshofräthliches Erkenntniß im J. 1726 untersagt

drich II. von Preußen und die Verhandlungen unter den altfürstlichen Häusern, so wie auf dem Wahl-Convent in Bezug auf den Sachsen-Meinungenschen Fall.

45) Thomasius jur. Händel. T. II. S. 107. f.

ward, seiner in jenem Jahre sich angetrauten Gemahlin, Sophie von Ingersleben, das Ehrenwort »Fürstlich« oder »Durchlaucht« beizulegen 46).

Bei dieser Bewandniß der Dinge ist unmoglich, ein festbegründetes allgemein giltiges Herkommen anzunehmen, wornach fürstliche Personen mit Personen des niedern Adels eine in ihren Wirkungen vollkommen gleiche Ehe hätten eingehn können, oder gar mit Moser auch hier zu sagen: der niedere Adel habe ein jus quaesitum darauf erlangt. Jedoch wird man erinnern: wäre es auch kein Herkommen zu nennen, so sey doch bewiesen, daß derlei ungleiche Ehen des hohen Adels nicht für unerlaubt in allen Fällen geachtet worden; hiefür sey wenigstens auch kein Herkommen; und allerdings ist es schwer, für das eigentlich bestehende gemeine Reichsrecht den richtigen Ausdruck zu finden. Man könnte möglicher Weise dreierlei Rechtsformeln aufstellen:

Einmahl so: **Für die altfürstlichen und altgräflichen Häuser ist das uralte Geblütsrecht stehende Norm geblieben, wornach jede Ehe außer dem hohen Adel unstandesmäßig und unvollkommen in ihren Wirkungen war. Abweichungen davon konnten nur durch Autonomie und Reichsgewalt gerechtfertigt werden.**

und dafür ließe sich anführen, was wir schon bemerkten,

46) Moser Staatsr. XIX. S. 334. Hier gesteht er selbst, dieß sey ein (rücksichtlich seiner eignen Meinung) sehr bedenklicher Fall. Doch vielleicht möchte es dort auf Familienpacte in dem Hause Anhalt angekommen seyn.

die wirkliche Festhaltung des Princips in den meisten fürstlichen Häusern, ihr Widerspruch gegen anders handelnde, ihre Familiengesetze, das Unerfindliche eines entgegenstehenden Herkommens.

Zweitens auf diese Weise: Das alte Recht der Höchstfreien hatte gänzlich aufgehört. Das gemeine Recht war das römische und canonische. Darnach waren alle Ehen unter Freien gleich und vollkommen. Nur durch Familiengesetze (was jedoch nicht einmal alle zugaben) oder durch Reichs-Constitutionen konnten Beschränkungen eingeführt werden.

Dieser Formel redet die ziemlich übereinstimmende Sprache der Juristen aus dem 16., 17. und Anfang des 18. Jahrhunderts das Wort, wie sie sich besonders in den Responsis der Facultät zu Halle und Helmstädt kund gab [47]), ferner die Schwierigkeiten, die sich der reinen Anwendung des alten Rechts in den neuen Verhältnissen entgegenstellten; die Anerkennung des römischen Rechts, als eines subsidiären Reichsrechts, endlich das offenbare Verlaßen des alten Ebenbürtigkeitsprincips in den kaiserlichen und reichshofräthlichen Entscheidungen über den Pfalz-Birkenfeldschen und Holstein-Plönschen Fall. —

Und endlich drittens so: Es gab außer dem in der Wahlcapitulation aufgestellten Princip und den unstreitig dahin gehörigen

47) So auch noch Feltmann de impari matrimonio.

Fällen gar kein gemeines weder geschriebenes noch ungeschriebenes Recht. Die Autonomie der Häuser des hohen Adels eines jeden für sich, war die einzige Rechtsnorm. Wo sie fehlte, konnte nur der allgemeine sich von selbst verstehende Grundsatz entscheiden, daß Ehen ohne entgegenstehendes Verbotsgesetz alle Wirkungen, die sich an die Rechtmäßigkeit einer ehelichen Verbindung knüpfen, haben müßen.

Für diese dritte Ansicht, die allerdings der zweiten ziemlich nahe kommt, ist die Geschichte, das Thatsächliche, wie es bisher entwickelt worden ist. Gegen die erste spricht die offenbare Mißkennung des alten Rechts, als eines noch giltigen gemeinen Rechts in den allegirten oberstrichterlichen Entscheidungen, die wenigstens einen Beweis der Fort-Existenz oder des Aufgebens eines Rechts liefern können; noch mehr aber die große Veränderung in den Verhältnißen und der Bedeutung des hohen Adels wie des niedern; das entschiedene Aufgeben des echten Ebenbürtigkeitsprincips in so vielen reichsgräflichen Häusern. Gegen die zweite Formel ist zu erinnern, daß sie hauptsächlich nur eine Geburt romanistischer Vorliebe war; daß zwar das römische Recht subsidiäre Entscheidungsquelle in allen Verhältnißen für die höchsten Reichsgerichte seyn sollte: daß es jedoch niemals unbedingte Anwendung auf die der römischen Verfaßung unbekannten Verhältniße, wie die der deutschen Fürsten und des übrigen hohen Adels, finden konnte [48]), wovon eben die Wahlkapitulation den deutlichsten Beweis selbst lieferte. Es bleibt dahek nur die dritte obige Formel übrig und man wird gewiß in unsern Zeiten keinen Anstand haben, sie als die richtige zu erkennen. Von der zweiten unterscheidet sie sich dadurch: daß sie die Autonomie des deutschen hohen Adels die zu keiner Zeit unthätig war an die Spitze stellt, während nach der zweiten Ansicht durch Autonomie erst eine Ausnahme von der Regel des gemeinen Rechts zu begründen gewesen seyn würde. Dabei aber würde sich der gewaltige Zweifel aufdringen, ob wohl gegen das gemeinrechtliche Eheprincip, was zum jus publicum gehört, eine eigenmächtige autonome Entfernung überhaupt zuläßig gewesen seyn möchte. Diese Zuläßigkeit aber, oder vielmehr die Möglichkeit solcher autonomischer Bestimmungen unterliegt durchaus keinem gegründeten Bedenken, was auch sonst schief genug darüber gesagt worden ist.

Kein besonderes Recht findet sich übrigens in dieser Periode für die Ehen des römischen Kaisers oder Königs. Nach der Reichs-Constitution waren alle Reichsstände Pärs des gewählten Reichsoberhaupts. Und eine geborne Reichsgräfin war ebensowohl die rechte Genoßin des römischen Kaisers, als eine Prinzessin königlichen oder fürstlichen Geblüts. Mißheirathen sind daher auch

48) Diese Ansicht hatte auch Thomasius. M. vgl. ferner *Brunquell* de pugna jur. germ. et rom. in causis Illustrium. §. 8., wogegen mit schwachen Gründen ankämpft Struben Nebenst. Bd. 5. S. 7. ffg., wenigstens treffen seine Gründe unsern Gegenstand nicht.

hier nicht vorgekommen. Freilich als Maximilian I. 1494 Blanca Maria Sforza ehelichte, murrten die Stände, unstreitig weil ihnen das italienische Blut und die Abkunft der Kaiserin von einem Bastard nicht gefiel: aber eine Mißheirath, eine ungleiche Ehe konnte es rechtlich nicht genannt werden, auch hatte das Murren keinen Erfolg.

III.

Das neunzehnte Jahrhundert.

Als das J. 1806 die deutsche Reichsverfaßung zertrümmert hatte, konnte man etwa ein Lustrum hindurch und etwas darüber in dem ersten Taumel der Neuheit glauben: wie jetzt Alles sich neu gestalte oder gestalten müße, so habe alles Alte seine Kraft verloren, es sey der Zustand der Natur wieder gekommen, aber mit dem Feigenblatt oder Sternmantel der Philosophie und diese habe nur sich zu räuspern, um Alles sofort auf das Schönste zu ordnen; dabei biete sich das stattliche Muster des neuen Frankreichs und seines neuen Kaiserhauses als Vorbild dar. Und weil nun die Rheinbundsacte Art. 2. verkündigte: »Jedes Reichsgesetz, welches bisher die verbündeten Souveräne, ihre Unterthanen, ihre Staaten oder einzelne Theile davon irgend betroffen haben oder verpflichten konnte, soll nunmehr in Ansehung der Hh. Verbündeten und ihrer Unterthanen nichtig und wirkungslos seyn:« so sagten und lehrten manche Publicisten, daß von nun an Nichts von den Bestimmungen des Reichsstaatsrechts, wenigstens nicht in Beziehung auf die öffentlichen Verhältniße von weiterer Kraft sey, und so sprach auch Gönner 49) über das gemeine Reichsrecht hinsichtlich der Mißheirathen die Leichenrede. So würde es denn, von autonomen Beschränkungen abgesehn, ein wahrhaft gemeines oder freies Recht geworden seyn, daß die deutschen Könige und Fürsten sich hätten vermählen können, wie sie wollten; sie hätten nun, wie Dichter und gemüthliche Menschen wohl schön finden, in die niedere Strohhütte herabsteigen und von dort her eine liebende Lebensgefährtin auf den Thron stellen können. Indeßen dieser wißenschaftliche Taumel, in den ohnehin die fürstlichen Familien nie eingestimmt hatten, verschwand. Das historische Princip, das die Vergangenheit mit der Gegenwart knüpft, nicht um dieser willen aufgiebt, und so immer ruhig fortleitet, was sich nur mit Mühe und in wenig Herzen gegen den Kampf der nackten Gegenwart und Speculation erhalten hatte, das gewann von Tage zu Tage mehr Kraft, und ihm ward endlich das Siegel der Giltigkeit aufgedrückt, als die vereinten Mächte Europa's die Rückkehr der Legitimität verkündigten, denn das ist nichts anders, als das historische Princip. So dürfen und müßen wir auch bei der heutigen Darlegung unserer Frage noch immer Vergangenheit und Gegenwart als Eins betrachten, um festen Boden zu gewinnen.

49) Archiv f. d. Gesetzgebung und Reform des jur. Stud. Bd. 1. S. 296. ffg.

Die deutschen Souveräne.

Unläugbar ist, daß schon durch das bloße Factum der Auflösung des deutschen Reichs jede fernere Wirksamkeit der ehemaligen Reichsgewalt wegfiel; daß ebenso jede reichsconstitutionelle Bestimmung, sie mochte im gemeinen Reichs-Herkommen oder geschriebenen Gesetz begründet seyn, öffentliche oder Privatrechte betreffen — die sich so wenig von einander trennen laßen, als der Mensch von dem menschlichen Leben — insofern dabei die Fort-Existenz der Reichsverfaßung, des Reichs als einer Einheit und Gesammtheit vorausgesetzt ward, von selbst ihre Wirksamkeit und Verbindlichkeit verlor; und in so weit bedurfte es nicht einmal jenes Art. 2. der Rh. B. Acte für die verbündeten Fürsten und deren Staaten. Eben so gewiß ist aber auch, daß alle vermöge oder unter der Reichsverfaßung wohlbegründeten öffentlichen oder Privatrechte, insbesondre alle autonome und Vertragsbestimmungen, denen es nicht gänzlich an einem Gegenstand gebrach und die auch noch eine unveränderte Ausübung gestatteten, durch jenes Factum nichts von ihrer Kraft und Wirksamkeit verlieren konnten [50]).

Angenommen nun das alte Familienrecht der deutschen Reichsstände wäre in Ermangelung von Hausgesetzen und besondern Observanzen schlechthin in der

50) Gönner bezieht a. a. O. den Art. 2. nur auf den öffentlichen Zustand, den Privatrechten unbeschadet. Er scheint aber gleich Andern das ganze öffentliche Recht, selbst das unabhängig von der Reichsstaatsgewalt bestandene für vernichtet betrachtet zu haben. Das ist nun und nimmermehr wahr.

Wahlcapitulation reichsgesetzlich und subsidiarisch im römisch-canonischen Recht gegründet gewesen, so müßte man allerdings zugében, daß, da die in der Wahlcap. der kaiserl. Machtvollkommenheit gesetzten Schranken und zugleich anerkannten Befugniße auf die neuen Souveräne keine Beziehung litten, alle, selbst den ehemals s. g. notorischen Mißheirathen gesetzten Schranken völlig weggefallen wären, folglich allgemeine Ehelicenz ipso facto eingetreten sey; und so würden diejenigen Recht haben welche behaupten, daß die Lehre von den Mißheirathen aus dem deutschen Gesammt-Staatsrecht gänzlich verbannt werden müße [51]) und man würde sich vergebens durch die Aufstellung zu retten suchen, daß die Bestimmung der Wahlcapitulation über die Mißheirathen in reichsständischen Häusern in die Familiengesetze derselben übergegangen und gleichsam ein Theil davon geworden sey. Etwas Wahres ist in der letzten Aufstellung. Das Richtigste scheint jedoch dieß.

Die Stelle der W. C. bietet nach der erwiesenen geschichtlichen Entstehung einen zwiefachen Gesichtspunct dar; einmahl in so fern sie ein in den reichsständischen Häusern schon bestehendes Recht gegen Mißheirathen beurkundet und voraussetzt, zweitens in so fern sie der kaiserlichen Majestät die Anerkennung dieses Rechts und gewiße Beschränkungen auferlegt. Nur in der letzten Beziehung war die neue Stelle der W. C. ein eigentliches Reichsgesetz, was mit dem Fortbestehen oder der Auflösung des Reichsverbandes stehn oder fallen mußte, als durch das Daseyn einer kaiserlichen Machtvollkom-

51) Klüber öff. R. d. t. Bd. §. 182. Not. b.

menheit und untergeordneter Reichsstände bedingt. In der ersten Beziehung hingegen war die Stelle der W. C. nur eine Urkunde der gemeinschaftlichen Anerkennung eines in den reichsständischen Häusern schon bestehenden Familienrechts, daß notorisch unstreitige Mißheirathen eines Standes des Reichs weder der Gemahlin noch den Kindern aus solcher Ehe ein vollkommenes Recht der Ebengeburt verleihen könnten, den Kindern namentlich keine Succeßionsfähigkeit, ohne Einwilligung der rechten Erbfolger; denn darüber war man beim Wahl-Convent und unter den altfürstlichen Häusern einverstanden und kein Stand des Reichs, keine dazu gehörige Familie hat dagegen Widerspruch erhoben. Daß nun die W. C. ein vollgiltiges Zeugniß sey für das bestehende Recht, deßen Erhaltung sie sichern wollte, wird Niemand bestreiten, und es könnte sich demnach blos fragen, ob mit dem Umsturz der Reichsverfaßung auch das solchergestalt anerkannte gemeinsame Familienrecht der deutschen reichsständischen Häuser von selbst aufgehoben worden sey. Gönner behauptet dieß a. a. O. eben weil er die Stelle der W. C. blos als ein Reichsgesetz, nicht in Verbindung mit ihrer historischen Grundlage betrachten mochte. Er sagt S. 304 »der Buchstabe der W. C. spricht dafür, daß die Bestimmung der Mißheirathen einen Theil des öffentlichen Rechts ausmache. Sie spricht von Ehen eines Standes des Reichs oder aus solchem Hause entsproßenen Herrn; sie knüpft die Mißheirathen an die Reichsstandschaft, also einen Theil der Constitution«. Wer sieht aber nicht das trügerische, das πρῶτον ψεῦδος? Die W. C. redet freilich nur von den reichsständischen Häusern, aber man kann nicht sagen, daß der Begriff oder das eigenthümliche Recht der Mißheirathen und Ebenbürtigkeit ihre Wurzel in der Reichsstandschaft hatten. Sie hatten ihre Wurzel in dem alten Geblüts- oder Standesrecht, welches bestand, ehe es einen entschiedenen Begriff von Reichsstandschaft gab. Diese war an sich, wie wir schon gesehen haben, gar nicht durch Ebenbürtigkeit oder Geblüt bedingt. Sie kam zu den Vorrechten des alten hohen Adels hinzu, erweiterte den Umfang und Glanz des hohen Adels, es lag auch wohl im Interesse des reichsständischen Wesens, gegen Mißheirathen des hohen Adels Vorsehung zu treffen: allein immer folgt daraus nicht, daß das Recht der Reichsstandschaft die bedingende einzige Ursache zu jener Proscription gewesen wäre. Die ursprüngliche und bleibende Hauptwurzel des Rechts der Ebenbürtigkeit und Mißheirathen war das Familien-Interesse; es ist ein Theil des Familienrechts, und dieß ward durch die Auflösung des Reichs nicht von selbst zerstört. Und so wenig als die Hausrechte einer einzelnen souverän gewordenen deutschen Familie überhaupt mit jenem Factum als aufgehoben betrachtet werden können, wie sich nachher ergeben wird, so wenig kann es auch das Recht, was die deutschen Reichsstände im J. 1742 als bestehendes gemeinsames Familienrecht anerkannten. Familienrechte der Herrscher greifen zwar auch in das öffentliche Recht der Staaten ein, wenn man nun einmal den Unterschied zwischen öffentlichem und Privatrecht mit Gönner in Beziehung auf die Reichsauflösung berücksichtigen will; dies thut aber das Familienrecht durchaus und unter den Mitgliedern der Familie ist es doch zunächst Privatrecht. Indeß der Unterschied ist nach dem Obigen überhaupt für das neuere deutsche Staatsrecht nicht absolut entscheidend. Nur das, was mit den neuen Verhältnißen nicht mehr rechtlich zusammen bestehen konnte, ist mit der Auflösung des Reichs zerstört worden. Was aber noch damit zusammen bestehen konnte, es greife nun ins öffentliche oder Privatrecht, verlor seine Giltigkeit nicht von selbst. Es fragt sich nun, ob aus irgend einem Grunde solche Hausrechte der jetzigen souveränen Familien ihres Conflicts wegen mit neuen Verhältnißen als erloschen anzusehen sind.

Die Hausrechte der fürstlichen Familien hatten ihre Giltigkeit durch sich selbst, unabhängig von der Reichsgewalt gehabt; jedes Mitglied der Familie hatte dadurch wohlbegründete Rechte. Befreit von jeder höhern oberstrichterlichen Gewalt blieb nun die Handhabung und die Vollziehung der Hausgesetze und Observanzen lediglich Sache jeder Familie unter sich, sofern sie nicht durch rechtmäßige neue Acte aufgehoben oder modificirt oder einer andern Gewalt unterworfen wurden. Es würde eine gänzlich unbefugte Aufstellung seyn, daß die Hausrechte der einzelnen souverän gewordenen Familien durch die Reichsgewalt entstanden oder allein erhalten worden seyen. Ihr Ursprung, wie wir gesehen haben, verliert sich im grauesten Alterthum, wo man noch keine Reichsstaatsgewalt kannte; eben gegen diese bildet die Autonomie, wodurch sich das alte Recht in den fürstlichen Häusern großentheils erhielt, den bestimmtesten

Gegensatz, und kann also unmöglich aus der Reichsstaatsgewalt abgeleitet werden. Eben so wenig würde aber auch der Satz zu beweisen seyn, daß durch die Erwerbung der Souveränität Seitens der im J. 1806 actuell regierenden Fürsten alle Familienrechte von selbst aufgehoben worden seyen. Das öffentliche Recht, oder die Verfaßung der einzelnen Territorien erlitt dadurch zwar eine wesentliche Veränderung, aber ganz unberührt blieb dabei die Frage und das Recht der Erwerbung der Souveränität, die ja nur Erweiterung der alten Landeshoheit und durch dieselbe vorbereitet war. Die Erwerbung der Souveränität hängt sicher noch von denselben Familienrechten ab, nach welchen auch früherhin die Landeshoheit als reichslehnbares oder allodiales Familien-Eigenthum erworben ward, also auch von den geschriebenen oder ungeschriebenen Hausrechten. Diese Rechte konnten nur durch freie Zustimmung aller Familienglieder aufgehoben oder modificirt werden. Den Nichtconsentirenden blieben ihre Rechte unverletzt. Selbst ein neu-constitutioneller Act konnte ohne diese Zustimmung jene Rechte nicht aufheben, denn weder der Souverän selbst hat wohl eine Befugniß, die Basis oder den legitimen Entstehungsgrund der Souveränität in seiner Familie zu zerstören, noch kann die Zustimmung oder der Wille des Volkes oder seiner Repräsentanten darin etwas ändern, weil es über die legitime Entstehungsart der Souveränität keine Disposition hat; man müßte denn in den Irrthum früherer Zeiten verfallen und eine Souveränität des Volks als die höchste irdische unveräußerliche Macht ansehen. Nur das möchte sich juristisch rechtfertigen laßen, daß die neuen Souveräne als erste Erwerber eines neuen Rech tsfür ihre Descendenten neue Bedingungen und Qualificationen zur Erwerbung der Souveränität festzusetzen befugt wurden, ohne gleichwohl die alten Bedingungen des Vollgenußes der Familienrechte zum Nachtheil anderer Familienglieder abändern zu dürfen.

Solchemnach ist kein Grund vorhanden, das in der Wahl-Capitulation anerkannte Familienrecht der reichsständischen Häuser in ihrer Gesammtheit und jedes einzelnen insbesondere für aufgehoben zu erklären.. Es hatte sich bis ans Ende des deutschen Reichsverbandes erhalten; keine höhere rechtliche, ja nicht einmahl factische Gewalt hat es vernichtet; Familienrechte sind giltig bis zum letzten Gliede; jedes Glied hat ein jus quaesitum auf ihr Fortbestehn. Fest stand und blieb es also noch: die Nachkommenschaft aus einer unstreitig notorischen Mißheirath eines jetzt souverän gewordenen Standes des Reichs oder aus solchem Hause entsproßenen Herrn hat keinen Anspruch auf die väterlichen Titel, Ehren und Würden, noch auf Ebenbürtigkeit und Succeßionsfähigkeit. Nur durch besondere Einwilligung der wahren Erbfolger können diese Rechte noch erworben werden. Einer höhern Sanction bedarf es dazu nicht mehr, sie ist auch nicht mehr möglich. Die kaiserlichen Standeserhöhungen hatten nur in Ansehung des Reichsstaats rechtliche Bedeutsamkeit, dieser existirt eben so wenig noch als der Kaiser. Für die Familienrechte genügt der Consens der wahren Erbfolger. Ohne diesen muß also wenigstens die Ehe eines Gliedes der souveränen Familie mit einer bürgerlichen als notorische Mißheirath erklärt werden. Ein conträres Herkommen ist bisher seit dem Wegfall des Reichsverbandes nicht erwiesen, und so lange dieses bestand, konnte es nicht anfangen.

Oder sollten sich vielleicht die rechtlichen Ansichten im jetzigen Jahrhundert geändert haben? Denn bis zum Ausgang des vorigen ist die Festhaltung des Princips wenigstens in der gedachten Anwendung erweislich. Gewiß nicht. Im Gegentheil würde man behaupten können: daß der von Ansichten der Zeit mit abhängige Begriff unstreitig notorischer Mißheirathen im Allgemeinen hinsichtlich der deutschen Souveräne sich erweitert und fester begründet habe. Der Souverän und sein Geschlecht hat auf Erden an Stand und Würde seines Gleichen nicht außer andern souveränen Geschlechtern: es giebt keinen größern irdischen Gegensatz als den zwischen Souverän und Unterthan. Jenes ist der Zustand der höchsten Freiheit, dies der Zustand des Gehorchens. Und so wie nach dem alten Reichsstaatsrecht der Kaiser nur eine Gemahlin aus den höchstfreien Geschlechtern haben sollte, und so wie sich jetzt alle europäischen souveränen Häuser der Christenheit nur mit ihres Gleichen verbinden: so ist für die deutschen Fürsten, die nun auch in diese Reihe eingetreten sind, mindestens eine dringende Aufforderung gegeben, sich dieser Regel ebenfalls anzuschließen. Ja die öffentliche Meinung ist gewiß schon in Deutschland dafür entschieden, die Ehe einer Person aus einem souveränen Hause mit einem Unterthan ohne Ausnahme als eine unpaßende, unanständige Heirath anzusehn, also im Sinn der Wahl-Cap. für eine notorische Mißheirath. Wollte man aber auch dieses Recht in dieser Ausdehnung für jetzt und so lange sich auch die europäischen Mächte nicht darüber bestimmt ausgesprochen haben, noch nicht als vollkommen begründet anerkennen: so ist doch gewiß eine hinlängliche Veranlaßung für die Souveräne gegeben, für die Ehen ihrer Descendenten durch eine pragmatische Sanction die ihrer erhabenen Stellung entsprechenden Erforderniße näher festzusetzen, und nichts ist so wünschenswerth als positive verbindliche Normen über einen Gegenstand von so hoher Wichtigkeit, dergleichen denn allerdings schon erfolgt sind [52]) und wodurch die Ruhe und das Bestehn des Hauses eben so sehr als das Glück der Unterthanen gesichert wird.

Auf keinen Fall können übrigens die deutschen Souveräne aufhören, ihre ehemaligen ebenbürtigen Reichs-Mitstände, die seit dem J. 1806. subjicirt worden sind, als ihre ebenbürtigen Genoßen zu betrachten und die Ehen mit solchen Häusern als vollkommen gleiche. Es hat an sich nichts staatsrechtlich Widersprechendes, eine gewisse Claße von Unterthanen für Pärs oder Geblütsgenoßen der souveränen Familie zu erklären, und die deutsche Bundesact sichert den Mediatisirten dieses Recht der Genoßenschaft ausdrücklich zu. Ja man könnte sogar, da die deutsche Bundesacte und die die Mediatisirten betreffende Disposition durch Art. 64. der Wiener Congr. A. von den europäischen Mächten als eben so giltig und

52) Baiersches Hausgesetz v. 18. Jänner 1816. Verf. Urkunde v. 1818. II. 3. K. Wirtemberg. Hausgesetz v. 1808. §. 2. 17. Wirtemb. Verf. Vertr. §. 8. Kurhessisches Hausgesetz v. 4. März 1817. §. 6.

kräftig anerkannt ist, wie der übrige Inhalt dieser Acte selbst, daraus die Anerkennung einer Europäischen Pärschaft der Mediatisirten folgern; doch liegt dies nicht ganz deutlich vor, auch hat das bekannte rußische Manifest vom 20. März (2. April) 1820 darauf keine Rücksicht genommen. Welche nähere Bedeutung diese Ebenbürtigkeit habe, soll im nächstfolgenden und letzten Ab-Abschnitt erörtert werden.

Endlich müssen in völlig gleiche Categorie gesetzt werden diejenigen alten Geschlechter Deutschlands, welche zwar schon vorlängst der Landeshoheit andrer Reichsstände unterworfen, jedoch dabei selbst reichsständisch und wenigstens im Besitz untergeordneter landesherrlicher Rechte verblieben waren, namentlich das Haus Stolberg und Schönburg, beide im obersächsischen Kreise. Denn wenn es unbezweifelt ist, daß diese Häuser zum alten hohen Adel als Reichsstände gehörten, folglich auch Genoßen des deutschen Kaisers, des alten Hauptes der Christenheit waren, so kann sie auch jetzt noch kein Souverän für Ungenoßen halten.

Wir wollen nunmehr den Rechts- und Fortbestand der speciellen oder particulären Hausrechte der souveränen Häuser in Beziehung auf Mißheirathen und ihren Einfluß auf das allgemeine Fürstenrecht erörtern. Sie sind theils geschriebene — ausdrücklich vertragsmäßige, bald in Stammverträgen einer ganzen Familie, bald in Erbeinungen mehrerer Familien, bald nur einzelner Aeste enthalten, oder in väterlichen Testamenten gegründet, — theils ungeschriebene, stillschweigend conventionelle, im Familien-Herkommen beruhend.

Unter den ältern Publicisten ward viel darüber gestritten, in wiefern durch Familien-Verträge überhaupt Etwas über die Ehen der Familien-Glieder festgesetzt werden könne, oder unter welchen Bedingungen sie eingegangen werden dürften. Ohne uns auf die ältern Ansichten einzulaßen, die nur auf romanistischen Irrthümern[53]) beruhen, dürfen wir uns auf folgende Sätze beschränken.

Gab es überhaupt eine fürstliche Autonomie, oder auch verbindliche Familien-Observanz, um wie viel mehr konnte sie in ausdrücklichen Bestimmungen niedergelegt und geheiligt werden. Nun ist aber gerade die Autonomie der fürstlichen Häuser in den Zeiten des deutschen Reichsbestandes außer Zweifel, und das eigenthümliche erlaubte Ziel derselben war Erhaltung des Familienglanzes so wie des Familien-Eigenthums[54]). Damit war denn auch im Allgemeinen das Recht gegeben, Ungleichheit der Ehen zu verbieten, so wie die Folgen solcher ungleichen Ehen im Voraus zu bestimmen, und um wie viel mehr mußte dieß erlaubt seyn, da es sich blos von Erhaltung des alten Rechts handelte, und nun und nimmermehr erweislich ist, daß die deutschen Fürsten schon einem andern neuen Gesetz absolut unterworfen worden wären, von welchem sie erst eine Ausnahme hätten erringen müßen, oder daß sich ein allgemeines ausschließliches Reichsherkommen schon gebildet gehabt hätte[55]).

53) Man denke an das Helmstädter Gutachten in der Bernburger Sache.

54) Vgl. Biener v. der kaiserl. Machtvollkommenheit. a. E.

55) Vgl. de Ledergerw (praes. *Pütter*) de normis decidendi success. familiar. illustr. controv. §. 39.

Rechte dritter Personen wurden durch solche Familien-Bestimmungen nicht verletzt. Man könnte sagen die Rechte der niedern Stände, unter welchen es in Deutschland Rechtens geworden war, daß jede Ehe unter Freien alle gesetzlichen Wirkungen hervorbringe. Allein daß dieses Recht auch gegen den hohen Adel erworben worden sey, oder daß dieser dem nämlichen Recht unterworfen worden, ist wie gesagt nicht bewiesen, sondern im Gegentheil, der hohe Adel hat immer sein eignes abgesondertes Recht behalten. Dazu gehörte insbesondere, durch Ehepacten, z. B. beim matrimonio morganatico, die Rechte der Kinder im Voraus zu bestimmen; und warum sollte dieß nicht durch ein Familienstatut, welches bei fürstlichen Familien Niemand unbekannt bleiben kann, für alle Ehen einer gewißen Art durch eine pragmatische Form im Voraus haben bestimmt werden können! Wider die guten Sitten war eine solche Verordnung nicht; die Heiligkeit des ehelichen Verhältnißes, die Freiheit ein solches nach Gefallen einzugehn, bleibt ja deßemungeachtet. Es ist vielmehr der allgemeinen Fürstensitte und Moral angemessen. Nur das würde eine Verletzung wohlbegründeter Rechte gewesen seyn, wenn ein fürstliches Haus die Ehe mit einer gräflichen Person oder aus dem Herrnstande, die zu den reichsständischen Geschlechtern gehörte, hätte ausschließen wollen. Weder dieser Person selbst, noch ihren rechtmäßigen ehelichen Abkömmlingen hätte ein solches Familienstatut je zum Nachtheil gereichen können[56]. Und eben so wenig würden

56) In dem Wirtembergischen Familienvertrag von 1617 wurden zwar die Ehen blos auf die fürstlichen Geschlechter

jetzt die Verbindungen zwischen dem Gliede eines souveränen Hauses mit einem mediatisirten sonst reichsständischen gegen die d. Bundes-Acte für unstandesmäßig oder Mißheirathen erklärt werden können.

Von Wem eine die ganze Familie verbindende pragmatische Form gegeben werden konnte, ist die allerschwierigste Frage. Man rechnet häufig sehr viel zu den verbindlichen Hausgesetzen, oft bloße Enunciativ-Worte in Testamenten, Verträgen und dergl. Außer Zweifel ist nur

1) daß es geschehen konnte von dem ersten Stammvater eines Hauses, der gewiß immer befugt ist, die Modalitäten der Erwerbung oder Besitzung des künftigen Familien-Eigenthums oder der von ihm zuerst, nicht ex beneficio majorum erworbenen Familienrechte auf alle Zeiten festzusetzen, ebenso wie in jeder neu gestifteten Linie von dem ersten Gründer, nur nicht gegen die Disposition des ersten Erwerbers;

2) daß es ferner geschehen konnte bei jeder vertrags- oder vergleichsweisen Bestimmung der wechselseitigen Rechte der Glieder einer schon bestehenden Familie, in sofern von einer gewißen Eigenschaft der Ehen die Befugniß zur Erlangung oder Theilnehmung an den wechselseitigen Rechten abhängig gemacht ward, z. B. bei Erbtheilungen, beson-

beschränkt, allein im weitesten Sinne können dahin unstreitig auch die gräflichen und herrlichen Geschlechter gerechnet werden, die in Urkunden so oft principales familiae genannt sind. Vgl. Moser St. R. XIX. S. 353.

ders wenn ohne Stipulation oder Vorbehalt die wechselseitigen Rechte aufgehört haben würden, oder wenn gesetzlich eine solche Bestimmung nöthig war;

3) daß ein Gleiches zuläßig war bei Erbeinungen und Erbverbrüderungen verschiedener Familien, die nach dem Reichsherkommen für alle Nachkommen verbindlich waren.

Dagegen ist sehr zu bezweifeln, ob durch einen nackten Vertrag, wenn auch aller Glieder einer schon bestehenden Familie, blos und allein über die Ehen und deren Wirkungen ein alle Nachkommen verbindendes Gesetz habe gemacht werden können, so wie, ob wohl ein Vater seinen Kindern blos und allein über diesen Punct gewiße Verbindlichkeiten aufzuerlegen vermögend war, wenn er nicht der erste Stammvater oder erste Erwerber neuer Rechte war. Bei Rechten ex pacto et providentia majorum bleibt die Bestimmung des ersten Erwerbers die Grundlage für aller Nachfolger Rechte, und diese können auch durch väterliche Disposition nicht geändert werden. Bestimmungen dieser Art können nur als Ansichten, Wünsche, und zur Befestigung eines schon bestehenden oder sich bildenden Familienherkommens gebraucht werden. Aber in den Verträgen selbst ist keine causa obligandi posteros vorhanden, und man kann sich schwer überzeugen, daß die hinzugekommene kaiserliche Bestätigung hierin etwas hätte ändern sollen.

Endlich konnte meines Erachtens nur vom ersten Erwerber eine gültige Bestimmung dahin getroffen werden, daß der Nachfolger selbst, der sich unstandesmäßig verheirathen würde, für seine Person und nicht etwa blos seine Nachkommen der Familienrechte verlustig seyn sollten.

Nun die Form. Sie war Testament oder Vertrag. Darüber ward gestritten, ob die kaiserliche Bestätigung zur Giltigkeit solcher Dispositionen irgend nothwendig sey oder nicht. In thesi kann nach dem neuesten Reichsstaatsrecht und den übereinstimmenden Meinungen der gediegenern neuern Publicisten gar nicht weiter bezweifelt werden, daß die kaiserliche Bestätigung wohl nützlich aber niemals nothwendig seyn konnte, selbst nicht in Ansehung der Reichslehen [57]). Nützlich, in sofern sie einmal ertheilt jeden conträren Act der kaiserlichen insbesondere oberstrichterlichen Gewalt ausschloß [58]); nicht nothwendig aber, weil die Basis der Giltigkeit die Autonomie des hohen Adels, also etwas Eignes, von der kaiserlichen Macht Unabhängiges war. Es fehlt zwar nicht an Beispielen, daß die Kaiser die Bestätigung von Familiengesetzen, in soweit sich dieselben auf Mißheirathen bezogen, und besonders wenn sie dem niedern Adel ungünstig waren, verweigert haben; was aber auch die Motive davon gewesen seyn mögen — das erheblichste war, daß sich die Kaiser, so lange kein Reichsgesetz oder Herkommen wegen der Mißheirathen vorhanden

57) M. s. die Wahlcap. 1, 7. 9. 11, §. 2. Vgl. *Wiederhold* de vi pactor. famil. ill. matrim. inaequalia prohib. Marp. 795. §. 13. 15. u. die daselbst angeführten. Moser St. R. XXIII. S. 167. flg.

58) Vgl. Biener v. d. kaiserl. Machtvollkommenheit, S. 283. flg.

war, nicht die Hände in ihren Entscheidungen und politischen Maximen binden laßen wollten, nebenbei Begünstigung des unmittelbaren obwohl nicht reichsständischen Adels am kaiserl. Hofe — das bleibt gewiß, daß darum die Pacta, wenn nicht die Absicht der Intereßenten gewesen seyn sollte, von der Ertheilung der Confirmation die Verbindlichkeit der Bestimmung abhängig zu machen, nicht weniger verbindlich blieben. Auf keinen Fall liegt in der Versagung der Bestätigung einzelner Dispositionen dieser Art die Handhabung eines staatsrechtlichen Grundsatzes, daß dieselben gegen ein Reichsherkommen oder die Reichs-Constitution gewesen seyen. Denn eben das Reichsherkommen in seinem ganzen Umfang war noch ungewiß, und deßhalb sollte ein Reichsgesetz gegeben werden. Der Kaiser allein hatte die gesetzgebende Gewalt nicht.

Wir wenden uns zu dem speciellen Familienherkommen. Dieses konnte, da das gemeinsame reichshoheitlich bekräftigte Herkommen schon gegen die Ehen des hohen Adels mit dem dritten Stande war und noch ist, sich hauptsächlich nur auf die Frage beziehen, in wie fern die Ehen in einem reichsständischen Hause mit Personen des niedern Adels für wahrhaft ungleich und verboten gehalten werden sollten. Sollte dieß der Fall seyn, so konnte es dazu nicht mehrerer Erforderniße bedürfen, als zu einem Familienherkommen über jedweden andern Gegenstand. Es genügt daher unstreitig zum Beweise deßelben, wenn erhellet, daß von jeher nur vollkommen oder unzweifelhaft standesgleiche Ehen in einem fürstlichen Hause vorgekommen sind; wenn ferner aus den Umständen sich ergibt, daß die Idee einer rechtlichen Nothwendigkeit, entweder die Rücksicht auf das alte niemals aufgegebene Recht, oder die Rücksicht auf die jedem Mitglied einer erlauchten Familie obliegende Verbindlichkeit, für die unverletzte Erhaltung des Familienglanzes zu sorgen — die Hauptbasis der Autonomie — die bestimmende Ursache davon gewesen, was ja Alles durch die Geschichte der fürstlichen Häuser, durch die darin herrschende Denkungsart, durch die testamentarischen und vertragsmäßigen Aeußerungen über diesen Gegenstand, welche nach dem obigen für eigentliche verbindliche Hausgesetze nicht angesehen werden können, nachzuweisen ist [59]). Das Ganze ist zunächst eine quaestio facti und die Giltigkeit solcher Observanzen, auch ohne kaiserliche Bestätigung keinem Zweifel unterworfen. Vgl. W. E. 1, §. 9. Liegen nun solche Thatsachen vor, so kann selbst ein oder der andere Fall, wo mit Assensus oder Connivenz der Familienglieder eine Ausnahme zugelaßen worden ist, das begründete Familien-Herkommen an und für sich nicht zerstören, sofern nicht deutlich abzunehmen ist, daß man davon überhaupt habe abgehen wollen, was nicht zu präsumiren ist. Observanzen sind immer dauernde Vertragsgesetze, die man durch conträren Vertrag mit allseitiger Zustimmung aufheben, wo man sich aber auch in einzelnen Fällen die wechselseitigen Verpflichtungen durch Einwilligung

59) Auf diese Art beweist Weisse im sächs. St. R. S. 84 das Herkommen des K. Sächs. Hauses, und auf ähnliche Art würde es in dem Königlich Preußischen Hause, wie in vielen andern bewiesen werden können.

erlaßen kann, ohne den Vertrag selbst aufzuheben, nicht aber, wovon man einseitig zurücktreten kann. Darum ist bei observanzwidrigen Heirathen in einem fürstlichen Hause jeder Umstand genau zu erwägen, und zu untersuchen, ob dadurch ein gänzliches Abgehn von dem bisherigen Herkommen, oder nur eine einmahlige Remißion desselben beurkundet werde; ob vielleicht die Heirath nur in einem entfernten Nebenast der regierenden Familie, der keine nahe Aussicht auf Erbfolge hatte, oder sonst z. B. wegen Kinderlosigkeit zugelaßen worden, ob ein rechtswidriger Zwang Statt gefunden hat u. dergl.

Für den intelligenten Beurtheiler wird es leicht seyn, das Wahre zu finden.

Nun drängt sich aber von selbst noch die Frage auf: gesetzt die Hausrechte eines fürstlichen Hauses seyen für vollkommen gleiche Ehen, für die rechtliche Nothwendigkeit derselben entschieden, welches sind die Wirkungen ungleicher Ehen, die gegen diese Hausrechte vorgekommen sind oder vorkommen möchten, wenn darin, wie es bei dem bloßen gleichmäßigen Herkommen immer der Fall seyn wird, die Folgen nicht näher bestimmt sind? Darauf ist zu antworten: Standes-Gleichheit der Ehegatten war immer in den deutschen Rechten die Bedingung der vollkommenen Ebenbürtigkeit und Succeßions-Fähigkeit der Abkömmlinge, niemals der Giltigkeit oder Rechtsbeständigkeit der Ehen an und für sich — zwischen Freien und Unfreien ausgenommen. — Es ist ferner Erhaltung des Familienglanzes durch jede Generation hindurch der vorzüglichste Grund solches Herkommens, und daraus folgt also von selbst, daß die übrigen

Mitglieder der Familie nicht schuldig sind, die Descendenten aus einer familiengesetzwidrigen Ehe für ebenbürtig und succeßionsfähig anzuerkennen.

Zwar ist mit der Auflösung des Reichsverbandes der Richterstuhl zerstört, vor welchem die Rechtsbeständigkeit der Hausrechte gegen etwanige Uebertretungen auszuführen und zu handhaben war, er ist auch nicht auf die neuen Souveräne übergegangen; diese selbst können weder für sich, noch mit den Ständen, wo es nicht die Familien-Verfaßung mit sich bringen sollte, über die Succeßionsrechte entscheiden[60]. Allein wenn es auch keinen Richterstuhl giebt, so wird doch darum noch kein Unrecht ein Recht, und die Entscheidung muß am Ende mit dem Loos der Waffen gesucht werden, oder wie es schon im Naßau-Oranischen Primogeniturgesetz hieß: »der nächste Landesfolger soll sich dann selbst helfen mit allen ihm zu Gebote stehenden Mitteln und mittelst eigner Gewalt.«

Daß übrigens der letzte Zweig eines Hauses, soweit ihm keine verfaßungsmäßigen Rechte der Unterthanen entgegenstehn, nicht sollte die völlige Freiheit haben eine Ehe einzugehn, welche er wolle, und so ein neues Recht zu begründen, ist wohl keinem Zweifel unterworfen und ebenso ließe sich behaupten, daß die früher einmahl wegen Nicht-Ebenbürtigkeit ausgeschloßen gewesenen Descendenten nach Abgang aller legitimen Nachfolger zur Succeßion gelangen müßten; indeßen solche Fälle liegen zu entfernt, um ein Intereße für die Untersuchung zu erwecken.

60) Vgl. Moser St. R. XXII, S. 178.

Gefragt könnte auch werden, ob die nach dem particulären Hausrecht einer Familie für unstandesmäßig zu haltenden Ehen und deren Nachkommen auch in Ansehung andrer Familien, die ein gleich strenges Recht nicht haben, für unebenbürtig zu halten, wenn schon dieselben Ehen dem Hausrecht der andern Familie genügen würden? Will man sich nicht in unauflösliche Schwierigkeiten verwickeln, so muß man mit Moser (St. R. XIX. S. 326.) behaupten, daß das seiner eignen Familie nicht ebenbürtige Mitglied auch in Ansehung einer andern nicht ebenbürtig ist. Ebenbürtigkeit ist ein reines Familienrecht, welches zunächst nur in Beziehungen zur eignen Familie besteht, und dadurch zur Theilnahme an innern und äußern Rechten und Vortheilen der Familienverbindung befähigt. Nur durch die Familie hat Ebenbürtigkeit Bedeutung. Wer nun der eignen Familie nicht ebenbürtig ist, kann auch durch dieselbe keiner Familienrechte theilhaft werden, oder sie auf eine andre Familie, die in äußern Beziehungen mit der seinigen in einer Categorie steht, übertragen und sie mittheilen.

Weit größere Schwierigkeiten dürfte die Untersuchung folgender Frage haben. Viele deutsche Territorien sind aus mehrern kleinern zusammengesetzt und durch Succeßion aus verschiedenen Geschlechtern auf eine noch dauernde Familie übergegangen. Unter den frühern besitzenden Familien der verschiedenen Territorien konnte es verschiedene Grundsätze und Hausrechte in Ansehung der Ebenbürtigkeit geben, bald strengere bald mildere. Giebt es nun auch in der noch allein übrigen Familie, die aus den frühern hervorgegangen ist, in Betreff der einzelnen Territorien auch ein verschiedenes Familien- und Geblütsrecht, können einzelne Familienglieder in Ansehung eines Territorii ebenbürtige Nachfolger, in Ansehung andrer es nicht seyn? oder entscheidet hierüber allein das Recht der jetzigen herrschenden Familie, und von wo an ist diese zu rechnen? Diese Fragen sind in der Baierisch-Badenschen Streitsache wegen der Grafschaft Sponheim berührt worden. Und eben deshalb, um nicht unbefugt in einer wißenschaftlichen Abhandlung der einen oder andern Meinung das Wort zu reden, muß hier die weitere Erörterung umgangen werden.

Das Hauptresultat der bisherigen Erörterungen läßt sich, sofern nicht neue, alle Familienglieder verpflichtende Hausgesetze besondere Abweichungen enthalten, so auffaßen:

Für vollkommen gleiche Ehen mit vollkommener Wirkung sind in den deutschen souveränen Häusern blos die zu halten, welche unter ihnen selbst oder mit auswärtigen souveränen Familien oder mit ebenbürtigen Mitgliedern eines mittelbar gewordenen ehemals reichsständischen Hauses geschlossen werden.

Eine unzweifelhafte Mißheirath, die keine ebenbürtigen Nachfolger erzeugt, ist nach allgemeinem Familienherkommen jede Ehe mit einer Person des bürgerlichen Standes.

Dieser steht gleich jede nach den Hausrechten unzuläßige Ehe mit dem niedern Adel.

Ob übrigens die ungleichen Ehen mit eignen oder fremden Unterthanen geschlossen werden, welchen glänzenden

Titel sie auch führen mögen, Fürstin, Gräfin, Duchesse, Vicomtesse, Baronesse, ändert ohne Zweifel in der Sache nichts [61]).

Die deutschen Ersten Standesherrn.

Die Rheinbundsacte, indem sie eine Menge ehemahliger Reichsstände einzelnen Bundesfürsten unterwarf, gab theils nur Andeutungen über die künftige staatsrechtliche Stellung der Subjicirten, theils ließ sie das familienrechtliche Verhältniß derselben ganz im Unklaren, wenigstens beides vielfacher Deutung und willkührlicher Bestimmung fähig. Zwar ließ sich aus der Faßung und den Ausdrücken der Acte wohl vertheidigen, daß die Mediatisirten noch immer Unterlandesherrn, nicht etwa, was man meist aus ihnen zu machen suchte, bloße Patrimonialherrn oder Patrimonialgerichtsherrn seyn und daß ihren Souveränen nur die höhern wesentlichen Souveränitätsrechte über sie, ihre Besitzungen und Unterthanen beigelegt seyn sollten, und nach dieser Ansicht würde auch das Familien- und Privatrecht der Mediatisirten ganz unberührt, unangetastet geblieben seyn: indeßen eine Fortdauer dieser Rechte war nicht ausdrücklich stipulirt, den Souveränen dagegen das Recht der Gesetzgebung ohne Vorbehalt gegeben; daher fand jene Ansicht weder bei den Hofpublicisten noch bei den Regierungen selbst Anerkennung, ausdrückliche wenigstens nirgends, wohl aber meist ausdrückliche Aberkennung.

61) Moser St. R. XIX. 337.

So viel nun unsern Gegenstand betrifft, so wurde (wo man nämlich nicht, wie in kleinern Bundesstaaten der Fall war, das neue Verhältniß ganz auf sich beruhen ließ) den s. g. Standesherrn und ihren Familien hin und wieder zwar ausdrücklich ein bevorzugter Grad des Adels anerkannt [62]), ohne jedoch ihnen dabei die Familienrechte des ehemaligen deutschen hohen Adels zu bestätigen, wie sich sogleich zeigen wird. Das Zugeständniß einer Pärschaft oder der Ebenbürtigkeit findet sich nirgends [63]). Es fragt sich nun, ob durch das neue Verhältniß etwa schon ganz von selbst das bisherige Recht der Mißheirathen und Ebenbürtigkeit in den mediatisirten Häusern aufgehoben worden sey. Auch hier war es, wie bei den souverän gewordenen Familien,

62) In Baiern »alle persönlichen Vorzüge und Rechte der ersten Claße des Adels im Königreich« Declar. v. 19. März 1807. A. 1. Eben so im Gr. Herzogthum Baden. Rh. Bund IV. S, 322. In Wirtemberg »eine bestimmte Stelle im Rangreglement.« Rh. Bund III, S. 437. 438. Im Gr. Herzogthum Berg »gehörten sie zur privilegirtesten Claße des hohen Adels im Gr. Herzogthum«. Die Großherzoglich Heßische Verordnung v. 1. Aug. 1807 übergieng diesen Punct; eben so die Großherzoglich Würzburgische. In Westphalen hieß es in der Constit. Acte v. 15. Novbr. 1807. Art. 14. »la noblesse continuera de subsister dans ses divers dégrés et avec ses qualifications diverses.“

63) Der Großherzoglich Heßische Gesandte hat jedoch am 5. März 1818 bei der Bundesversammlung erklärt: »Sein Herr habe die Ebenbürtigkeit der Standesherrn stets anerkannt.«

theils in dem allgemeinen durch die Wahl-Capitulation beurkundeten Familienherkommen des hohen Adels, theils in dem besondern conventionellen Hausrecht gegründet. Nun konnte zwar die Wahl-Capitulation als Reichsgesetz nicht mehr fortbestehn, wohl aber das Recht der Familien des deutschen hohen Adels, von deßen Existenz die Wahl-Capitulation ausgegangen und eine Urkunde war, und noch weniger ließ sich an der Fortexistenz der ausdrücklich oder stillschweigend sanctionirten Hausrechte in den einzelnen Familien zweifeln. Was hatten diese mit den öffentlichen Verhältnissen zu thun? Gesetzt, die Mediatisirten wären ganz in den Privatstand getreten, in ein schlichtes Unterthansverhältniß, so folgte daraus ipso jure noch keineswegs die Aufhebung ihrer eigenthümlichen Familienrechte. Auch der landsäßige Adel erfreute sich ja ähnlicher Gerechtsame. Ueberdieß gaben die Rheinbundsacte und die Ueberlieferungs-Protocolle den mediatisirten Reichsständen das Prädicat von »regierenden Herrn« (actuellement regnans). Warum sollte nicht das Privatfürstenrecht haben fortdauern können? Endlich erkannten diese Actenstücke den Besitzungen der Mediatisirten ausdrücklich die stemmatische Eigenschaft an (propriété patrimoniale et privée im echt französischen juristischen Sprachgebrauch) und damit war nothwendig auch die Fortdauer der mit der stemmatischen Eigenschaft verbundenen Familienrechte zugegeben.

Indeßen kann nicht geleugnet werden, daß das Rechtsverhältniß der Mediatisirten, sowohl in öffentlichen als privatrechtlichen Beziehungen der gesetzgebenden und oberstrichterlichen Gewalt der neuen Souveräne unterworfen worden war, so weit es nicht die Rheinbundsacte, die lex deditionis, deutlich und unabänderlich bestimmt hatte. Es ist deshalb zu untersuchen, was in den einzelnen Staaten in dieser Hinsicht geschahe.

In Baiern verordnete die Declaration v. 1807: »die Familienverträge und eingeführten Succeßionsordnungen müßen zur Bestätigung vorgelegt werden«. A. 12. Durch Nachtrag vom 15. Mai 1807 ward aber ferner erklärt: daß es keineswegs die Absicht gewesen sey, die Verträge und Familien-Fideicommiße, welche durch Beobachtung der zur Zeit ihrer Errichtung bestandenen gesetzlichen Vorschriften eine vollkommene Giltigkeit erhalten hätten, in Hinsicht auf Privatrechte einer neuen Untersuchung und Bestätigung zu unterwerfen, sondern die vorgeschriebene Bestätigung habe nur die staatsrechtlichen Verhältniße der subjicirten Familien zum Gegenstande, damit nämlich ihre Familien-Einrichtung nichts enthalten möchte, was mit der jetzigen Staatsverfaßung unvereinbarlich wäre und sich allenfalls auf ihre ehemaligen nun aufgelösten Verhältniße bezöge. Demzufolge ward ein Präjudicialtermin von 6 Monaten zur Vorlegung der Familienverträge und Succeßionsordnungen bestimmt, nach deßen Verlauf die nicht vorgelegten nicht mehr als rechtsgiltig anerkannt und von den Gerichten berücksichtigt werden sollten. Welchen weitern Erfolg diese königliche Bestimmung im Ganzen oder bei einzelnen subjicirten Häusern gehabt habe, ist dem Verf. unbekannt. Uebrigens erkannte die

Declaration die Stammguts-Eigenschaft der Besitzungen an mehrern Stellen an. Hinsichtlich der Reichslehen trat der König an die Stelle von Kaiser und Reich. Das Lehnsedikt v. 1808 erklärte die größern Herrschaften, mit deren Besitz die fürstliche und gräfliche Würde verbunden sey, für Thronlehen; beschränkte die Erbfolge auf den Mannsstamm mit Einführung der Primogenitur, dergestalt daß der Lehnserbe vom ersten Erwerber »aus einer rechtmäßigen ehelichen Geburt« abstammen müße; bestätigte jedoch bei alten Lehnen auch »eine andre Erbfolge oder Ausdehnung auf weibliche Erben, wenn im Lehnbrief hierüber eine abweichende Bestimmung getroffen wäre«. Unstreitig wurden indeß hierdurch die den Mediatisirten einmal bestätigten Familienverträge und eingeführten Succeßionsordnungen nicht wieder aufgehoben. Dies erhellet am deutlichsten aus dem K. Edict über die Majorate und Fideicomiße vom 22. Decbr. 1811, wodurch das alte fideicommißarische Recht der subjicirten Fürsten und Grafen. §. 3. ausdrücklich anerkannt worden ist.

In Baden folgte man dem baierischen Typus. Die Verordnung vom 22. Juli 1807 erklärte §. 8.: »Ihre (der Standesherren) bisher bestandenen Familiengesetze bleiben in ihrer Kraft, so weit sie mit der Bundesacte und den Landesgesetzen verträglich sind. Doch unterliegen dieselben alsdann, wenn sie im Ganzen oder in einzeln Stellen vor Gericht (also privatim konnte man sich darnach richten) gebraucht werden sollen, vorerst ehe darauf gesprochen werden kann, zur Prüfung ihrer Staatsunverfänglichkeit der landesherrlichen

Einsicht und Bestätigung. Auch in Zukunft bleibt den Standesherrn ihre Familien-Autonomie, aber die künftigen dahin gehörenden Statuten müßen, wenn sie giltig seyn sollen, jedesmahl sogleich zur Prüfung und Bestätigung vorgelegt werden« 64). Man findet aber nicht, daß das Erbfolgerecht der standesherrlichen Familien auf irgend eine neue Weise bestimmt worden wäre.

Die Großherzoglich Heßische Verordnung vom 1. Aug. 1807 bestimmte §. 9.: »Ihre, der Standesherrn, bisherigen und künftigen Familien-Verträge, Fideicommiße, und insbesondere ihre Succeßionsordnungen bedürfen zu ihrer Giltigkeit Unserer Einsicht und Bestätigung. Die bereits vorhandenen Statuten sind binnen 3 Wochen an Unser Staats-Ministerium in beglaubter Abschrift einzusenden« 65).

Diese Dispositionen sind an sich deutlich. Man sieht, auch die alten Familien-Erbfolge und Ehegesetze wurden von der landesherrlichen Bestätigung abhängig gemacht. Ueber das bloße Familienherkommen herrscht in allen diesen Gesetzen ein tiefes Stillschweigen. Nur in der Badenschen Verordnung konnte es vielleicht unter den Familiengesetzen mit gemeint seyn; aber wie läßt sich ein Herkommen einreichen und bestätigen, wenn es nicht in einen neuen Familien-Anerkennungsvertrag etwa gebracht wird, und wie konnten die Mediatisirten an jedes Herkommen sofort denken. Man könnte also glauben, daß die Gesetzgeber selbst weder solches Particular-Herkommen, noch in specie an das

64) Rh. Bund IV, S. 324.

65) Ib. V, S. 57.

Herkommen wegen der Vermählungen gedacht haben; daß folglich durch ihre Verordnungen hierin nichts geändert, sondern es beim Alten gelaßen worden ist. Aus der Rheinbundesacte kann nicht das Gegentheil, vielmehr nur Bestätigung geschöpft werden, wie schon oben bemerkt ward. Zwar enthalten alle die angeführten Verordnungen in Conformität miteinander die Bestimmung: daß alle Privilegien und Freiheiten, welche die Standesherrn unter ihren vormaligen Verhältnißen zum deutschen Reiche genoßen haben, nur durch landesherrliche Bestätigung künftig noch Wirkung haben könnten; allein ich wüßte nicht, wie man das ehemals reichsständische Vermählungsrecht damit in nothwendige Verbindung bringen könnte.

Was das Großherzogthum Würzburg betrifft, wo es übrigens nur ein mediatisirtes ehedem reichsständisches Gebiet gab, so verordnete das Adelsgesetz vom 9. Juni 1807 §. 13.: daß die Familienstatuten der Adlichen, Suceßionsordnungen und Fideicommiße, die von einem der vormaligen Reichsgerichte (warum nicht vom Kaiser?) bestätigt worden, auch in Zukunft gelten sollten. Ausgenommen blieben alle Bestimmungen, die sich auf die erloschene Verfaßung des Reichs und auf nicht bestehende Institute beziehen möchten, als welche zwecklos geworden, mithin ihre verbindliche Kraft verloren hätten. §. 14. Aber auch selbst nicht bestätigte Familienstatuten könnten unter den Contrahenten oder den durch testamentarische Verordnung Gebundenen, ihre Kraft behaupten. §. 15. Künftige Statuten sollten der Bestätigung des Hofgerichts bedürfen. §. 17. In Ermangelung der Statuten sollten die Gesetze und Gewohnheiten des Großherzogthums entscheiden [66]).

Auch hier folglich keine Aufhebung des alten Familienrechtes.

Bei weitem unentschiedener stellt sich die Sache dar in den Ländern, wo die französische Civil-Gesetzgebung eingeführt wurde. Der bekannte Charakter derselben ist im Allgemeinen, daß sie keine Familien-Autonomie, keine Familienfideicommiße (ohne besondere landesherrliche Zulaßung) insbesondere keine Ungleichheiten der Ehen kannte. Doch auch hier ist wieder zu unterscheiden.

Im Naßauischen, wo der Code Napoleon im Jahr 1812 eingeführt ist, wurden die Verhältniße der Mediatisirten durch keine allgemeine Sanction je bestimmt, wohl aber theils durch Vertrag, theils durch stillschweigende Belaßung des status quo festgesetzt, wenigstens ist dies zu vermuthen, denn urkundliche Beweise liegen nicht vor [67]). Was solchergestalt festgestellt war, sollte wohl durch den Codex nicht aufgehoben werden, und es ist keine Spur vorhanden, daß die herzogl. Naßauische Regierung dieß jemals gewollt habe.

Im Großherzogthum Berg war zwar das Verhältniß der Mediatisirten unter Joachim vertragsweise, wenn schon nicht auf eine, die persönlichen und Familienverhältniße umfaßende Art regulirt, und es folglich bei der Bundesacte, die hierüber kaum allgemeine Andeutungen gab, ebenfalls belaßen: indeßen wurde in einem Regulirungs-Protocoll vom 8. Mai 1807 Art. 8. bereits

66) Rh. Bund IV, S. 6.

67) Vollgraff S. 336. flg. a. a. O.

bemerkt: daß die den mediatisirten Häusern Leiningen zukommenden Ehrenrechte, Privilegien und Vorzüge entweder durch besondere Declaration, oder durch die constitutiven Bestimmungen des allgemeinen Landrechts für das Großh. Berg bestimmt werden sollten. Dieß ist aber später nicht geschehen, sondern der Code civil ohne Vorbehalt eingeführt worden.

Im Königreiche Westphalen, dem außer dem Hause Heßen-Rothenburg und Stollberg-Wernigerode, noch die Grafschaft Ritberg unterworfen wurde, findet sich zu keiner Zeit eine das Familienrecht ausdrücklich regulirende Bestimmung. 68)

Eben so wenig war dieß der Fall in Ansehung der dem französischen Kaiserreich durch Senatus-Consult vom 10. Dez. 1810 einverleibten Provinzen.

In wiefern nun in den drei letztern Landen durch die Einführung des Code Napoleon das Familienrecht der ehemalichen Reichsangehörigen wirklich aufgehoben oder wesentlich modificirt worden sey, kann schwerlich a priori ohne Weiteres entschieden werden. Vielmehr müßte man vor allen Dingen das Verhältniß nä-

68) Man hat behauptet, daß der König v. Westphalen über die ihm zugewiesenen Mediatisirten (eigentlich nur über die Grafschaft Rittberg) nicht mehr Rechte auszuüben befugt gewesen sey, als die, welche die Rh. Bd. Acte anerkannte. Denn Westphalen sey Bundesland gewesen. Aber in der That ist Westphalen den Stipulationen der Bundesacte wenigstens in dieser Beziehung nie unterworfen worden. Und aus der Eigenschaft eines Bundesgliedes folgte Jenes nicht von selbst.

her ergründen, in welches die Subjicirten factisch von den fremden Regierungen gesetzt wurden, um daraus festzustellen, ob ihnen noch eine gewiße Selbstständigkeit hinsichtlich ihrer Familien-Besitzungen und besondern persönlichen Rechte gelaßen ward, oder ob sie ganz wie andere Unterthanen behandelt wurden; ob deshalb Remonstrationen oder Contestationen entstanden sind, die auf irgend eine Art erledigt wurden. Hierüber fehlt es an Nachrichten. Unläugbar konnten mit dem neueren Systeme des Code auch Majorate und Fideicommiße mit besonderen Succeßionsordnungen durch landesherrliche Vergünstigung zusammen bestehen; dagegen aber möchte, so viel unsern Gegenstand betrifft, eine Fortdauer des reichsständischen Eherechts mit dem Geiste des französischen Rechts allerdings völlig unvereinbar erscheinen und daßelbe daher durch deßen Einführung allerdings für aufgehoben anzusehn seyn. Etwas klarer ist die Sache in Ansehung der ehemaligen Fürstl. Primatischen Staaten. Denn obgleich auch hier das Gesetzbuch Napoleons eingeführt ward, so wurden doch bei dieser Einführung die bisherigen Gesetze und Verordnungen über Rechtsinstitute, die im Pariser Bundes-Vertrag anerkannt wären und worüber der Code Nap. nicht disponire, namentlich über Lehen, Fideicommiße, Patrimonial- und Patronats-Befugniße vorerst noch beibehalten[69]. Doch ließe sich auch hier fragen, ob es neben dem Code ein besondres Eherecht geben konnte.

Mit schneidender Consequenz verfuhr allein die

69) Rh. B. XVI. S. 201.

K. Wirtembergische Regierung. Denn durch Verordnung vom 22. April 1808 ward erklärt: »daß die im Wirtembergischen Landrecht enthaltenen Bestimmungen der Erbfolge auch für alle subjicirten Fürsten, Grafen und Rittergutsbesitzer die einzig allgemeine verbindliche Rechtsnorm seyn sollten, so, daß alle bisherige Rechtsgewohnheiten, testamentliche Verordnungen, Erbverträge und andre Familiengesetze, die bisher ein vom Landrecht abweichendes Erbfolgerecht für einzelne Familien festgesetzt hätten, von nun an unkräftig wären. Selbst früher geschehene Verzichte und Entsagungen sollten für die Zukunft ungiltig seyn. Es sollten daher von nun an alle Succeßionsfälle nach den sich ergebenden Ehe- und Verwandtschafts-Verhältnißen genau nach den Vorschriften des Wirtemberger Landrechts in jedem Falle behandelt und darnach ab intestato, oder nach Testamenten oder landrechtlich zugelaßenen Verträgen geerbt werden. Blos in Ansehung der Lehne blieb es bei den Lehnbriefen und Lehnhofsrechten [70]).

Ein gemeinschaftliches Resultat läßt sich demnach für die Dauer des Rheinbundes nicht aufstellen. Nur so viel ist richtig: Weder die Rheinb. Acte selbst noch die darin ausgesprochene Aufhebung der Reichs-Constitution und dazu gehörigen Gesetze hob die Familienrechte der Mediatisirten auf. Sie waren Privatrechte, hervorgegangen aus der Selbstständigkeit des deutschen hohen Adels, aus der Stammguts-Eigenschaft ihrer Besitzungen. Wiederum ist aber nicht zu verkennen, daß in der gesetzgebenden Gewalt der Souveräne nach dem

70) Rh. B. VI. 380.

neuern Staatsrecht die Macht enthalten war, Familiengesetze abzuändern [71]). In wie fern dieß geschehen sey, ist nach den darüber in den einzelnen Ländern ergangenen allgemeinen oder speciellen Verordnungen, und im Mangel an solchen, nach den durch Tractaten oder durch die Regierungen sonst anerkannten Verhältnißen der Mediatisirten zu beurtheilen.

Gänzlich verfehlt ist es unstreitig, wenn Gönner in der angef. Abh. S. 308. dictatorisch spricht: »Daher« — nämlich weil das ganze Recht der Mißheirathen lediglich und allein mit der Reichsstandschaft in Verbindung gestanden und dem öffentlichen Recht angehört habe, die Mediatisirten ihren status publicus ganz verloren hätten gemeine Unterthanen und ihre vormaligen Domänen bloßes Patrimonial- oder Privateigenthum geworden — »daher erkläre ich Alles, was durch Reichsgesetze oder Reichsherkommen über Mißheirathen und Ehen zur linken Hand im vormaligen deutschen Reich bestimmt war, nach erloschner Reichsverfaßung in Ansehung der mediatisirten Fürsten oder Grafen für kraftlos, nicht blos in Ansehung künftiger Ehen, sondern sogar in Ansehung derjenigen Ehen, welche vor der neuen Umgestaltung geschloßen wurden, sofern sich Succeßionsfälle erst nach der Mediatisirung ereignen. Denn sie hören von nun an auf, Mißheirathen zu seyn, die hieraus erzeugten Kinder sind succeßionsfähig, und es leidet wohl keinen Widerspruch, daß die Succeßions-Berechtigung nach den Gesetzen und

71) Die Mediatisirungen waren civile Eroberungen. Den Souveränen waren keine bestimmten Grenzen ihrer Befugniße gesetzt.

Eigenschaften der Zeit beurtheilt werden muß, wo sich der Succeßionsfall ergiebt.« Welche Ansichten! —

Der Theilnahme und dem Vorschlage des erhabenen österreichischen Kaiserhauses, so wie der Anregung und Redaction des königl. niederländischen Gesandtens, Freiherrn v. Gagern verdanken nun, wie behauptet wird, die mittelbar gewordenen ehemaligen Reichsstände die ausdrückliche Zusicherung der deutschen Souveräne in der deutschen Bundes-Acte Art. 14.

> daß diese fürstlichen und gräflichen Häuser fortan nichts destoweniger zu dem hohen Adel in Deutschland gerechnet werden, und ihnen das Recht der Ebenbürtigkeit in dem damit bisher verbundenen Begriff verbleibt;

und es ist klar, daß durch diese Sanction jede entgegengesetzte Verordnung in den Rheinbundsstaaten besonders, wo ihnen deutlich genug die Ebenbürtigkeit wirklich abgesprochen ward, völkerrechtlich außer Kraft gesetzt wird. Nicht absichtlos, wie von dem staatsrechtskundigen Redacteur des Satzes zu erwarten, ist in der angeführten Stelle außer der Anerkennung des hohen Adels noch des Rechts der Ebenbürtigkeit besondere Erwähnung geschehn. Denn wenn schon nach den oben ausgesprochenen Ueberzeugungen vermöge der neuen Reichsstaatsprincipien wer zum hohen Adel, zu den herrschenden reichsständischen Großen des Reiches gehörte, nun auch für sich und seine rechten Nachkommen nicht für unebenbürtig gehalten werden konnte, sondern für einen rechten Genoßen, mit dem Jeder aus der Genoßenschaft des hohen Adels vollkommene eheliche Verbindungen schließen konnte: so hätte doch bei den nun weit mehr veränderten Verhältnißen Deutschlands die Frage entstehen können, ob noch jetzt mit dem hohen Adel Deutschlands hinsichtlich der Mediatisirten das Recht der Ebenbürtigkeit in den frühern Beziehungen wirklich verknüpft seyn solle. Und umgekehrt konnte gefragt werden, wenn den Mediatisirten, wie Anfangs vorgeschlagen war, blos das Recht der Ebenbürtigkeit anerkannt worden wäre, ob ihnen außerdem noch Prädicat und Rechte eines hohen Adels zugestanden seyn sollten; denn beides ist nicht identisch. Der hohe Adel besteht nicht blos in einer Ebenbürtigkeit mit Etwas noch Höherm, sondern in einer Präeminenz vor dem niedern Adel, wovon jene Ebenbürtigkeit nur die Folge war, worin aber noch andere Vorrechte enthalten sind, die ja die Bundesacte selbst anerkennt [72]. Das Einzige, worüber man in einige Verlegenheit kommen könnte, sind die Worte: «die fürstlichen und gräflichen Häuser werden fortan nichts destoweniger (d. h. ungeachtet sie mittelbar geworden) zu dem hohen Adel in Deutschland gerechnet.» Hier fragt sich: wer ist der hohe Adel, zu dem die Mediatisirten gerechnet werden? wer gehört noch außer ihnen dazu? Etwa die Souveräne selbst? Läßt sich mit Eichhorn ein souveräner hoher Adel annehmen? der Begriff der Souveränität, der Unabhängigkeit der deutschen Staaten, sträubt sich dagegen. Historisch läßt sich jedoch damit der älteste Zustand der Dinge in Deutsch-

72) Andere Ansichten hierüber hat Vollgraff v. d. deutschen Standesherren, S. 551. flg.

land in Parallele bringen, wo wir die Deutschen auch als Gesammt-Nation, getheilt in unabhängige Stämme, und dennoch einen allgemein anerkannten Adel, und darunter wieder die reges und principes erkennen — oder dachte man vielleicht bei dem Hinzurechnen an die wenigen alten Geschlechter, welche schon vorlängst der Landeshoheit unterworfen, dennoch reichsständisch und mit subordinirten Gebieten begütert, immer zum hohen Adel gerechnet und davon übrig geblieben waren? Doch diese Fragen berühren uns hier weniger oder gar nicht; auf jeden Fall ist gewiß, die mediatisirten Reichsstände sollen als zum hohen Adel Deutschlands gehörig angesehen werden, d. h. zur höchsten Classe des Adels, mit besondern Vorzügen vor dem übrigen Adel versehen, und in dieser Eigenschaft durch ganz Deutschland anerkannt werden. Man kann wenigstens keinen Widerspruch darin finden, einen völkerrechtlich anerkannten Adel einer, zwar in unabhängigen Staaten bestehenden, doch durch Abstammung und frühere und neuere Verhältnisse noch immer verbundenen Gesammt-Nation anzunehmen [73].

73) Die einzelnen neuern Landesgesetze über die Verhältnisse der Mediatisirten copiren theils nur die Bundesacte, theils haben sie sich etwas abweichend ausgedrückt, ohne daß man gerade das Absichtliche solcher Abweichung erkennen kann. Das Königl. Pr. Edict v. 21. Jun. 1815 wiederholt wörtlich die Bundesacte Art. 14. In der Instruction vom 30. Mai 1820 werden aber §. 17. zur Besetzung des Criminalgerichts wider Standesherren «ebenbürtige Standesgenossen» erfordert; die Standesherrlichkeit scheint endlich nach §. 63. mit voller Wirkung nur an ein «ebenbürtiges Mitglied der Familie» höchstens

Wir bleiben demnach bei der Ebenbürtigkeit stehn, die einen eignen selbstständigen Begriff gewährt.

Die Bundesacte sagt: den gedachten Mittelbar gewordenen «verbleibt das Recht der Ebenbürtigkeit in dem bisher damit verbundenen Begriff.» Es wäre Domi-

mit K. Genehmigung an ein ebenbürtiges Mitglied einer andern standesherrlichen Familie veräußerlich zu seyn Außerdem kommt der Ausdruck «ebenbürtige Mitglieder der Familie» noch §. 19. bei Gelegenheit der Vormundschaften vor. Die Bedingungen der Ebenbürtigkeit sind nicht näher bestimmt. — Das K. Baierische Edict v. 30. Mai 1818 sagt §. 1.: „die mittelbar gewordenen ehemals reichsständischen Häuser behalten die Ebenbürtigkeit in dem damit bisher verbundenen Begriff und gehören zu dem hohen Adel.» Nach §. 8. wird in Criminalfällen das Standesgericht aus sechs oder acht Richtern gleichen Standes mit dem Angeschuldigten zusammengesetzt. In Ermangelung der erforderlichen Zahl von Ebenbürtigen wird das Gericht aus Reichsräthen ergänzt. — Im Königreich Würtemberg hieß es in dem den Mediatisirten angebotenen Edict zuerst wie §. 1. des K. Baierischen. Dann wird den Standesherren gestattet, ihre Huldigung durch »ebenbürtige Bevollmächtigte» zu leisten, auch wird ihnen §. 3. «ein ihrer Ebenbürtigkeit angemessenes Canzlei-Ceremoniell, nämlich Durchlaucht und Hochgeborne» und in peinlichen Fällen wird ein Gericht von Ebenbürtigen bewilligt. Nach §. 11. soll bei Vormundschaften auf Ebenbürtigkeit Rücksicht genommen werden. — Das Großherzogl. Badensche Edict v. 23. April 1815 erklärt §. 4.: «die Häupter dieser ehemals reichsständischen Familien sind die ersten Standesherren unsers Staats. Wir er-

tianisch, erst noch zu fragen: Ebenbürtigkeit? Mit Wem? Das Wort hat eine relative Bedeutung und läßt sich auf jeden Stand beziehn! Hier nun gewiß bloß auf einen höhern. Denn unter ihnen verstand sich's von selbst, und wahrlich auch mit Niedern; allen Zweifel

kennen sie (nach der B.A. die Häuser oder die Familien) für ebenbürtig, und sie bilden die privilegirteste Classe.» Sonst findet sich darin Nichts hierher Gehöriges. In dem spätern Edict v. 16. April 1819 heißt es dagegen: §. 1. Jene ehemals reichsständischen Häuser werden fortan zu dem hohen Adel in Deutschland gerechnet. Ihnen verbleibt das Recht der Ebenbürtigkeit in dem nämlichen Begriff, der vor ihrer Mediatisirung damit verbunden war. Im §. 11. wird die Beiziehung eines ebenbürtigen Vormundes versprochen. — Im Großherzogl. Hessischen Edict v. 17. Febr. 1820 heißt es: §. 2. Sie werden, ihrer Unterordnung ungeachtet, forthin zur Standes-Classe des hohen Adels von Deutschland gerechnet, und behalten das Recht der Ebenbürtigkeit, nach dem im Staatsrecht des vormaligen deutschen Reichs damit verbundenen Begriffe. Zu einem Standesgericht in peinlichen Fällen werden §. 13. sechs Richter gleichen Standes erfordert; und zwar bei allen ebenbürtigen Mitgliedern dieser Familien beiderlei Geschlechts. Vormünder sollen nach §. 14. in subsid. aus der Classe der Standesgenossen ernannt werden. — Im Königreich Hannover ward durch K. Verordnung v. 9. Mai 1826 dem Herzogl. Hause Ahremberg «der hohe Adel in Deutschland» und das Recht der Ebenbürtigkeit in dem nämlichen Umfange, der vor der eingetretenen Mediatisirung damit verbunden war, anerkannt. §. 2.

aber löset die officielle französische Uebersetzung mit den Worten: le droit de naissance égale avec les maisons souveraines und ein neuerlicher Beschluß der B.V. v. 19. Aug. 1825 (S. 147. der B.Prot. v. 1825):

«Die souveränen Fürsten und freien Städte Deutsch-«lands haben sich dahin vereinigt, daß den mittel-«bar gewordenen, vormals reichsständischen Fami-«lien ein ihrer Ebenbürtigkeit mit den «souveränen Häusern angemessener Rang und «Titel gewährt werde.»

Also die Mitglieder der fürstlichen und gräflichen, ehemals reichsständischen Häuser sollen wahre Genossen der deutschen Souveräne bleiben, und zwar in dem damit bisher, d. h. wenn man wieder nicht an Worten klauben will, nach dem Reichsstaatsrecht damit verbundenen Begriff, denn in der Rheinbundsperiode hatte sich noch kein andres Recht gebildet oder befestigt. Unter dem Begriff aber kann man unmöglich Etwas Andres verstehn, als die Natur, die Wesenheit der Sache, mit Einschluß der wesentlichen Bedingungen, bei deren Nichtvorhandenseyn der Begriff gar nicht aufgestellt werden kann. Oder wäre es die Absicht der Bundesacte gewesen, den subjicirten Reichsständen die Ebenbürtigkeit ohne alle Rücksicht auf die vormaligen Erfordernisse und Bedingungen für die Zukunft zuzugestehn? Es handelte sich von der Erhaltung eines Rechts, also gewiß unter den nämlichen Bedingungen.

Nach dem Reichsstaatsrecht bestand nun die Natur und das Recht der Ebenbürtigkeit unter dem hohen Adel darin:

1. daß wenn auch eine Dame aus einem der Würde und dem äußern Glanze nach höhern Hause sich mit einem Herrn aus einem in dieser Beziehung geringern jedoch ebenbürtigen Hause vermählte, sie sich dadurch im Geblütsstand nicht erniedrigte, sondern sogar die angestammte Würde ihres Hauses beibehielt. Es behielt z. B. die Fürstentochter, die einen Reichsgrafen vom hohen Adel heirathete, ihren fürstlichen Titel bei[74]);

2. daß hingegen die Tochter eines ebenbürtigen obschon an äußerer Würde geringern Hauses in alle Ehren, Würden und Rechte des höhern Gemahls übergieng und demselben erbfähige Nachkommen gab;

3. daß die rechtmäßigen Nachkommen ebenbürtiger Eltern des hohen Adels allein succeßionsfähig waren, und Nichts zum Präjudiz ihrer Rechte geschehen durfte. Die wesentliche Bedingung der Ebenbürtigkeit mit dem hohen Adel aber war:

entweder: reichsconstitutioneller erster oder ursprünglicher d. h. noch beim ersten Erwerber befindlicher Besitz der Reichsstandschaft — denn es ist oben gezeigt, daß diese schon allein zum hohen Adel erhob;

oder: Abstammung aus einem mit wirklicher Reichsstandschaft versehenen Hause, in rechtmäßiger Ehe, die sowohl nach dem allgemeinen Familienherkommen, wie es die Wahl-Capitulation seit 1742 beurkundete, als auch nach dem besondern Hausrecht ihren Abkömmlingen die Succeßionsfähigkeit in das Recht der Familie mittheilen konnte, oder doch von den Agnaten für eine solche Ehe angenommen ward.

74) Vgl. Ludolf de J. seminar. illustr. p. 28.

Der Beweis des letztern Satzes liegt in den frühern Erörterungen. Es ist gezeigt, daß das Recht der Ebenbürtigkeit der Angehörigen reichsständischer Häuser keine andere Basis hatte, als die Familienrechte und Gesetze, die zum Theil in der Wahl-Capitulation beurkundet waren. Wenn nun noch jetzt dieses Recht verbleiben soll, wenn die Rechte des hohen Adels und der damit verbundenen Ebenbürtigkeit nach Wegfall der Reichsstandschaft dennoch bei den ehemals dazu gehörigen Familien Fortbestand haben sollen: so folgt daraus, daß das reichsständische Familienherkommen und das particuläre Hausrecht noch jetzt Bedingung ihrer Ebenbürtigkeit ist. Nach jenem kann auch jetzt noch die Ehe eines Mediatisirten mit Personen bürgerlichen Standes ohne Billigung und Ratificirung der Agnaten den Nachkommen keine Ebenbürtigkeit geben. Was aber die particulären Familiengesetzgebungen betrifft, so entsteht dabei die wichtige Vorfrage: ob dieselben noch jetzt im Sinn des Art. 14 b. der B. A. als fortbestehend betrachtet werden können. Denn in so fern sie während des Rheinbunds aufgehoben und nicht wieder hergestellt seyn sollten, in so fern können natürlich auch diese particulären Normen bei der Ebenbürtigkeitsfrage nicht mehr in Betracht gezogen werden.

Die angeführte Artikelsstelle 14. b. sagt: »es werden (den mittelbar gewordenen reichsständischen Häusern) nach den Grundsätzen der frühern deutschen Verfaßung die noch bestehenden Familien-Verträge aufrecht erhalten und ihnen die Befugniß zugesichert, über ihre Güter und Familien-Verhältniße verbindliche Verfügungen zu treffen, welche jedoch dem Souverän vorgelegt und bei den höchsten Landesstellen zur allgemeinen Kenntniß und Nachachtung gebracht werden müßen. Alle bisher dagegen erlassenen Verordnungen sollen für künftige Fälle nicht weiter anwendbar seyn.« Hier entsteht die von Prof. Pernice[75]) zuerst ausführlich erörterte Frage: ob der letzte Satz, wornach die bisher dagegen erlaßenen Verordnungen außer Anwendung gesetzt sind, sich auf die beiden vorangegangenen Sätze beziehn, oder nur auf den nächsten, wornach den standesherrlichen Familien die Befugniß, auch künftig eine Autonomie auszuüben, gegeben ist; ob folglich von den ältern Familienverträgen diejenigen nicht mehr als fortbestehend angesehn werden können, welche während der Dauer des Rheinbundes durch landesherrliche Gewalt aufgehoben worden waren; oder, ob sie wieder hergestellt worden sind. Für beide Auslegungen laßen sich gewichtige Gründe anführen und da Pernice's Abhandlung nicht in allen Händen seyn dürfte, so will ich kürzlich die verschiedenen Gründe für die eine und andre anführen. Hr. Pernice glaubt, daß sich die ausgesprochene Aufhebung der gegen die Autonomie erlaßenen Verordnungen blos auf die Zukunft und künftige autonomische Acte beziehe, weil man sich der Worte »noch bestehende Familien-Verträge« bedient habe, so wie des Worts: aufrecht erhalten, und nicht etwa gesagt habe, daß die aufgehobenen wiederhergestellt werden sollten; weil ferner durch unbedingte

75) In dem Festprogramm v. 3. Aug. 1827, Obss. de principum comitumque subjectorum juris privati mutata ratione Halae Magd.

Wiederherstellung der aufgehobenen leicht Rechte dritter Parteien hätten verletzt werden können, und man endlich überhaupt mehr das zukünftige Verhältniß der Mediatisirten habe reguliren wollen, als über die Vergangenheit bestimmen. Klüber hat die entgegengesetzte Ansicht in s. öffentl. R. des D. B. §. 234. aufgestellt und ich trage kein Bedenken, mich dieser Meinung im Resultat anzuschließen.

Die Redactionsgeschichte der Stelle am Wiener Congreß läßt sich auf beiderlei Art gebrauchen. In einem frühern (preußischen) Project lautete sie so:

»die mittelbar gewordenen Reichsstände sollen des »Vorzugs, nach den Grundsätzen der frühern d. Verfaßung über ihre Güter und Familienverhältniße »selbstständig für ihre Nachkommenschaft verbindliche »Verfügungen zu treffen, theilhaftig bleiben. Alle »Gesetze und Verordnungen, wodurch die auf Verträgen und andern rechtlichen Titeln beruhenden »Primogenitur- und Familien-Einrichtungen aufgehoben, die Stammguts-Eigenschaft der Familienbesitzung vernichtet, und das alte Familiengut der »Disposition des gemeinen Rechts unterworfen »worden ist, sind außer Wirkung gesetzt« 76).

Dieß war deutlich, und bezog sich augenscheinlich auf Wirtemberg und die mit dem französischen Gesetzbuch beschenkten deutschen Länder.

Im Fürstl. Metternichschen Project hieß es:

»die mittelbar gewordenen Reichsstände sollen 1. die »unbeschränkte Freiheit haben &c.;

76) Klüber Act. des Wiener Congr. Th. 2. S. 36. 60.

»2. nach den Grundsätzen der frühern d. Verfaßung
»über ihre Güter und Familienverhältniße für ihre
»Nachkommenschaft verbindliche Verfügungen zu
»treffen; die vor Errichtung des Rheinbundes be-
»standenen Familien-Verträge werden aufrecht er-
»halten und es kann ohne Einwilligung sämmtlicher
»Agnaten kein neuer errichtet werden. Alle dage-
»gen seit Errichtung des Rheinbundes erlaßenen
»Verordnungen werden außer Wirkung gesetzt[77]).

Darauf kam jedoch, ohne daß man die äußern wirkenden Ursachen und Verhandlungen kennt, am 2. Juni 1815, eine umgekehrte Faßung des Artikels, so wie er in der Bundesacte steht, zur Berathung und Annahme. Man kann nach diesem geschichtlichen Hergang freilich nicht annehmen, daß man in der letzten Redaction gerade daßelbe habe sagen wollen, was im fürstlich Metternichschen Project so klar stand, aber man kann auch nicht behaupten, daß es evident sey, daß man wesentlich davon habe abweichen wollen.

Auch die französische officielle Uebersetzung beseitigt nicht jeden Zweifel. Sie lautet so:

»Parmi les droits, que leur assure cet article,
»seront spécialement et nommément compris :— —
»b) *le maintien des pactes de famille*, conformément
»à l'ancienne constitution de l'Allemagne, *et la*
»*faculté* de lier leurs biens et les membres de
»leurs familles par des dispositions obli gatoires
»lesquelles toutefois doivent être portées à la con-
»noissance du souverain et des autorités publiques.

77) Ib. B. II, S. 318. 360.

> Les lois par lesquelles *cette faculté* a été resreinte jusqu'ici, ne seront plus applicables aux cas à venir [78]).

Hier ist zwar die Aufhebung schon ergangner die Autonomie beeinträchtigender Verordnungen ausdrücklich nur auf die Zukunft bezogen; eben so bestimmt wird aber auch le maintien des pactes de famille, unstreitig der bisherigen unbedingt garantirt. Nun ist zwar wahr, was Pernice sagt, daß die französische Uebersetzung nicht dem d. Original gleich stehe; indeßen kann sein eignes Verfahren nicht gebilligt werden, wenn er diese Uebersetzung stückweise für seine Meinung anführt und sie im ersten Punct nur nicht gelten lassen will.

Hält man sich demnach an das Einzige, was noch das Zuverläßigste bleibt, an die deutlichen Worte des Grundvertrags: so müßen nach meinem Dafürhalten zuerst die Eingangsworte der Stelle: nach den Grundsätzen der früheren deutschen Verfaßung nicht für so müßig gehalten werden. Es heißt nämlich sehr bestimmt mit Aufstellung eines Princips:

> werden, nach den Grundsätzen der frühern deutschen Verfaßung die noch bestehenden Familien-Verträge aufrecht erhalten.

Nach der frühern deutschen Verfaßung waren aber die in den Familien selbst giltig vereinbarten autonomischen Verfügungen der reichsständischen regierenden Häuser durchaus von der obersten Staatsgewalt unabhängig, sofern sie nichts gegen die Verfaßung und Rechte Dritter enthielten; sie galten unter dieser Vor-

78) *Martens* Suppl. T. VI. S. 369.

ausſetzung auch ohne kaiſerliche Beſtätigung, ſelbſt wenn ſie der Kaiſer gemißbilligt haben ſollte. Hierin waren die beſten und unbefangenſten Publiciſten einverſtanden. Dieſes Recht erklärten die deutſchen Souveräne auch jetzt noch gelten laſſen zu wollen als die wahre und höchſte Norm, und folglich die aus der Reichsverfaßung herrührenden Familenverträge, die noch nicht in den Familien ſelbſt durch autonome Acte aufgehoben wären, noch für fortbeſtehend. Sie hoben damit ſchon alle dagegen erlaßenen Verfügungen oder angelegten Beſchränkungen ſtillſchweigend auf. Und hat dieß ſeine Richtigkeit, ſo iſt es ganz gleichgiltig, ob man den Schluß der Stelle:

> Alle bisher dagegen erlaßenen Verordnungen ſollen für künftige Fälle nicht weiter anwendbar ſeyn —

auf beide vorausgegangene Propoſitionen bezieht, oder nur auf die nächſte. Im erſten Falle muß man das dagegen ſo erklären: gegen die noch in der Familie beſtehenden Familienverträge und gegen den künftigen Gebrauch der Autonomie. Dafür ſpricht die Faßung, daß nämlich die beiden erſten Sätze nicht durch Puncte von einander getrennt ſind, ſondern in einem ungetheilten Zuſammenhang ſtehen, während der letzte Satz durch einen Puncr von beiden getrennt iſt, und man keine nähere Veranlaßung hat, ihn blos auf das Nächſtvorſtehende allein zu beziehen. Wollte man aber auch letzteres thun, ſo liegt in dem erſten Satz doch ſchon vollſtändig die

Verwerfung entgegenstehender Verordnungen, wie auch die französische Uebersetzung sehr klar ausdrückt.

Freilich gebührt die authentische Erklärung lediglich der hohen B. V., doch wird es der Doctrin erlaubt seyn, die Worte der B. A. gegen den Vorwurf der Dunkelheit zu rechtfertigen. Es verlohnt sich aber noch der Mühe, die einzelnen Particulargesetze über diesen Punct zu durchgehen. Sie enthalten großentheils die Bestätigung der hier aufgestellten Ansicht.

Im Königreich Wirtemberg ward den Standesherrn bei den Verhandlungen über definitive Bestimmung ihres künftigen Rechtszustandes verheißen und auch in verschiedenen Specialedicten ausdrücklich zugesichert:

§. 10. die nach den Grundsätzen der frühern »deutschen Verfaßung noch bestehenden »Familien-Verträge (eine sehr merkwürdige »Faßung, das obige bestätigend, da gerade in »Wirtemberg sie landesherrlich aufgehoben worden »waren) der fürstlichen und gräflichen »Häuser bleiben aufrecht erhalten und »alle bisher dagegen erlaßenen Ver- »fügungen sollen für künftige Fälle »nicht weiter anwendbar seyn.

»In Gemäßheit derselben kann das Haupt der Fami- »lie [79] über seine Güter und Familienverhält-

79) Dadurch erhält also das Haupt der Familie, das nicht etwa erster Acquirent ist, weit größeres Recht, als nach der allgemeinen Reichsverfaßung der Fall war und ihm selbst die B. A. giebt. Diese legt mit Recht der ganzen Familie, nicht dem Haupt derselben die Autonomie bei.

»niße verbindliche Verfügungen treffen, welche »dem Souverän vorgelegt werden müßen, worauf »sie, so weit sie nichts gegen die Verfaßung ent»halten, durch die obersten Landesstellen zur all»gemeinen Kenntniß und Nachachtung gebracht »werden.«

Im §. 11. wird sodann wegen der Vormundschaften auf die letzten Willensverordnungen des Vaters und die Familiengesetze verwiesen und §. 7. wegen der durch Familienverträge etwa eingeführten besondern Austräge weitere Entschließung vorbehalten.

Im §. 67. heißt es endlich wegen der Lehnsverhältniße: »die Lehnsherrlichkeit von Kaiser und Reich »über die standesherrlichen Besitzungen ist an »die Krone Wirtemberg übergegangen, und »die Standesherrn haben daher die königlichen »Lehnsgesetze und Verordnungen zu beobachten. »Das frühere Herkommen soll jedoch »dabei zur Norm dienen und gegen das»selbe keine weitere Ausdehnung der »lehnsherrlichen Rechte oder der va»sallitischen Verbindlichkeiten statt »finden können.

Das K. Baiersche Edict v. 20. Mai 1815. enthält: §. 9. »Ihre nach den Grundsätzen der frü»hern deutschen Verfaßung noch beste»henden Familienverträge bleiben auf»recht erhalten und sie haben die Befugniß über »ihre Güter und Familienverhältniße verbindliche »Verfügungen zu treffen, worauf sie, so weit sie

»nichts gegen die Verfaßung enthalten,
»durch die obersten Landesstellen zur allgemeinen
»Kenntniß und Nachachtung gebracht werden.

Im §. 6. wird aber wegen der conventionellen Austräge ebenfalls weitere Entschließung vorbehalten.

Das zweite Großherzoglich-Badensche Edict v. 16. April 1819. enthält in ähnlicher Art:

§. 4. »Ihre noch bestehenden Familienverträge wer»den nach den Grundsätzen der frühern deutschen »Verfaßung aufrecht erhalten und ihnen die Befug»niß zugesichert, über ihre Güter und Familien»verhältniße verbindliche Verfügungen zu treffen. »Diese müßen Uns jedoch, soweit es noch nicht ge»schehen ist, zur Bestätigung vorgelegt werden, »welche ihnen niemals ohne erhebliche Ursache er»schwert oder verweigert werden soll. Alle bisher »etwa dagegen erlaßenen Verordnungen sollen für »künftige Fälle nicht weiter anwendbar seyn.«

Das Großherzoglich Hessische Edict v. 17. Febr. 1820 sagt:

§. 10. »Die noch bestehenden Familienverträge der »Standesherrn werden nach den Grundsätzen der »frühern deutschen Verfaßung aufrecht erhalten und »es wird ihnen die Befugniß zugesichert, über ihre »Güter und Familienverhältniße verbindliche Ver»fügungen zu treffen, welche Uns vorgelegt werden »müßen«.

»Unsre Bestätigung ist zwar zur Giltigkeit solcher »Familienverträge und Verfügungen nicht erfor»derlich; allein Unsre Gerichte können auf den

»Inhalt künftiger Familienverträge nur alsdann »erkennen, wenn solche vorstehender Maaßen zu »Unsrer Kenntniß bereits gebracht, und, in sofern »es dabei von Rechten und Verbindlichkeiten dritter »Personen handelt, von dem geh. Staats-Ministe-»rium öffentlich bekannt gemacht worden sind, hier-»nächst aber der Zeitraum verflossen ist, binnen »deßen gesetzliche allgemeine Vorschriften in Wirk-»samkeit treten sollen.«

Besondere jedoch damit conforme Dispositionen enthält §. 14. wegen der Vormundschaften.

Am eigenthümlichsten disponirt über diesen Gegenstand die sonst anerkannt den Standesherrn günstigste K. Preußische Instruct. v. 30. Mai 1820.

§. 21. »Nach den Grundsätzen der frühern deutschen »Verfaßung sollen nicht nur die noch bestehenden Fa-»milienverträge der standesherrlichen Häuser aufrecht »erhalten werden, sondern es soll auch diesen die Be-»fugniß zustehen, fernerhin Verfügungen über ihre »Familienverhältnisse und Güter zu treffen. Jene »Familienverträge (die alten also) und »diese (neueren) Verfügungen bedürfen jedoch, ehe »sie eine vor den Gerichten verbindliche »Kraft erhalten (die Reichsgerichte erkannten »auch auf nicht bestätigte nach Moser) Unserer »Genehmigung, welche Wir ihnen auf vorhergegan-»gene Begutachtung der Provincial-Regierung »und nach den Umständen auch des Oberlandesge-»richts nicht versagen werden, sofern weder gegen »die Rechte dritter Personen noch auch gegen die

»Landesgesetze (die Verfaßung ist unstreitig damit »gemeint) etwas darin enthalten ist. So weit es »erforderlich, soll der Inhalt derselben durch Unsere »Landesbehörden zur allgemeinen Kenntniß und »Nachachtung gebracht werden.«

Eben so wird §. 16. die Königliche Bestätigung zu conventionellen und testamentlichen Stamm- und Familien-Austrägen ausdrücklich erfordert.

In der das herzogliche Ahrembergische Haus betreffenden K. Hannöverischen Verordnung v. 9. Mai 1826 heißt es Art. 14.:

»die nach den Grundsätzen der frühern deutschen »Verfaßung noch bestehenden Familienverträge bleiben »aufrecht erhalten und die Mitglieder derselben haben die Befugniß, über ihre Güter und Familienverhältniße verbindliche Verfügungen zu treffen, welche jedoch Uns vorgelegt werden müßen, »worauf sie, soweit sie nichts gegen die bestehenden »Landesgesetze und jura quaesita Dritter enthalten, »von Uns bestätigt werden sollen.«

Ueber andre deutsche Staaten fehlt es an Notizen.

Des Familien-Herkommens ist zwar weder in der Bundesacte, noch in den besondern Gesetzen ausdrückliche Erwähnung geschehen, und es könnte gestritten werden, ob es unter dem allgemeinen Ausdrucke »der Familienverträge« mit begriffen sey (Herkommen ist allerdings auch ein Vertragsgesetz)? gewiß unter dem Wort: Familiengesetz. Und sollte nicht, was die Ebenbürtigkeit betrifft, die Anerkennung des Familien-Herkommens schon in der Bundesacte selbst liegen, weil ja das darin anerkannte Recht der Ebenbürtigkeit nach dem vormals damit verbundenen Begriff eben seine Hauptwurzel in dem Familien-Herkommen hatte, und man also allerdings annehmen kann, daß nicht bloß die noch fortbestehenden Verträge, sondern auch das entschiedene Herkommen jedes einzelnen Hauses über die Ebenbürtigkeit Maas und Ziel geben solle.

So wären denn den mittelbar gewordenen deutschen fürstlichen und gräflichen reichsständischen Häusern durch die deutschen Souveräne hohe schätzbare Rechte, die mit ihnen kein Unterthan theilt, zurückgegeben oder bekräftigt worden, ihre Familiengesetzgebung und Autonomie, Ebenbürtigkeit mit den Souveränen, ein höchster durch ganz Deuschland nächst den souveränen Häusern anzuerkennender Adel. Sie haben das wieder, womit der alte deutsche höchste Adel anfieng; nur was Emporwachsen über die Reichsgewalt nach und nach hinzufügte, ich meine die Landeshoheit, ist ihnen verloren.

Wir faßen nun noch einmal zusammen, was hinsichtlich der Ebenbürtigkeit der Mediatisirten in dem vormals damit verbundenen Begriff, worauf die B. A. hinweist, Rechtens ist:

1) Jeder rechtmäßige Besitzer eines mittelbar gewordenen ehemals reichsständischen Gebiets aus fürstlichem oder gräflichem Stande, der es schon zur Zeit der Auflösung des Reichs war, ist eo ipso ebenbürtig.

Denn er gehörte auf jeden Fall nach dem Reichsstaatsrecht zum hohen Adel und ihm gebührte vermöge deßen die Ebenbürtigkeit.

2) Ebenbürtig sind ferner alle Mitglieder, (d. h. Stammverwandte sowohl männlichen als weiblichen Geschlechts) eines jeden zur Zeit der Auflösung des Reichs reichsständischen fürstlichen oder gräflichen Hauses, die aus einer Ehe abstammen, welche nicht etwa nach allgemeinem oder particulärem Familien-Herkommen des hohen Adels für eine verbotene oder unzweifelhafte Mißheirath zu halten ist, oder in welche die Agnaten vor oder nach consentirt haben.

Diesem aber müßen noch folgende Einzelnheiten und zum Theil Fragen oder Zweifel über gewiße besondere Puncte beigefügt werden:

1) Die Bundesacte scheint ausdrücklich nur den fürstlichen oder gräflichen reichsständischen Häusern den hohen Adel und Ebenbürtigkeit, so die übrigen persönlichen und dinglichen Rechte zuzusichern. Denn es heißt Art. 14.: »so vereinigen die Bundes-Staaten sich dahin a) daß diese fürstlichen und gräflichen Häuser ꝛc.« Voran ist jedoch gegangen der Ausdruck »den ehemaligen Reichsständen.« Nun könnte man fragen ob der Besitzer der Standesherrschaft Gehmen in Westphalen, durch Art. 43 der Congreß-Acte der Preußischen Monarchie unterworfen, Freiherr v Bömmelberg, zum hohen Adel mit Ebenbürtigkeit zu rechnen war. Derselbe ist allerdings noch als Succeßor des Grafen von Limburg-Styrum in den Besitz der Reichsstandschaft gekommen, aber er selbst gehörte zu keinem fürstlichen oder gräflichen Hause im eigentlichen Sinne des Worts. Indeß in Preußen ist derselbe durch königl. Entschließung unter die Preußischen Standesherrn ohne Vorbehalt aufgenommen

und in dieser Monarchie aller standesherrlichen Gerechtsame theilhaftig geworden; es bliebe daher noch die Frage, ob er zum hohen Adel Deutschlands gehören könnte? Dem Vernehmen nach hat übrigens der Freiherr v. Bömmelberg seine Herrschaft veräußert, und bei seinem Succeßor würde es sich vor allen Dingen um die Anwendung des §. 63. der Instruction v. 1820 handeln.

2) Unter den Mediatisirten befand sich auch wenigstens ein Personalist gräflichen Standes ohne Territorium mit Landeshoheit. Man könnte fragen: ob auch auf solche Personalisten die den ehemaligen reichsständischen Familien gemachten Zugeständniße, wenigstens in persönlicher Rücksicht, anwendbar seyen? Den Worten der Bundesacte nach, wo schlechthin von Reichsständen ohne Beisatz des Wortes Landesherrn die Rede ist, möchte dies allerdings zu bejahen seyn. Auch zur Zeit des Reichsbestandes hatten die Personalisten in persönlichen Beziehungen kein besonderes Recht.

3) Durch die Wiener Congreßacte sind mehrere Besitzungen einzelnen deutschen Souveränen mit der Clausel subjicirt worden, qu'elles seroient placées dans les rélations que la constitution d'Allemagne irait regler pour les territoires mediatisés, z. B. im Art. 43. 32. Sollte dieß auch die persönlichen Vorzüge einschließen, die nur allein ehemaligen reichsständischen Familien durch die eingeschaltete Stelle des Art. 14. lit. a. der d. B. A. zugesichert wurden? Man muß dieß bezweifeln, sofern nicht den Besitzern wegen anderer Territorien schon die Reichsstandschaft gebührte.

4) Gesetzt es hätte ein Mitglied einer standesherrlichen Familie während der Dauer des Rheinbundes und vor der Publikation der deutschen Bundesacte eine durch Familien-Verträge oder Herkommen verbotene unstandesmäßige Ehe eingegangen, in einem Lande, wo diese Normen für aufgehoben anzusehen waren, haben die Descendenten die Ebenbürtigkeit und das Recht des hohen Adels verloren? Aber die Bundesacte stellte nur das vorige Recht wieder her. Den Descendenten kann also das Geschehene nicht zum Nachtheil gereichen. Sie können von der Succeßion nicht ausgeschloßen werden, und sind daher für ebenbürtig zu halten.

5) Außer Zweifel scheint es, daß durch eine Veräußerung des standesherrlichen Gebietes an einen Fremden niemals jene reinpersönlichen aus der Reichsstandschaft herzuleitenden Rechte mit übertragen werden können. Denn wenn gleich die Reichsstandschaft zuletzt etwas dingliches war, so hat doch die Bundesacte nur den wirklich schon reichsständisch gewesenen fürstlichen und gräflichen Häusern jene Rechte zugesichert. Ebenso wenig möchte aber auch eine solche Familie selbst nach Veräußerung ihres ehemals reichsständischen Gebiets ferner auf hohen Adel und Ebenbürtigkeit Anspruch machen können. Denn beide Rechte waren, wie die Souveränität in dem Besitz eines souveränen Landes, bedingt in dem erblichen Besitz der Reichsstandschaft, und so wie ein Souverän nach dem legitimen Verlust des Souveränitätslandes aufhört Souverän zu seyn, und ihm die äußeren Ehren ohne besondern völkerrechtlichen Vorbehalt abgesprochen werden, so auch müßen den mediatisirten

Reichsständen mit dem Verlust des Standesgebiets hoher Adel und Ebenbürtigkeit entgehn.

6) Ganz zweifellos ist wohl, daß die völkerrechtlichen Satzungen der B. A. auf blos particular-landesherrliche Erhebungen zu Standesgebieten und Standesherrn keine Anwendung außer den Territorien finden können.

7) In wie fern endlich eine Familiengesetzlich unstandesmäßige Ehe eines Mediatisirten gegen den Widerspruch der Agnaten durch einen Act der souveränen Gewalt, z. B. durch Standeserhöhung zu einer ganz legitimen erhoben werden könne, darüber läßt sich eben so streiten, wie früher unter der Reichsverfaßung, ehe die Wahlcapitulation, die freilich den Souverän, jetzt nicht bindet, darüber Bestimmungen gegeben hatte.

So haben wir uns — möchte es völlig gelungen seyn! — aus den Ruinen des Alterthums durch das anscheinende Labyrinth des Eherechtes der deutschen fürstlichen und zum hohen Adel gehörigen Familien an der Hand der Geschichte durchzufinden gesucht. Es ist gezeigt worden, daß bei den Souveränen die neueste Zeit ihre Familien-Verhältniße nicht zerstört haben könne, bei den Mediatisirten aber, wo der zerrißene leitende Faden wieder anzuknüpfen sey im Geiste der Bundesacte. Leicht war die Arbeit nicht, doch gewiß nicht unwürdig. Vieles knüpft sich an die Familienordnung der Herrscher, an die Festhaltung überlieferter würdevoller Grundsätze, an ihre Ehen; Sitte und Tugend, so wie das Glück der Unterthanen. Wünschenswerth ja vielleicht nothwendig könnte es werden, sich über ein Regulativ wegen der Ehen der zum hohen Adel gehörigen Geschlechter Deutschlands zu vereinbaren und die äußersten Grenzen, von deren Beobachtung ihre Ebenbürtigkeit mit den Souveränen abhängig seyn soll, zu bestimmen. Darauf scheint sich der schon 1820 geäußerte Wunsch der Mediatisirten selbst wegen Errichtung einer Matrikel des hohen Adels zu vereinigen. Ein europäisches conventionelles Regulativ dagegen wegen der Mißheirathen in den souveränen Häusern, wenn es auch möglich wäre, kann wenigstens politisch nicht empfohlen werden. Jede souveräne Familie muß sich ihre Selbstständigkeit vor fremdem Einfluß bewahren; Familienangelegenheiten dürfen nicht zu europäischen ein für allemal gemacht werden.

II.

Einige Bemerkungen
über
die Rechtsverhältniße der Staatsdiener.

Noch immer hat sich in den deutschen Staaten keine ganz bestimmte Ansicht von den staatsrechtlichen Verhältnißen der öffentlichen Beamten befestigt. Einzelne Länder haben allerdings schon ziemlich erschöpfende Gesetzgebungen über diesen Gegenstand; in den meisten wird es noch daran fehlen. Deshalb ist vielleicht nicht unverdienstlich, die jetzige Zeitlage dieser Verhältniße, was sich etwa als das jus commune dabei ansehen läßt, zu ermitteln und die Richtung der neueren Gesetzgebungen oder Regierungs-Maximen zu verfolgen, alles jedoch nur mit Beschränkung auf die erheblichern bestrittenen, nicht schon unzweideutig entwickelten Puncte [1]. Dahin

1) Von den neueren Schriften über diesen Gegenstand zeichnet sich noch immer aus: Gönner der Staatsdienst aus dem Gesichtspuncte des Rechts und der National-Oeco-

gehört nun der Begriff des Staatsdienstes und die Classification der Staatsdiener; das Verhältniß zwischen Staat und Diener; Anfang und Ende des Dienstes; Activ- und Passiv-Vertretung.

I.

Das Wort Staatsdienst (administratio officiorum publicorum, wie J. H. Böhmer es übersetzte) ist ein neues, gebildet in den Theorien des allgemeinen Staatsrechts. In dem deutschen Staatsrecht sprach man sonst bloß von kaiserlicher oder landesherrlicher Dienerschaft, doch gab es auch Reichs- und Kreisdiener, Reichs- und Kreisdienst. Und in dem Begriff »Reich« lag schon die Ankündung einer höheren Staats-Idee, als sie in ältern Zeiten unter den germanischen Völkern aufgefaßt und verwirklicht worden war. So wie sich diese Idee verfeinerte und immer mehr in die Wirklichkeit trat, stellte man auch zur Bezeichnung derer, die als Organe in dem öffentlichen Leben für die allgemeinen Staatszwecke zu handeln

nomie betrachtet nebst der Hauptlandespragmatik über die Dienstverhältniße der Staatsdiener im Königreich Baiern. Landshut 1808. 8. Mehr den politischen als juristischen Standpunct nimmt die Schrift A. W. Rehbergs über die Staatsverwaltung deutscher Länder. Hannover 1807. 8. Die ältere Litteratur findet sich bei *de Neuman in Wolfseld* Meditatt. I. Principum privati t. I, p. 16—20. Desgl. bei Pütter Lit. des d. Staatsrechts III, §. 1096. ff. und Klübers Forts. 295. Vieles in den ältern Schriften ist jetzt fast ganz unbrauchbar.

besonders berufen sind, den Ausdruck Staatsdienst, Staatsdiener an die Spitze und zog darunter die landesherrlichen Diener, auf welche jener Beruf fällt; aber auch viele andere, die in untergeordneten Kreisen nicht durch eigentliche landesherrliche Berufung dafür zu wirken haben, wie sich weiter finden wird: in gleicher Art, wie in den französischen Verfaßungen der Alle umfaßende Ausdruck fonctionaires publics adoptirt worden war. Daß der Gebrauch des Worts Staatsdiener, Staatsdienst nicht mehr, auch in Deutschland nicht, bloßen Theorien angehört, sondern auch in die Gesetzgebung eingedrungen ist, weiß jeder nicht ganz Ununterrichtete.

Der Name Staatsdiener statt landesherrlicher Diener u. s. w. ist auch kein leerer Namenstausch; er steht in Verbindung mit andern Resultaten der Zeit im öffentlichen Leben; er kündigt an, wenn gleich es noch dieselben Beamten sind und sie eben so noch vom Landesherrn vermöge eignen Rechts ernannt werden, wie sonst, daß diese Beamten nicht bloß das rein persönliche Intereße des Herrschers zu verwalten haben sollen, sondern das heilige der gesammten Staatsverbindung, Herrscher und Volk in Eins verbunden. Seit den großen politischen, freilich mehr stürmischen als ruhigen Umformungen der öffentlichen Verhältniße, und durch das, was wir demzufolge vor uns sehn, ist bewiesen, daß die zuerst von Philosophen aufgestellte höhere Idee des Staatsverhältnißes kein bloßes Luftbild sey, daß darin ein gegenseitiges Gemein-Wirken zwischen Herrscher und Volk seyn müße und könne, daß es ein gemeines Wohl und allerdings auch allgemeine Staatszwecke gebe, daß der Regent als solcher für einen Staat handle und handlen müße, gleichviel, ob es als eine Pflicht gegen Gott, oder gegen ihn selbst oder gegen das Volk betrachtet wird. Die wechselseitigen Ansprüche an die Regenten wie an die Völker sind dadurch gesteigert worden, das öffentliche Leben hat einen höheren sittlicheren Charakter erhalten statt des bloßen Patrimonial-Egoismus früherer Zeiten, ohne daß gleichwohl die historischen Wurzeln des wechselseitigen Verhältnißes zwischen Herrscher und Unterthanen durch die philosophischen, freilich oft zu excentrischen Theorien zerstört worden sind, wie die Festhaltung und Anerkennung des Legitimitäts-Princips genugsam beweißt. Nur diejenigen, denen die Erscheinungen der letzten Zeit nutzlos vorübergegangen sind, die bei einem Staat blos an eine Coëxistenz wechselseitiger Rechte des Herrschers und der Beherrschten ohne Gemein-Wirken und höhere Zwecke denken, unter letztern immer nur Revolutionäres riechen, die da jede geistige und politische Revolution blos in ihren unmittelbaren, oft greuelhaften Erscheinungen ansehen, sich zum Richter darüber aufwerfen, ohne die Folgen zu erwägen, die der Allgerechte, Allgewaltige daraus hat hervorgehen laßen, nur diese können auch Ansichten wie die obigen schlechthin als revolutionär verwerfen und noch immer z. B. auch die sogenannten öffentlichen oder Staatsbeamten lediglich für Diener des Fürsten und nur für seine Geschäfte erklären. Man s. v. Hallers Restaur. der Staatswiß. Th. 1. S. 513. Th. 2. S. 141 — 143.

2te Ausg. Man könnte versucht seyn, dieß so wie den größten Theil des v. Haller'schen Systemes — abgesehn von der beziehungsweise wahren Deduction der historischen Entstehung der Staaten als Grundlage der wechselseitigen Rechtsbestimmung für Regent und Volk — nur für eine gewiße Bornirtheit zu erklären, die das Mächtige und Große der Zeit nicht zu faßen vermochte und sich daher furchtsam wie die Nachteule unter die Trümmer der Vergangenheit zurückzog. Vielleicht meinte dieß schon Joh. Müller als er an Heyne schrieb, v. Haller habe die Mitte d. h. den Uebergang aus dem 18. ins 19. Jahrhundert nicht gefunden. (Sämmtl. Werke Bd. 18, S. 54.)

Soll nun der Umfang des Begriffs der Staatsdienerschaft ermittelt werden, so gehören dahin schon nach der Usual-Bedeutung Alle, die von der höchsten Gewalt im Staate angestellt sind, bestimmte vorgeschriebene Zwecke im öffentlichen Intereße und im Namen des Staats vermöge besonderer Verpflichtung zu realisiren. Bestimmte öffentliche Zwecke und besondere Verpflichtungen müßen vorausgesetzt werden, um einen eignen Begriff zu gewinnen, weil ja für allgemeiner Zwecke Beförderung Jeder im Staate als verpflichtet angesehen werden muß und so im weitesten Sinn ein Diener des Staats uneigentlich genannt werden könnte[2]). Demzufolge müßen auch, sofern nicht zuviel generalisirt werden soll, von

2) Und in sofern konnte sich wohl auch ein großer König, der seine Rechte gewiß kannte und ohne ihnen etwas zu vergeben, le premier serviteur et le premier magistrat de l'état nennen.

dem Begriff der Staatsdienerschaft ausgeschloßen werden die ganze Hofdienerschaft, alle geistlichen oder kirchlichen Aemter, versteht sich mit Ausnahme derer, wodurch der Staat die Kirche beaufsichtigt, und die äußeren Angelegenheiten leitet; denn wenn auch Verbindungen zwischen Hof, Kirche und Staat statt finden, so sind es doch nur mittelbare Beziehungen und die Kirche kann insbesondere nie mit dem Staat Eins seyn oder darin aufgehn. Gestritten könnte werden, ob Militärbeamte im wirklichen militärischen Dienst, d. h. solche, die nicht bloß mit Administration zu thun haben, zu den Staatsdieneru gerechnet werden dürfen: doch die Frage wäre nur rein theoretisch, denn der Militärstand hat ja gleich dem geistlichen und Hofstaat sein bestimmtes singuläres Recht. Eine andere Frage ist, ob öffentliche Lehrer an den vom Staat unterhaltenen Lehranstalten als Staatsdiener zu betrachten? Es wird sich immer schwer nachweisen laßen, daß der Staat ein eigentliches Lehramt habe; Lehren und Lernen ist etwas Freies; dem Staat muß aber freilich daran gelegen seyn, beides zu fördern und Unkraut dabei zu unterdrücken, sohin die Verbreitung guter Lehre zu einem Staatszweck zu machen und dann werden allerdings die von ihm angestellten Lehrer auch Staatsdiener und dafür ist die allgemeine Landes-Praxis. Dagegen müßen von den Staatsdienern noch abgesondert werden: die in unmittelbarem persönlichen Dienst des Fürsten für seine peculiären Angelegenheiten angestellten Personen, obgleich ihnen, wie sich von selbst versteht, vom Regenten Rang und Rechte anderer Staatsdiener ertheilt werden können [3]. Uebrigens ist es an sich für den Begriff des Staatsdienstes gleichgiltig, ob die dazu angestellten die Macht zu beschließen, zu befehlen, oder nur auszuführen und zu helfen haben [4]; ob sie unmittelbar vom Regenten oder von Behörden Kraft der diesen übertragenen Gewalt ernannt werden; von den Aemtern jedoch, die von Corporationen oder Privaten vergeben werden, gehören nur die zum Staatsdienste, welche mit wirklichen Staatszwecken z. B. mit der Ausübung der Gerichtsbarkeit, der Polizei u. s. w. in Verbindung stehn, nicht aber welche blos auf die Patrimonial-Angelegenheiten solcher Personen sich beziehn [5].

Der obige Begriff des Staatsdienstes bleibt indeßen immer noch sehr weit; man kann ihn gelten laßen, wenn man dann gewiße Hauptclaßen der Staatsdiener sorgfältig unterscheidet. Zuerst nämlich giebt es Staats-

3) Z. B. geheime Referendarien, Cabinetsräthe, Chatullverwalter, Leibärzte u. s. w. Eben so Pufendorf I. N. et G. VII, 2. §. 24. der sie ministros principis privatos nennt.

4) Vgl. Pufendorf a. a. O.

5) Bei den Patrimonial-Gerichts-Beamten oder Verwaltern ließe sich fragen, ob sie, ohne höhere Erklärung, zu den Staatsdienern gehören. Die Gerichtsherrn sind die eigentlichen Richter, sie können aber oder müßen die Jurisdiction mandiren. Ich halte die Grundsätze der jurisdictio mandata hier noch immer für anwendbar, und daher die Gerichtshalter blos für Privatbevollmächtigte in causa publica.

diener mit bestimmten Aemtern und andre die nur vorübergehend einen außerordentlichen Wirkungskreis erhalten, (Commißarien [6]), wenigstens giebt es keinen Grund, dieselben nicht auch für Staatsdiener zu halten. Sie haben aber bekanntlich ihr eignes Recht und scheiden daher bei unsern weitern Untersuchungen aus; es bleiben also nur noch die wirklich beamteten Staatsdiener übrig. Amt hieß ursprünglich so viel wie Dienst; im neuern staatsrechtlichen Sprachgebrauch bezeichnet es aber unstreitig einen bestimmten und festen öffentlichen Wirkungskreis im Staatsorganismus, wie bedeutend oder unbedeutend, hoch oder niedrig auch dieser seyn mag [7]); und man kann wohl sagen, ein Amt ist ein Staatsdienst, aber nicht jeder Staatsdienst ist ein Amt. Sehr schwer ist zu bestimmen, wo bei den niedrigern permanenten Staatsdiensten der Begriff eines Amts aufhöre. So giebt es bekanntlich Castellane, Portiers, Ofen- oder Stubenheizer in öffentlichen Gebäuden, die gewißen Behörden angewiesen sind; daß das eine Art Staatsdienst sey, daß solche Personen

6) Bodin (de Republ. III, 2.) unterscheidet zwischen officialibus i. e. personis publicis quae munus habent lege definitum und curatoribus, i. e. personis publicis quae munus publicum extra ordinem arbitrio imperantium gerunt. Dies geht aber mehr auf den altfranzösischen Unterschied zwischen *office* und *commission*, wovon nachher noch Einiges in Not. 10.

7) So in den R. C. G. Ordnungen: Amt der Assessoren, der Leser, der Pedelle, der Boten ꝛc. M. vgl. auch Mittermaier in Grubers u. Ersch Encyclop. v. v. Ambacht. Amt.

auch wohl angestellt werden, wie unstreitige Staatsbeamte, läßt sich nicht leugnen: gleichwohl widerstrebt es dem Gefühl, in jenen Personen einen Staasbeamten zu erkennen. Wo ist aber das Criterion des Unterschiedes? Vielleicht weist uns das römische Municipalrecht den Weg. Hier dachte man unter einem munus personale immer nur an solche Aufträge, die *animi provisione, sollicitudine ac vigilantia et corporalis laboris intentione perpetrantur* [8]). Bloße körperliche mechanische Anstrengung erschöpft nicht allein den Begriff eines munus personale, sondern es wird dazu auch noch ein Grad geistiger Anspannung erfordert. Und daß es schon an sich nicht völlig einerley sey, ob jemand blos mit seinen Gliedern oder auch mit geistiger Anstrengung dem Staat Dienste leiste, ist gewiß dem einfachsten Verstande einleuchtend. Man könnte sich daher für befugt halten, auf diese einfache Ansicht einen Unterschied zwischen höhern und niedrigen Staatsdienst zu gründen und für die im erstern Angestellten den Namen: beamtete Staatsdiener, oder Staatsdiener mit Aemtern, für die Angestellten im letztern, niedre Staatsdiener vorzuschlagen. Dagegen bleibt aber wieder zu erinnern, daß eines Theils der gewöhnliche Sprachgebrauch mit dem Wort Amt keineswegs einen so abgeschloßenen Begriff, wie das römische munus personale, in sich verbindet und andern Theils, daß es wohl nur eine sehr kleine Anzahl von Staatsdiensten giebt, wo es gar keiner geistigen Thätigkeit bedürfte, wenn es nicht geradezu solche sind, wofür sich auch Thiere, z. B. zum Ofenheizen

8) Vgl. l. 1. §. 3. l. 18. §. 1. D. de muneribus et honoribus.

abrichten laßen. Empfehlenswerther möchte daher seyn, nach der größern oder geringern erforderlichen Geistesthätigkeit die Staatsdiener einzutheilen in eigentliche Staatsbeamte, (denn mit diesem Wort verbindet auch der Sprachgebrauch schon etwas höheres im Staatsdienst) welchen das Recht zu beschließen zusteht; und in Subalternen, untergeordnete Staatsdiener, die blos ausführen, was ihnen jedesmal speciell befohlen wird, wovon man dann noch die niedern zu bloßen Handleistungen bestimmten Staatsdiener absondern könnte [9]. Die nähere Vertheilung der einzelnen Staatsdiener in diese Claßen erfordert natürlich das Einschreiten der Gesetzgebung. Staatsdiener, Staatsdienst bleibt dann die gewöhnliche Bezeichnung. — Von andern Eintheilungen des Staasdienstes verdient hier noch eine Erwähnung die in erblichen und blos persönlichen Staatsdienst, oder in erbliche und blos persönliche Aemter [10], obgleich die erstern schon zu den allergrösten Ausnahmen wenigstens

9) So unterschied man in der athenieusischen Staatsverfaßung ἀρχάς, eigentliche obrigkeitliche Behörden und Beamte, von untergeordneten Dienstleistungen und Anstellungen, ἐπιμελείαις, διακονίαις, ὑπηρεσίαις. Vgl. des Verf. Athen. Ger. Verf. S. 17. Not. 4. Die Sache ist überaus natürlich.

10) Die erblichen Aemter hießen in der ältern franz. Staatsverfaßung vorzugsweise offices, die andern vom König der Person jedesmal übertragenen commissions. Man vergleiche Loyseau du droit des offices. Col. 1613. 4. *Merlin* répertoire univ. de jurispr. m. *office*, et *commission*.

in deutschen Staaten gehören. Käufliche Aemter giebt es — wenn wir nicht irren — gar nicht mehr, obgleich nicht einzusehen ist, weshalb nicht gewiße, selbst gerirende Aemter — man wird nicht fordern, daß einzelne hier nahmhaft gemacht werden sollen — zum Vortheil des Staatsschatzes noch käuflich seyn sollten, wenn man auch im Princip gegen die Venalität der Chargen seyn muß — Endlich bei den eigentlichen Staatsbeamten ist nicht unwesentlich zu unterscheiden zwischen solchen Aemtern, welche ihren Wirkungskreis in der Verwaltung oder Ausübung wirklicher Hoheitsrechte haben (Behörden); und solchen, die an und für sich in vortheilhaften gemeinnützigen Befugnissen bestehen, welche der Staat verleiht, z. B. das Amt eines Advocaten, eines Procurators. Selbst Notarien gehören in gewißer Hinsicht hieher, obgleich sie auch wieder als Justizbehörden angesehen werden können [11]).

* * *

Es würde interessant seyn, mit diesen allgemeinen Ansichten über Natur und Verschiedenheiten des Staatsdienstes die Systeme neuerer Gesetzgebungen und Ver-

11) Die Advocaten schloß von den Staatsdienern aus eine K. Baiersche Verordn. v. 16. Decbr. 1806. Vgl. auch Rhein. Bd. B. V. S. 479 ff. Bd. III. S. 308. Daß bei Functionen dieser Art ganz eigenthümliche Rechtsverhältniße Platz greifen und eintreten müßen, liegt in der Natur der Sache. Die Verleihung derselben ist unstreitig eine Patentisirung, ein Privilegium. So verhält es sich auch mit den vom Staate autorisirten Doctoren der Medicin.

faßungen über diesen Gegenstand zu vergleichen, insbesondre also von Preußen, Baiern, Wirtemberg, Naßau, Baden [12]). Weil jedoch eine befriedigende Darlegung der Landesdienst-Pragmatik nicht blos aus den darüber ergangenen organisirenden Gesetzen geschöpft werden kann, sondern genaue Kenntniß der darin oft als bekannt vorausgesetzten Landes-Verhältniße und Landes-Praxis fordert, so genüge vornehmlich ein Blick auf die dem Verfaßer am meisten bekannten Verhältniße des Staatsdienstes in der preußischen Monarchie, wofür bekanntlich das Allg. Landrecht Th. II, Tit. 10. noch jetzt das Hauptgesetz ist [13]).

Eine Erklärung deßen was ein Staatsdiener sey, findet sich gegen die sonstige Weise dieses Gesetzbuchs nicht, obgleich sie in diesem Titel nicht am unrechten Ort gewesen seyn würde [14]). Alle Diener des Staats werden vielmehr sogleich in Militär- und Civilbediente eingetheilt, mit der Hinzufügung: daß sie bestimmt seyen, die Sicherheit, die gute Ordnung und den Wohlstand des Staats unterhalten und fördern zu helfen;

12) Die einzelnen Gesetze citirt Klüber, öffentl. R. d. t. B. §. 406.

13) Eine Zusammenstellung der preußischen Gesetzgebung giebt Rumpf, Dienst- und Rechtsverh. der pr. Staatsbeamten. Berlin 1822.

14) Den Mangel einer Definition rügte schon die Regierung zu Marienwerder im J. 1806. Ein belehrendes Rescript vom 16. Juni ejusd. verwies hierauf auf den §. 69. des A. L. R. a. a. O. wo freilich eine solche Definition nicht zu finden ist. Matthis jur. M. S. IX, S. 473. 477.

daß sie dem Staatsoberhaupt zu besonderer Treue und Gehorsam verpflichtet, außerdem aber nach Beschaffenheit des Amts dem Staat noch zu besondern Pflichten zugethan seyen (§. 1 — 3.) Man sieht, wie weit der Begriff der Staatsdienerschaft hier genommen ist; ja selbst der gemeine Soldat ist ein Staatsdiener, ein Militärbedienter, wenigstens wird auch von ihm unter diesem Marginal ausführlich gehandelt [15]. — Civilbediente sind alle Beamte des Staats, die zum Militärstand nicht gehören (§. 68.). Sie werden hauptsächlich eingetheilt in solche, die in unmittelbaren Diensten des Staats stehn, und in solche, die unmittelbar in Diensten gewißer untergeordneter Collegien, Corporationen und Gemeinen, (jetzt auch der Mediatisirten) stehn [16]. Gleichbedeutend mit unmittelbaren Dienern des Staats scheint der Ausdruck Königliche

15) Das natürlichste wäre wohl, von den Militärpersonen wie von einem besonderen persönlichen Stand im Staate zu reden. Selbst die Verfasser des A. L. R. haben weit öfter den Ausdruck: Militärstand, Militärpersonen gebraucht, als: Militärbediente. Vgl. L. R. a. a. O. §. 4. 11. flgg. 64. 68. II, 20, 463. Die passendste Ueberschrift und Regulirung des 10. Titels 2. Theils würde unstreitig seyn: Von den persönlichen (nicht erblichen) Ständen. I. Vom Militärstand. II. Vom Beamtenstand. Nur die Militär = Verwaltungsbeamten oder s. g. Kriegsbeamten können füglich in die engere Kategorie der Staatsdiener gestellt werden.

16) A. L. R. a. a. O. §. 69. 168. Der Unterschied findet sich auch in den Verordnungen v. Abfahrtsgelde d. d. 8.

Beamte zu seyn (vgl. §. 105 — 113.), wenigstens findet sich kein weiterer Unterschied zwischen unmittelbaren und mittelbaren Königlichen Beamten in einem besondern Sinne angedeutet und man muß daher unter ihnen alle die verstehn, welche vom König selbst oder in Seinem Namen von Staatsbehörden in Civildiensten angestellt sind. Von den mittelbaren Staatsdienern sind aber unstreitig diejenigen Beamten auszuschließen, welchen nur die Verwaltung der Güter und Besorgung der Rechtsangelegenheiten einer Corporation übertragen ist. Sie sind zwar in einigen Stücken den Staatsdienern assimilirt, werden aber doch im Allgemeinen nur als Bevollmächtigte betrachtet. L. R. II, 6, §. 147. flgg. Und Aehnliches gilt von den standesherrlichen Dienern, welche nicht für die Ausübung der Regierungsrechte angestellt sind. Instr. v. 30. Mai 1820. §. 60.

Ein anderer nicht selten vorkommender Unterschied ist der zwischen wirklichen Staatsbedienten, obrigkeitlichen Personen, und niedern Staatsbedienten, Unterbedienten, Subalternen [17]. Unter letztern zeichnet die neuere Gesetzgebung sehr zweckmäßig diejenigen aus, welche blos zu mechanischen, gewöhnlichen tagelöhner- oder handwerksmäßigen Verrichtungen angestellt sind, deren Dienst keine Ausbildung erfordert. Solche Stellen sollen blos auf Perioden oder Kündigung und mit Andeutung sofortiger Entlassung im Falle eines dienstwidrigen Benehmens

Septbr. 1804. Edict. Samml. N° 44. benützt. Wegen der Mediatisirten s. Instr. v. 30. Mai 1820. §. 57.

17) Vgl. z. B. L. R. II, 20, §. 206. flgg.

vergeben werden, weil eine Assimilirung derselben mit höhern Staatsdiensten das Ansehen der wirklichen Staatsbeamten beeinträchtigen würde [18]).

Endlich dürfte ein Unterschied anzunehmen seyn zwischen Staatsdienern mit Exemtions-Privilegien und Staatsdienern ohne solche, die besonders beim Gerichtsstand wirksam sind.

Einer besonderen Erwähnung verdienen folgende Categorien öffentlich Angestellter:

1. Kirchenbediente werden zwar zuweilen von Staatsdienern gesondert und als eine eigene Categorie aufgestellt, z. B. im A. L. R. Th. II. Tit. 20. §. 326. und Th. II. Tit. 17. §. 32. Der §. 90. Th. II. Tit. 11. befreit jedoch die Geistlichen privilegirter Kirchengesellschaften als Beamte des Staats von gemeinen Lasten und dem gewöhnlichen Gerichtsstande und im Criminalrecht §. 499. flgg. wird von ihren Vergehungen unter denen der Diener des Staats gehandelt. Kirchengutsverwalter werden als Corporationsbeamte angesehen. Th. 2. Tit. 11. §. 218. 555. Hiernach möchte sich wohl noch keinesweges annehmen lassen, daß die Kirchenbedienten in allen Amtsbeziehungen als Diener des Staats, im Sinne des Gesetzes betrachtet werden müssen [19]).

2. Lehrer an Gymnasien und höhern Schulen werden als Beamte des Staats angesehen. L. R. II.

18) Rescripte v. 10. und 21. Juli 1810. (Matthis IX. S. 313.) Regier. Instruction v. 23. Oct. 1817. §. 12. N°. 2.

19) Die Verordn. von 1804. über das Abfahrtsgeld kann nicht zum Gegenbeweis gebraucht werden.

12, §. 65. und nach §. 73. ib. genießen alle Professoren, Lehrer und Offizianten an den Universitäten die Rechte der Königlichen Beamten. Daß aber darum die Lehrer an niederen Schulen, die der Staat selbst anstellt oder die vermöge besonderer Berechtigung von Andern an öffentlichen Unterrichtsanstalten angesetzt sind, keine Staatsdiener seyn sollen, ist damit schwerlich gemeint und auch in der Staatspraxis keineswegs angenommen.

3. Vorsteher und Verwalter milder Stiftungen sind Staatsdiener. L. R. II, 19, §. 80.

4. Daß die Justizkommißarien im Allgemeinen zu den Staatsdienern gehören, und insbesondere zur Categorie der Justizbedienten, kann unmöglich geläugnet werden und ist unter andern in einem Ministerial-Rescript vom 19. Februar 1818. (v. Kamptz J. B. XI. S. 33.) angenommen [20]). Daß ihnen aber nicht in allen Beziehungen die Rechte der Königlichen Civildiener zugestanden werden, ergiebt außer andern ein ministerieller Bescheid vom 29. Septb. 1800. (Archiv. I, S. 325.) in Ansehung der Rechtswohlthat der cessio bonorum.

5. Noch schwankender liegt die Sache hinsichtlich der Justitiarien oder Gerichtsverwalter an Patrimonialgerichten. Nach einem von der Gesetzkommißion erstatteten und bestätigten Gutachten vom J. 1802. (N. Archiv II. S. 444. — 453.) und Anh. z. A. G. O. §. 21.) ist ein gehörig bestellter und in seinem Gerichtsbezirk lebender Justitiar den unmittelbar in Diensten des Staats sich befindenden Beamten gleich zu achten, (also nicht einmal den mittelbaren, und mit

20) Vergl. L. R. II, 20, §. 1338.

Recht, denn der Justitiar ist Mandatar des Gerichtsherrn, des eigentlichen unmittelbaren Königlichen Richters, mit dem er eine Person darstellt). Allein nach einem neuern J. Ministerial-Rescript v. 6. März 1826. (bei Rumpf a. a. O. S. 2.) sind solchen Patrimonialgerichtshaltern nur in einzelnen Beziehungen die Rechte der Staatsdiener als beigelegt anzusehen und sie nicht durchaus dafür zu achten [21]).

6. Daß ein als practischer Arzt approbirter Doctor der Medicin nicht zu den Landesherrlichen oder Civilbedienten gehöre, hat das Justizministerium im Jahr 1806 (Matthis IX, S. 476. flgg.) entschieden. Zweifel gegen die Richtigkeit dieser Ansicht könnte es erregen, daß im A. L. R. Th. II. Tit. 20. §. 505 — 507. von den Vergehungen der Aerzte und Hebammen unter denen der Diener des Staats gehandelt wird. Allein der §. 508 ebendas. zeigt schon selbst an, daß man nur beiläufig auch von denjenigen habe handeln wollen, die zwar nicht in unmittelbaren (eigentlichen) Diensten des Staats stehen, wohl aber demselben vermöge ihres Standes besonders verpflichtet seyen.

21) Ein anderer Widerspruch über das Rechtsverhältniß der Justitiarien findet sich in folgenden zwei Aktenstücken des Justizministeriums. Dasselbe hat am 6. Mai 1807. rescribirt: daß ein Justitiar in der Regel nur auf die Besitzzeit des Gerichtsherrn angestellt werde. (Matthis X, S. 41 — 43. Im J. 1815 aber ist rescribirt worden: daß jeder Justitiariats-Contract auf die ganze Lebenszeit des Justitiars, verbindlich für Erben und Singularsuccessoren geschlossen werde. (v. Kamptz. V, S. 9 — 11.)

7. Ob Hofbediente zu den Staatsdienern, insbesondere also zu den Civildienern gehören sollen, darüber schweigt das A. L. R. und an sonstigen Bestimmungen dürfte es darüber fehlen. Daß die Natur der Sache gegen eine solche Annahme ist, kann wohl kaum bezweifelt werden.

Schließlich hat sich in neuerer Zeit ganz besonders die Eintheilung aller Staatsbeamten in Justiz- und Verwaltungsbeamte [22]) geltend gemacht, die auch ihre Wurzel schon im A. L. R. [23]) hat. Wie weit indeß der Begriff eines Verwaltungsbeamten reiche, ob dahin auch Geistliche und Lehrer an hohen und niedern Schulen gehören, darüber ließ sich theoretisch streiten; die Praxis in den Rheinprovinzen hat sich für die bejahende Ansicht entschieden. Im Allgemeinen ist nun wohl nicht zu läugnen, daß die preußische Gesetzgebung über die Staatsdiener theils noch Manches unbestimmt gelassen, theils zu viel generalisirt hat. Daß aber in diesem Theil der organischen Gesetzgebung alles Generalisiren nicht gut sey, daß es weit zweckmäßiger

22) Besonders wichtig ward die Feststellung dieses Unterschieds in den Provinzen, wo das A. L. R. und die damit in Verbindung stehende Gesetzgebung noch nicht galt, als durch Königl. Kabinets-Ordre v. J. 1821. gegen die Verwaltungsbeamten das in den alten Provinzen geltende Criminal-Gesetzbuch und Verfahren eingeführt wurden. (G. S. v. 1821. S. 30. 156. 168.) Die Rheinischen Gerichte stellten siegende Gründe dafür auf, daß hierunter die Justizbedienten, z. B. auch Notarien, nicht gemeint seyn könnten.

23) Th. 2. Tit. 17.

ist, wenn die Gesetzgebung für die speciellen Classen der Staatsdiener constituirt, möchte kaum zu verkennen seyn und ist auch in mehreren neuern gesetzlichen Verordnungen z. B. v. 12. April 1822 und 21. Februar 1823 schon rectificirt worden. Zu welchen seltsamen Resultaten die Zusammenstellung aller Staatsdiener unter fast gleicher Categorie im A. L. R. führen muß, kann Niemand fremd bleiben und ist auch von den Justizbehörden bereits öfter bemerkt worden.

Werfen wir noch zuletzt einen Blick auf die französische Verfassung, da sie von ihrer Entstehung an bis jetzt vielfachen Einfluß auf die neueren Organisationen in Deutschland gewonnen hat. Wir finden dort hauptsächlich unterschieden eigentliche Fonctionnaires publics, womit wohl officiers publics gleichbedeutend ist [24]); wir finden einen sehr bestimmten Unterschied zwischen dem Ordre judiciaire und administratif [25]); daneben erscheinen die agens du gouvernement, worunter nicht allein wirkliche Fonctionnaires publics mit fortdauerndem Geschäftskreise — nur nicht, wie es scheint, auch gerichtliche Beamte — wohl aber auch nur vorübergehend Beauftragte, z. B. diplomatische Personen, verstanden werden [26]). Gar nicht zu den öffentlichen Beamten gehören die Commis der Bureaus, deren Annahme, Beaufsichtigung und Entlassung blos Sache der Bureau-Vorge-

24) M. s. Code pénal Art. 114. 126. 145. 146. 161 166. 174 175.

25) Ib. 177. und an vielen andern Stellen.

26) Ib. 80. 129. 175. Code civil 48. Vergl. Merlin Repert. univ. d. J. m. garantie des fonct. publ. N°. VI.

setzten ist, wohl aber die commis du gouvernemen [27]. Einen durchaus entschiedenen Sprachgebrauch wird man aber schwerlich auch hier nachweisen können.

II.

Zu den sehr streitigen staatsrechtlichen Fragen gehört bekanntlich, welches Rechtsverhältniß zwischen dem Staat — oder, wenn man will, dem Regenten, der Regierung als Repräsentanten des Staats — und den Staatsdienern bestehe [28]. Nur darüber ist kein Zweifel, daß dem Staat das Recht gehöre, jenes Verhältniß wie im Allgemeinen so im Besondern vor oder bei einzelnen Dienstleistungen zu bestimmen, eine Dienstpragmatik zu geben, den Anstellungsurkunden Clauseln einzuverleiben, und daß alsdann diese Normen zunächst entscheiden. Blos die Frage könnte hierbei noch aufgeworfen werden, ob, wenn das positive Staatsrecht offenbar unbillige oder verletzende Bestimmungen gegen die Staatsdiener enthielte, dann ein Zwang zur Annahme eines Staatsdienstes Statt finden könne, eine Frage, die nicht leicht nothwendig werden dürfte. Wo nun derlei bestimmte Normen keine sind, da ist man einverstanden, denn was bleibt anders übrig? daß die aus der Natur des staatsdienerschaftlichen Verhältnißes sich ergebenden Rechtssätze zur Anwendung kommen müßen. Und hierüber eben haben sich die verschiedenartigsten Ansichten geltend zu machen gesucht. Wir wollen die einzelnen ins Auge zu

27) M. s. Merlin Repert. m. *Commis*.

28) Literatur hierzu bei Klüber a. a. O. §. 406. Not. a. S. auch Winkopp Rh. Bund Bd. IV, S. 421. fgg.

faßenden Puncte von einander sondern und dabei die Gründe der verschiedenen Meinungen erwägen.

Zuerst: giebt es einen Zwang zur Annahme eines Staatsdienstes? Man könnte hier vor Allem den practischen Werth einer solchen Untersuchung bestreiten; denn es hat nie an Bewerbern um Staatsdienste gefehlt und wird auch nicht leicht daran fehlen; alle Staatsdienste werden — ich weiß für die neuesten Zeiten keine Ausnahme — freiwillig übernommen und was aus der Voraussetzung eines factischen Zwanges folgen könnte, darf nicht auf freiwillige Verpflichtungen übertragen werden. Dennoch aber wird sich nicht leugnen laßen, daß der Beweis eines dem Staat zustehenden Zwangsrechts nicht ohne Einfluß auf die rechtliche Ansicht von der Natur des Staatsdienstes im Allgemeinen seyn kann, und darum muß auch hier eine Erörterung darüber angestellt werden, zu geschweigen, daß die Fälle doch möglich sind und gar nicht zu fern liegen, wo der Staat von dem ihm zustehenden Zwangsrecht Gebrauch zu machen genöthigt werden könnte. Aus dem einfachen Grunde nun, daß ohne Staatsdiener dem Staat oder Regenten eine Staatsverwaltung völlig unmöglich seyn würde; daß jedes Mitglied einer einfachen Gesellschaft schon schuldig ist, zu den positiv oder stillschweigend vorgesteckten Gesellschaftszwecken seine Hilfe zu leisten; daß um soviel mehr in einer Staatsverbindung, welche die höchsten intellectuellen Intereßen des menschlichen Gemeinlebens umschließt, es niemand gestattet seyn kann, sich egoistisch zurückzuziehen, vielmehr es Pflicht seyn muß, zur Erreichung dieses Zweckes nach seinen intellectuellen Kräften beizutragen — bin ich der Meinung, daß allerdings der Staat und zwar nicht blos im Fall der höchsten Noth zur Annahme eines Staatsdienstes zwingen könne [29]). Denn wie, wenn das Vaterland in Gefahr geriethe, oder ein großes gesetzgeberisches Werk ausgeführt oder eine wichtige Unterhandlung eingeleitet werden sollte, oder wenn es sich von der Bildung eines Regentschaftsrathes für einen unmündigen Fürsten handelte, sollte da nicht Schuldigkeit zur Annahme eines Staatsdienstes für den dazu Tauglichsten eintreten? Es versteht sich dieß aber von selbst mit folgenden Einschränkungen: Nicht gegen Gewißenspflichten; Nicht zu einem verfaßungswidrigen Amte; Mit Freigebung einer potioris nominatio; Nicht ohne vollständige Entschädigung, wovon nachher im Zusammenhange; Nicht länger, als der Zweck es fordert. Wir schließen ferner vom Zwangsrecht aus alle gemeinen handlanger- oder taglöhnermäßigen Dienste, wofür der Staat höchstens einen Reihedienst mit Vorbehalt der Substitution paßender Subjecte anordnen kann (vi sequelae territorialis); endlich würde man ausschließen

29) Dieselbe Ansicht findet sich bei *Ahasv. Fritzsch*, tract. de resignat. imperator. officialium etc. in ej. Opusc. t. I. p. 72. ed Norimb. 1731. fol. Ferner bei *I. H. Böhmer* J. publ. univ. II, 6. §. 11. Exercitat. ad. Pand. LVII p. 768. — *Schilter* in den exercitat. ad Dig. 37, §. 143. erwähnt ein Urtheil einer sächsischen Landesbehörde über die Absetzung eines Stadtactuars, wo davon ausgegangen wird, daß man zu einem öffentlichen Amt gezwungen folglich (!) nicht ohne Grund wieder davon entsetzt werden kann.

müßen die Lehrämter. Wißen, Gedanken sind frey, zu ihrer Mittheilung kann Niemand gezwungen werden. Wäre aber wahr, daß die Fürsten nur Grundherrn und die Staatsdiener nur Diener des Fürsten wären: so müßte der Fürst alle seine Diener erkaufen — mit Geld oder andern Dingen — oder er müßte handeln wie ein Despot.

Zweitens: Wenn der Staatsdienst ein freiwilliger ist, was für ein Verhältniß geht daraus hervor zwischen Staat und Diener? Die Meinungen der ältern sowohl deutschen als ausländischen Juristen finden wir bei Böhmer (Exercit. ad Pand. LVII. T. III, besonders von S. 767 an) aufgeführt; die neuern finden sich in der oben angezeigten Literatur aus dem letzten Jahrzehend des vorigen, und ersten des jetzigen Jahrhunderts. Die meisten verfielen hierbei in das unstreitig irrige Streben, das Verhältniß des Staatsdieners zu dem Staat durchaus unter ein privatrechtliches Verhältniß zu bringen. Einige fanden darin eine locatio conductio operarum [30]), was es doch nicht seyn kann, außer bei gemeinen mechanischen oder ähnlichen Diensten, worauf wir unten noch einmal zurückkommen werden. Denn intellectuelle Staatsdienste können nicht als operae mercenariae vel locari solitae betrachtet werden. Andere, besonders Myler in seiner Hyparchologie und nach ihm Böhmer a. a. O. erklärten es für ein precarium, was es doch auch nicht seyn kann, da doch wahrhaftig die Benutzung eines Amts für das

30) S. z. B. Strubens rechtl. Bedenken N°. 144. Bd. III, S. 510.

Intereße des Staatsdieners nicht die Hauptsache bei Uebertragung eines Amts seyn kann, weshalb es ihm auf seine Bitten verliehen würde; nicht zu gedenken, daß ja der Beamte seinerseits für das Amt dem Staat während der Benutzung Etwas leisten muß. Die meiste Aehnlichkeit dürfte sich noch mit dem Mandats-Contract, oder wenn das Amt Lohn trägt, mit einem sogenannten Innominat-Contract do ut facias finden; jedoch ist es denn überhaupt nothwendig oder möglich ein Vertragsverhältniß zu supponiren? Schon Gönner hat dieß bestritten nnd wenn man auch seinen Ausführungen nicht überall beizustimmen vermag, so läßt sich doch das ganze Verhältniß am natürlichsten von einer ganz anderen Seite auffaßen.

Die Stiftung und Dotirung der Staatsämter, die Bestimmung der verschiedenen Wirkungskreise ist ein Ausfluß der gesetzgebenden Gewalt, die Aemter selbst sind ein Theil der Staatsverfaßung. Sie können also auch nur in so fern Gegenstand privatrechtlicher Willkühr seyn, als dabei nicht das öffentliche Intereße gefährdet wird. Was thut nun der Staat? Er bietet die unbesetzten Stellen den dazu befähigten entweder im allgemeinen oder unmittelbar gewißen Individuen an, die Freiwilligkeit der Annahme in der Regel dem Gebrauch seines Zwangrechts vorziehend; wird der Ruf angenommen, so überträgt nun der Repräsentant des Staats förmlich das Amr, und Staat und Beamte treten so von selbst in wechselseitige Rechte und Verbindlichkeiten. Das Amt, das Verhältniß, die obligatio wird nicht erst durch einen Vertrag, eine conventio geschaffen, es ist schon vorhanden und wird nur jedesmal durch einen Regierungsact bei einer neuen Anstellung für ein bestimmtes Individuum ins Leben gerufen [31]). Jeder Institutionist weiß, daß es Obligationen giebt, die von selbst aus gewißen Verhältnißen, ex re, ex facto entspringen, bald so, daß zwar eine Convention oder doch consensus vorangegangen ist, ein solches obligatorisches Verhältniß herbeizuführen, wie z. B. bei der Ehe, die an sich kein Vertrag ist, aber doch unwandelbare Verpflichtungen nnd Rechte erzeugt; bald auch ganz ohne Convention, quasi ex contractu. Hier bietet sich nun für die Amtsverhältniße eine vollkommene Analogie in dem Institut der Tutelen nnd Curatelen dar, die das römische Recht ohnehin ausdrücklich als munera publica betrachtet, und in denen wir wenigstens immer allgemeine Bürgerpflichten anerkennen. Tutel und Curatel wird nun theils durch das Gesetz, theils durch den Magistrat von Staatswegen übertragen; es entstehen daraus unmittelbar Rechte und Verpflichtungen, nicht etwa vertragsmäßig, wenn gleich gewiß die Mehrzahl der Tutelen und Curatelen freiwillig übernommen wird. — Nicht soll geläugnet werden, daß auch zwischen Staat und Beamten ein Vertrag in Beziehung auf ein zu übertragendes Amt (pactum de conferendo officio) oder schon übertragenes gültig statt haben könne, (wenn wir nicht mit Hobbes die Verbind-

31) Dieß meinte unstreitig schon *Zahn*, in pol. munic. II, 33, §. 8. 9. »negotium, quod inter civitatem et civem in conferendo officio publico geritur, non est iustitiae commutativae ut contractus locationis conductionis, sed distributivae.«

lichkeit aller Verträge zwischen Staat und Unterthanen läugnen, also ihre absolute Nichtigkeit behaupten wollen) aber eine solche Convention kann immer nur minder wesentliche Modalitäten des Amtsverhältnisses betreffen, der Regent oder die Regierung kann dabei nur als Privatperson handeln, und beide müßen gegen sich den allgemeinen durchaus unumstößlichen Satz gelten lassen: jus publicum d. i. die Verfaßung, privatis pactionibus immutari nequit. Die Hauptsache, das Wesentliche bei Uebertragung eines Staatsamts ist die Umkleidung mit einem bestimmten öffentlichen Character und Wirkungskreis; dies ist ein Verfaßungsgegenstand, und nur allein Sache und Recht des Staats zu bestimmen, zu verleihen.

Die wechselseitigen Rechte zwischen Staat und Diener, die nach dieser Ansicht von selbst aus der Uebertragung eines Staatsdienstes entstehen, sind indeß nichts destoweniger zum Theil privatrechtlicher Natur, insofern nämlich privatrechtlich Alles genannt werden kann, was nicht blos Beziehung auf das Allgemeine im Staat hat, sondern in einer eigentlichen civilistischen obligatio besteht, und auf das Privatvermögen influirt. Daß nun, wenn allgemeine Gesetze oder die lex collationis officii die einzelnen Punkte näher bestimmt haben, nur diese entscheiden, versteht sich von selbst, aber was entscheidet, wenn sie schweigen? Die Staatsobservanz, die Rechtsanalogie, die Natur der Sache. Das Verhältniß zwischen Staat und Diener ist ein Verhältniß auf Treue und Glauben — getreuer Herr, getreuer Knecht — der Staat oder Herr erwartet von dem Diener pflichtmäßigen Gehorsam und treue Erfüllung seines Berufs, wie es von einem vir bonus menschlich gefordert werden kann; er kann über die Verwaltung zu jederzeit Rechenschaft fordern, und Ersatz des dolo vel culpa angerichteten Schadens, sogar, nach der römischen Terminologie, diligentiam und custodiam in Ansehung der speciell (gleichviel ob ausdrücklich oder nach der Natur des Amts) aufgetragenen Gegenstände [32]. Seinerseits erhält der Staatsdiener durch die Uebertragung des Amts unmittelbar Anspruch: 1. auf Gewährung und Schutz

32) Nach Analogie des Mandat=Contracts. S. l. 21. C. mandati. Vgl. l. 4. D. de magistrat. conv. «Magistratus in omne periculum succedit.» Dies gilt auch bei zwangsweise übertragenen Aemtern, wie z. B. bei den römischen Municipalämtern. S. l. 6. D. de administr. rer. ad civ. pert. »Magistratus reipublicae non dolum solummodo sed et latam negligentiam, et hoc amplius etiam diligentiam debent.« Vgl. B. v. Becke v. Staatsämtern, Heilbr. 1797. S. 174. Gönner a. a. O. S. 212. Bei einem gezwungenen Staatsdiener könnte man vielleicht nur diligentiam quam in suis rebus adhibet in Betracht ziehen wollen. Allein man darf nicht vergessen, daß dem Zwang schon eine Pflicht zum Grund liegt. Weise beschränkt das A. L. R. II, 10, 89. die Verantwortlichkeit auf die beim Amt vorausgesetzten Kenntniße und Eigenschaften. Wie aber wenn der Staat einen offenbar Unfähigen angestellt hätte? Nach dem A. L. R. II, 10, 89 flgg. coll. II, 20, §. 344. flgg. haftet jeder Beamte für ein Versehen, das bei gehöriger Aufmerksamkeit und nach den Kenntnißen, die bei der Verwaltung des Amts erfordert werden, hätten vermieden werden können.

seines amtlichen Characters und Vertretung seiner amtlichen Handlungen gegen Jedermann, so weit sie in den Grenzen des aufgetragenen Amtes rechtmäßig bestehen; 2) auf alles das, was der Staat den Staatsdienern überhaupt und in ihren verschiedenen Categorien wiederfahren läßt, und ihnen gewöhnlich zu Theil wird. Wir wiederhohlen es, das Staatsdienerverhältniß ist ein Verhältniß auf Treue und Glauben; ein Theil muß dem Andern gewähren quicquid ex bona fide est (gerade wie bei der Tutel, bei den Vermögensverhältnissen der Ehegatten); und ex bona fide ist Alles bei obligatorischen Verhältnißen, was gewöhnlich in gleichen Fällen beobachtet wird [33]). Insbesondere hat aber auch 3) jeder Staatsdiener einen directen Anspruch auf Ersatz alles Schadens, der ihm unberechenbarer oder unverschuldeter Weise durch das übertragene oder verwaltete Amt entspringt, denn nemini officium suum debet esse damnosum, wie die römischen Juristen es ausdrückten [34]). Und damit steht in naher Verbindung 4) der Anspruch auf eine an-

33) Ea enim quae sunt moris vel consuetudinis in bonae fidei iudiciis veniunt. l. 31. §. 20. D. aedilit. ed. — Damit stimmt überein *Lauterbach* diss. de Salariis §. 30. (t. IV. dissert. p. 607) «Officia in dubio videntur concedi secundum consuetudinem. *Jason* in l. diem functo. Num. 15. 16. D. de offic. assess. *Bartol.* in l. Magistratus 25. Num. 2. D. ad municipalem.«

34) L. 7. D. testam. quemadm. aper. l. 61. §. 5. D. de furtis. Das Wort Officium umfaßt auch im römischen Sprachgebrauch die Amtsverhältniße. Vgl. l. 3. pr. §. 2. D. de administr. rer. ad civ. pert. l. 18. de V. S.

gemeßene Entschädigung dafür, daß der Staatsdiener sein Leben dem Staate aufgiebt, in soweit dieß der Fall nämlich ist und er nun nicht mehr über seine Kräfte zu eigenem Erwerb, für den eigenen Nahrungsstand frei disponiren kann. Das ist ein wirkliches damnum und Niemand ist schuldig, sich oder einen Theil seiner Kräfte dem gemeinen Wohl ohne Entschädigung aufzuopfern. Das Amt muß also auch nähren [35]). Freilich wenn Lohn oder Sold ausdrücklich bestimmt, oder das Amt entschieden rein unentgeldlich ist, so muß es dabei sein Bewenden haben, doch wird auch hier immer jede außerordentliche Thätigkeit besonders vergütet werden müßen [36]). Endlich muß 5) der Staat Alles dasjenige als stillschweigende Bedingung der Uebernahme eines Amts gegen sich anerkennen, ohne dessen Voraussetzung der Diener ein solches Amt vernünftiger Weise nicht übernehmen konnte. Bei einem Dienst z. B. der die volle Thätigkeit eines Mannes in Anspruch nimmt und eine Aufgebung seines bisherigen schon begründeten Nahrungsstandes fordert, zu welchem eine dereinstige Rückkehr erschwert oder unmöglich ist, da ist es gewiß als

35) Sehr bestimmt anerkannt im canon. Recht. »Iustum est, ut illi consequantur stipendium, qui pro tempore suum commodare reperiuntur obsequium.» c. 45. C. 12. qu. 2. und: »qui altari servit, etiam vivere debet de altari, et qui ad onus eligitur, repelli non debet a mercede.» c. 16. X. de praebend.

36) Daß übrigens zwischen dem Salar und der Mühe nicht nothwendig eine gewiße Proportion statt finden müße oder könne, zeigt *Boehmer*, Exerc. ad Pand. LV. t. III. p. 577.

Bedingung anzusehen, daß der Staat dem Diener den durch das Amt gewährten Nahrungsstand sichern und erhalten, wenigstens ihn bei der Entziehung vollkommen dafür entschädigen werde.

Man sage nicht, daß hier nur Grundsätze der Billigkeit aufgestellt würden, kein strenges Recht; man erkenne doch endlich, daß in den gewöhnlichen Lebensverhältnißen, in den wechselseitigen Begegnungen der Menschen unter sich, besonders in den gesellschaftlichen Verbindungen, Alles, was Einer vom Andern vernünftiger Weise stillschweigend voraussetzen darf, auch rechtlich gefordert werden könne und geleistet werden müße. Dies folgt aus der allgemeinen Rechtspflicht im gesellschaftlichen Leben, überall gegen andere als ein vir bonus zu handeln, oder bonam fidem zu prästiren, wenns auch nicht mit dem Munde oder der Feder versprochen worden ist. Man könnte sagen, daß in diesen Verhältnißen, was man gewöhnlich Billigkeit nennt, zum strengen Recht werde, welches eben befiehlt, billig zu seyn, und es ist nur eine Aufgabe für den Richter, aus der jedesmaligen besonderen Gestaltung der Dinge das numerische oder quantitative Maaß der Forderung zu ermitteln. Dieses Uebereintreffen der s. g. Billigkeit mit dem strengen Recht in den gewöhnlichen Lebensverhältnißen hat sich so schön im römischen Recht entwickelt, (man vergleiche schon Cic. de Off. III, 17.) und ist sein herrlichster Gewinn. Hätten die römischen Juristen eine Staatsorganisation, wie die jetzigen sind, vor sich gehabt, sie würden gewiß auch den Beamten die obigen Rechte anerkannt haben; so aber hatten sie eigenthümliche, zum Theil noch republikanische Elemente um sich. Daß der Staat als moralische Person dem Einzelnen mit ihm in Verhältnisse tretenden eben sowohl wie ein Individuum dem Andern bonam fidem prästiren müße, wird hoffentlich Niemand läugnen; dazu kommt auch noch, daß wenn der Staat einzelnen Dienern nicht das Gewöhnliche wiederfahren lassen wollte, er gegen das Princip der Stetigkeit handeln würde; und wo würden sich am Ende noch freiwillige Staatsdiener finden, wenn ihnen nicht die geringste Aussicht und Garantie für das vernünftiger Weise Vorauszusetzende bliebe?

In dem Vorhergehenden liegt nun auch schon, daß jeder Staatsdiener auf ungestörten Genuß der Vortheile seines Amts bis dahin berechtigt ist, wo dieß in Ansehung seiner oder überhaupt rechtmäßig aufhört; und in allen Fällen, wo er selbst dabei außer aller Schuld ist, hat er auch Anspruch auf fortgesetzte Entschädigung, vermöge der obigen Grundsätze. Hierbei sind nun zuerst die Ursachen, aus welchen ein übertragenes Amt aufhört zu seyn, näher zu beleuchten. Es sind die folgenden:

als absolut gebietende Umstände:

1) Suppreßion des Staatsamts, entweder durch die Zeitereigniße veranlaßt, wie wir es in Deutschland erlebt haben bei den Secularisationen und der Auflösung des Reichsverbandes; oder bei veränderter Organisation des Staats; denn daß die höchste Gewalt hierin nach Gefallen Aenderungen treffen könne, ist außer allem Zweifel. Blos wenn irgend ein Amt ausdrücklich durch Vertrag zum Vortheil einer Person oder einer Familie gestiftet und übertragen worden wäre,

müßte man auf die staatsrechtlichen Grundsätze von der Privilegien-Ertheilung und Einziehung zurückgehn.

2) der Tod des Staatsdieners [37]) (nicht auch des Regenten, wenigstens nicht nach deutschem Herkommen [38]); vom persönlichen Dienst bei Regenten ist hier nicht die Rede.

Sodann nach der lex collationis:

3) Ablauf der Zeit, auf welche das Staatsamt ausdrücklich verliehen war, womit es auf gleicher Linie steht, wenn der in der Natur der Sache liegende oder sonst deutlich ausgesprochene Zweck des Staatsdienstes aufhört, also das Amt nur ein temporäres war. Ob aber ein solcher Zweck vorübergehend oder bleibend ist, kann keineswegs aus der bloßen Veranlaßung der Kür eines neuen Staatsdienstes geschlossen werden. So kann es z. B. geschehen, daß man sich bei dem Ausbruch eines Krieges von der Nothwendigkeit irgend eines neuen Amtes überzeugt. Geschieht die Uebertragung desselben nicht ausdrücklich auf die Dauer des Krieges, so kann das Amt blos um jener Veranlaßung willen nicht für ein vorübergehendes gehalten werden, sofern es auch außer dem Fall des vorübergegangenen Kriegs einen Wirkungskreis hat.

37) In wiefern die Erben für die Handlungen der Beamten einstehen müßen, hängt nach gemeinem Recht davon ab, welche Ansicht man von den römischen Pönalklagen aufstellt. S. übrigens l. 4. D. de magistr. conven. l. 9. §. 4. D. de adm. rer. ad civ. pert. und *Neumann* I. princ. priv. I, p. 325.

38) Anders in Großbritannien bei einigen Aemtern.

4) Aufkündigung von Seiten der Staatsgewalt, insoweit sie vorbehalten war, und für einen solchen Vorbehalt halte ich auch unbedingt die Clauseln ad beneplacitum, tant qu'il nous plaira, mit Böhmer 39) Gönner 40) u. A. gegen die Ansicht von Runde und A. 41) die hierbei die Willkühr des Staats ebenfalls beschränken wollten. Ist umgekehrt dem Diener Aufkündigung vorbehalten, so muß der Staat sie natürlich auch gegen sich anerkennen, denn an und für sich hat die Clausel nichts absolut widersprechendes gegen das Recht der öffentlichen Aemter; der Staat verpflichtet sich dadurch, im Fall der Aufkündigung sich nach einem andern Diener umzusehen, und sofern sich ein solcher findet, gegen den bisherigen kein Zwangsrecht zur Beibehaltung seines Postens eintreten zu laßen.

Ferner nach der Natur des Staatsdienstes überhaupt:

5) physische oder geistige Unfähigkeit des Dieners, seinem Amte ferner vorzustehn;

6) Indignität zur fernern Bekleidung eines gewißen oder aller Arten von Staatsämtern, als Folge strafrechtlicher Erkenntniße, es mag nun diese Indignität und der Verlust des Staatsdienstes von dem Criminalrichter ausdrücklich als Strafe

39) Exerc. ad Pand. L. VII. t. III, p. 763. seq.

40) A. a. O. S. 241. flgg.

41) Schlözers Staats Anz. Heft 29. S. 45. und die älteren von Böhmer angeführten Schriftsteller.

selbst ausgesprochen seyn, oder aus dem sonst erkannten Strafübel resultiren, wovon das Weitere in die Criminalrechts-Wißenschaft gehört;

7) natürliche oder reglementsmäßige Incompatibilität eines Staatsdienstes mit einem andern oder einer sonstigen Beschäftigung, z. B. wenn ein Staatsdiener ein Bordell oder eine Schenke anlegen wollte; oder Versetzung in eine Lage, mit welcher die Beibehaltung eines Staatsdienstes nicht mehr zusammenbestehn kann, z. B. Aufgebung des Vaterlandes, Gefangenschaft (vorbehaltlich des postliminii) desgleichen beharrliche Dereliction des Amtsverhältnißes [42]). (Diese 3 letztern Fälle erfordern natürlich vorherige Untersuchung).

Endlich vermöge der Rechte der höchsten Staatsgewalt:

8) Versetzung des Beamten auf einen andern Posten, die sich jeder gefallen laßen muß, sofern sie ohne Erniedrigung und Kränkung geschieht.

9) Entlassung, Dimission des Staatsdieners.

Wir rechnen unter diesen letzten wichtigen Fall:

a) die Entlaßung des Staatsdieners mit wechselseitiger Einwilligung, mit Einschluß der freiwilligen Resignation des Staatsdieners, welche vom Staat acceptirt wird. Hierbei muß aber bemerkt werden: daß ein Staatsdiener im Allgemeinen zu

42) Nach dem franz. Staatsrecht sind z. B. die gerichtlichen Beamten ipso j. als demissionnaires anzusehn, wenn sie sich über 6 Monat ohne Urlaub entfernen.

einer einseitigen Resignation befugt sey, davon vermag ich mich nicht zu überzeugen, so wenig als Gönner [43]), der die Inconsequenz der anders Meinenden schon hinlänglich gerügt hat. Denn wenn Staatsämter an sich dauernde Lasten sind, und jemand eines derselben übernimmt, so unterwirft er sich auch dem dauernden Verhältniß. Um wie viel mehr müßen es diejenigen annehmen, welche von der Hypothese eines Vertrags ausgehn! Damit wird nun aber keinesweges geleugnet, daß die Staatspraxis häufig einseitige Resignationen zuläßt [44]), und wo dieß erweislich ist, da kann auch jeder Staatsdiener es als ein ihm gegebenes gewöhnliches Recht in Anspruch nehmen.

b) die Entlaßung aus bestimmten Ursachen, welche die fernere Beibehaltung des Staatsdieners als nachtheilig oder gemeingefährlich darstellen, wohin schon immer gerechnet worden sind: delicta, negligentia supina, insufficientia [45]), denen aber auch noch andere Verhältniße zur Seite gestellt werden können z. B. wenn ein Beamter das öffentliche Vertrauen verloren hat, was er haben muß; wenn er sich allgemein verhaßt gemacht hat u. s. w.

43) A. a. O. S. 256 flgg. Selbst ein Ansinnen gegen das Gewissen des Beamten kann ihn nicht zur Niederlegung des Amts berechtigen. Aber als gewissenhafter Mann mag er's darauf ankommen lassen, was die Folge seiner beharrlichen Weigerung seyn werde.

44) So bei dem ehemaligen R. C. Gerichts-Personal.

45) Vgl. *Malacord* de publ. officiis non auferendis. Goett. 1788. §. 21 flgg.

e) **Entlaßungen ohne weitere Ursache, welche der Regent motu proprio oder einseitig giebt.**

Da wir es hier zuerst nur mit dem Staatsrecht, wie es sich aus der Natur der Sache und allgemeinen Principien herleiten läßt, zu thun haben, so will ich sogleich meine Meinung dahin ansſprechen, daß ich die Staatsgewalt für absolut befugt halte, jeden Staatsdiener, deßen Beibehaltung sie nicht dem allgemeinen Besten entsprechend findet, zu entlaßen, vorbehaltlich der unten festzustellenden Folgen [46]. Denn so wie dem Staat allein die Verleihung der Aemter zusteht, und so wie es nimmer erweislich seyn wird, daß die Unterthanen an sich das Recht auf Uebertragung eines Staatsdienstes haben, und da endlich das Staatswohl es durchaus nicht leidet, daß der Staat bei seiner Fortpflanzung und Bewegung an gewiße Individuen gefeßelt sey: so wird auch wohl der Staat bei den Entlaßungen freie Hand haben und haben müßen. Freilich ist eine Dienstentsetzung ohne alle Ursache Etwas schlechthin Willkührliches, allein man kann nicht sagen, wofern man keinen permanenten Dienstvertrag annimmt, oder wo nicht die Aemter entschieden auf Lebenszeit verliehen werden, daß Jemand durch die Entziehung eines Amtes als solche in seinen Rechten gekränkt werde. Ob die Dienstentsetzungs-Willkühr des Staats überhaupt und besonders für die Beherrschten etwas Heilsames sey, ist eine andre Frage. In Staaten, wo im Regenten und seinen Beamten das Staatsgetriebe allein beruht, ge-

46) Vgl. auch Gönner a. a. O. S. 264 flgg.

währt die Inamovibilität der Letztern den Unterthanen immer eine Art von Schutz; wo aber eine monarchische Regierung in ihrer Bewegung durch Kammern oder ständische Institutionen beschränkt ist, da muß wenigstens die Executiv-Gewalt dem Regenten völlig frei bleiben, und er über seine Beamten ad nutum disponiren können. So fand früher das französische Volk in den unbeweglichen, erblichen Beamtenstellen einen bedeutenden Schutz; jetzt, wo ihm Repräsentation gegeben ist, herrscht im Gegensatz ein Beamtendespotismus in der Administration. Und so sehen wir auch in unserm Deutschland, je mehr auf der einen Seite das s. g. constitutionelle oder landständische Princip Boden gewonnen hat, desto mehr den Beamtenstand der unbeschränkteren Verfügung der Staatsgewalt anheimfallen. Und nicht mehr denn billig. So nur entsteht ein unschädliches Gleichgewicht. Eine Regierung, in der gesetzgebenden Gewalt durch Stände, in der Ausführung der Gesetze durch die Selbstständigkeit ihrer eignen Beamten beschränkt, wäre eine baare Nullität. Man sahe es in Frankreich unter der ersten nicht gehaltenen Constitution. Auf der andern Seite ist der unumschränkte Besitz der höchsten willkührlichen Gewalt mit einem unumschränkten Dispositionsrecht über die Beamten eine Brücke zum Sultanismus.

Um nun auf unsere Rechtsfrage zurückzukommen, so haben die Rechtsgelehrten von jeher in ihren Ansichten darüber außerordentlich variirt, ebenso wie die verschiedene Landes- und ehemalige Reichspraxis. Ein altes Sprichwort sagt: Herrndienste sind keine

Ehegelübde. Und so waren auch die ältesten Juristen bekanntlich der Meinung, daß die Landesherrn ihre Diener durchaus nach Willkühr entlaßen könnten, z. B. Baldus, ad l. rescripta (7) C. de precib. imp. offer. N°. 13. aus einem freilich nicht eben sehr einleuchtenden Grunde, aus anderen Gründen Ziegler, de jurib. majestat. 1, 29, 7. dann Vitriarius und Pfeffinger III, 17, 25 (Vitriar illustr. t. III. p. 1157.) späterhin auch noch J. H. Böhmer [47]) und viele andere; indeßen finden sich auch schon ältere Stimmen, welche nicht nur im Allgemeinen die ohne Vorbehalt ertheilten Aemter blos ex justa causa, hauptsächlich propter negligentiam, insufficientiam, utilitatem publicam und delictum für wiederruflich hielten, sondern selbst bei den ad beneplacitum verliehenen ein Motiv des Widerrufs, ein arbitrium boni viri voraussetzten [48]). Der Hauptgrund dieser, die Landesherrliche Macht so sehr beschränkenden Ansicht war hauptsächlich der, daß in einer dimissio sine justa causa eine Art von Schimpf für den Beamten liege, den er unmöglich tragen könne [49]); man ward verwirrt wie es scheint, durch die römischen Begriffe von dimissio causaria und ignominiosa, obgleich

47) Exerc. ad Pand. LVII. l. c. p. 769. I. publ. univ. p. 489. Nach ihm Neumann, J. princ. priv. t. I, p. 355. seq.

48) S. Böhmer Exerc. cit. p. 754.

49) So Ant. Ferd. de Otero de Official. reip. Castell. c. XIII, No. 13. »ignominiosum, officia etiam ad beneplacitum concessa sine iusta causa *revocare*.« Auch Schilter Ex. ad Dig. 37, §. 143. Lyncker diss. de beneplacito II, 1, §. 11.

es nach vernunftiger Ansicht weniger Schimpf, ja oft ehrenvoll seyn kann, ohne Ursache, als aus Ursachen entlassen zu werden, und obgleich man dem Diener seinerseits ein unbeschränktes jus resignandi gegen den Herrn zugestand.

In diese Meinung trat denn auch der Freiherr von Cramer, der jüngste nach den bisher angeführten, und bei seinem Einfluß, besonders auf die reichscammergerichtlichen Entscheidungen, kann man von ihm die Periode, wo sich die Praxis zu fixiren anfing, beginnen. Nachdem er zuerst gezeigt hatte, daß allerdings ein Unterschied sey zwischen einer remotio ab officio und einer bloßen dimissio 50) nahm er doch an, daß die letztere ebenso schimpflich wie die erste 51), und ohne justa causa nicht erlaubt sey. Dieß wandte denn auch das R. C. G. eine Zeitlang in seinen Urtheilen über Dienstentlaßung an 52). Allein späterhin scheint man doch wieder etwas andere Grundsätze beim R. C. G. angenommen, und nur dann eine Klage des ohne Weiteres via facti entlaßenen Dieners zugelaßen zu haben, wenn die Verabschiedung ohne rechtliche Untersuchung unter Anführung einer entehrenden Ursache erfolgt war, oder zwar ohne solche Anführung, jedoch mit Entziehung der Besoldung oder einer Pension 53). Bei dem K. R. H. R. war man hingegen in der letzten Zeit der Meinung,

50) Opusc. t. IV, No. 21.

51) Obss. J. univ. t. I, p. 235. besonders t. II. P. 2. p. 97.

52) M. vgl. Cramers Wetzl. Nebenst. Bd. 38. S. 81. Bd. 67, S. 10. B. 123, S. 445.

53) Vgl. Häberlins Staatsarchiv, H. 40. S. 319.

daß ein Diener ohne Entschädigung entlaßen werden könne, wenn sich der Herr dabei nur jeder allegatio causae enthalte; wenn aber Ursachen angeführt werden sollten, so müßte dieß im Wege eines ordnungsmäßigen rechtlichen Verfahrens geschehen und in den Fällen, wo dies nicht beobachtet worden, restituirte der R. H. R. den Entlaßenen wieder in seinen vorigen Posten [54]. Es war also mehr die anständige, geziemende Form, auf welche die höchsten Gerichte hielten; übrigens sieht man, daß sie das willkührliche Entlaßungsrecht der Landesherrn keineswegs schmälern wollten. Allgemeine deutsche Ansicht ward dieß gleichwohl nicht. Während auf der einen Seite Struben [55]) besonders in den Chur Braunschweigischen Landen im Dienstverhältniß eine bloße locatio conductio operarum sieht, und darnach die Willkühr der Entlaßung beurtheilt, finden sich auf der andern rechtliche Entscheidungen in Menge, ausgehend von der Unwiederruflichkeit der Staatsämter, so lange keine justa causa rechtlich erwiesen ist [56]) und die Mehrzahl der neueren Rechtsgelehrten ebenfalls dafür entschieden [57]). Besonders machte sich der Satz der Inamovi-

54) (v. Riefels) der R. Hofrath in Justiz, Gnaden- u. andern S. Th. 1. S. 277. Häberlin a. a. O.

55) Rechtl. Bedenken Bd. 3. No. 144. S. 510.

56) M. s. *Leyser* Spec. 62. m. 9. 10. *Stryk* us. mod. I, 3. f. 4. §. 16.

57) Schon *Wolf* im J. Nat. p. 8. §. 899. 915. seq. *Montesquieu*, E. d. L. VI, 2. «dans les états modérés où la tête du moindre citoïen est considérable, on ne lui ôte son honneur et ses biens qu'après un long examen.» Vgl. v. Seuffert a. a. O. §. 70 — 84. V. d. Becke

bilität geltend hinsichtlich der richterlichen Beamten, wofür man in der Wahlcap. XXIV, §. 10. einen Haltpunkt erlangte. Und dieß mag auch wohl im Ganzen noch immer als die herrschende Meinung in den deutschen Landen betrachtet werden können, selbst nachdem Gönner die gegenseitige Meinung von dem freien Entlassungsrecht vorgetragen hatte. Von der Praxis einzelner Staaten bei diesem Punkt wird nachher die Rede seyn. Irre ich nicht, so ist bereits die Bahn gebrochen, wo man sich auch in Deutschland dem Amovibilitäts-Princip der nicht richterlichen Beamten vollkommen unterwerfen wird, je mehr auf der anderen Seite das ständische Princip Festigkeit erhalten wird [58]). In dieser Voraussetzung kann aber auch nur derjenige etwas dagegen zu erinnern haben, der in einem Amte nichts als eine Versorgungsanstalt zu erblicken vermag, eine Pfründe, auf die man nun ein lebenslänglich Recht hat, wenn man nicht geradezu Schurke ist, kurz, ein Mensch dem jede höhere Ansicht des Staatslebens fremd ist oder der sich als Beamter über seine Mitbürger weit erhaben glaubt. Uebrigens können wir vertrauen, daß es unter deutschen Landesherrn nie zu einer so argen Beamtendespotie kommen werde, wie etwa in Frank-

§. 59 — 68. S. besonders *Seb. Malaccord* diss. de publicis officiis absque iusta causa ejusque legali cognitione non auferendis. Goett. 1788. Neuere Untersuchungen s. auch in Winkopps Rh. Bund. Bd IV, S. 291. 421. seq. VII, S. 17. flgg. 425.

58) Schon Rehberg St. Verwaltung d. Länder §. 6. S. 164. ahnt und deutet ähnliches an.

reich, und daß sie zu ihrer eigenen Beruhigung nie einen ordentlichen Diener ohne Ursache, ohne ihn gehört zu haben, entlaßen werden, was auch in vielen Stücken wieder zu großen Inconvenienzen führen müßte. Ein ordentlicher Diener, der sich auf Gerechtigkeit des Herrn verlassen kann, wird immer treuer und beßer dienen, als ein Schuft, der nur blindlings, um sich zu erhalten, sein Amt gebraucht.

Es ist jetzt von den Folgen der Auflösung eines Dienstverhältnisses zu handlen. Man kann und muß die hier zu entscheidenden Fälle hauptsächlich unter zwei Claßen bringen. Entweder nämlich hört das Dienstverhältniß auf mit dem erklärten Willen des Staatsdieners, womit auch jedes imputable Factum, das eine Dienstentlaßung zur Folge hat, in Paralelle steht, oder aus Gründen, die mit dem Willen und Verschulden des Staatsdieners in keiner Verbindung stehen.

Zur ersten Claße gehört:

1. Gebrauch der Aufkündigungs-Clausel —
2. Freiwillige Resignation —
3. Wechselseitige Einwilligung —
4. Ablauf der in irgend einer Art bestimmten Dauer des Staatsdienstes, (wohin auch der Tod des Staatsdieners gehört, weil ja über diesen hinaus in der Regel kein Dienstverhältniß eingegangen wird) — und daß in allen diesen Fällen kein weiterer Anspruch statt findet, als der bis zu jenem Zeitpunkt hin schon erworben ist, versteht sich von selbst [59]. Ferner aber gehört hierher:

59) Pensionen an Wittwen und Kinder haben zwar hohe

5. Freiwillige Verwirkung einer Indignität und Incompatibilität —
6. Dimission aus einer bestimmten Ursache, aus deren Vorhandensein Gefahr dem Staate droht, und sofern die Ursache in dem zurechnungsfähigen Benehmen des Staatsdieners liegt.

Zur zweiten Claße gehört:

1. Unvorhergesehene Suppreßion des Staatsamts;
2. Dimission aus einer vom Staatsdiener nicht verschuldeten Ursache, oder ohne alle Ursache.

Ganz abgesehen von den in einem Staate einmal angenommenen Maximen möchte es vielleicht scheinen können, als laße sich auch in diesen 2 Fällen kein wirklicher Rechtsanspruch gegen den Staat darthun. Man könnte immer sagen ad 1. Kein Staatsamt kann auf ewig gestiftet werden, sondern nur so lange, als es der Staatszweck zuläßt; und ad 2. muß Jeder wißen, daß der Staat ein Recht hat, ihn nach Gefallen zu entlaßen. Dem Allem unterwirft sich der Staatsdiener im Voraus. Woher also der Rechtsanspruch? Die Sache aber ändert sich, wenn wir einen wohlgeordneten, das Princip der Stetigkeit festhaltenden Staat voraussetzen, wo alle Staatsdienste in der Regel für lebenslänglich gehalten werden, wo der Staatsdienst in den meisten Fällen gewiße Vorbereitungen und erst zu

Billigkeit für sich, aber gewiß keinen nahen Rechtsgrund; nur wenn ein Staatsdiener durch und wegen seines Amtes erweislich verarmt wäre, könnte aus und in seiner Person ein Rechtsanspruch erwachsen, denn Nemini u. s. w.

erwerbende Qualification voraussetzt, endlich auch einen gewißen Stand und zureichende Subsistenzmittel verleiht, wie es in den meisten deutschen Staaten der Fall ist. Es bleibt ferner wahr, was Gönner gezeigt hat und die Ansicht der Dinge bestätigt, daß die Aemter wegen der damit verbundenen pecuniären Vortheile auch ex accidenti einen Nahrungsstand begründen, und gewöhnlich, wenigstens von sehr Vielen, deshalb besonders gesucht werden. Wer sich dem Staatsdienst weiht, ihn eingeht, giebt daher auch meist jeden andern Nahrungsstand auf. Nun haben wir oben das privatrechtliche Verhältniß des Dieners zum Staat als ein Verhältniß auf Treue und Glauben (ex bona fide descendens) dargestellt, und nach Analogie ähnlicher Verhältniße behauptet, daß jeder Staatsdiener hierdurch rechtlichen Anspruch gewinne auf Alles, was das Staatsherkommen den in gleicher Categorie stehenden zu bewilligen pflegt, und was als stillschweigende Bedingung des Eintritts in den Staatsdienst anzusehen ist. Dieß ist das allgemeine Gesetz, und nicht vorauszusehende Umstände, deren Eintritt aber in dem Willen der Staatsgewalt liegt, können daßelbe nicht ändern. Der allgemeine Ausdruck des Anspruchs eines Staatsdieners in den obigen 2 Fällen ist daher Entschädigungsanspruch [60]). Und wofür? für den unverschuldeten Verlust lebenslänglicher Subsistenz, für das Aufgeben eines jeden andern Nahrungs-

60) Ueber den Fall der Suppreßion von Staatsämtern s. Rh. Bd. B. XV, S. 342. seq.; auch ganz besonders (v. Kamptz und v. Stein) über die Entschädigungsberechtigung der Staatsdiener bei Aufhebung ihrer Stellen. Frkfrth. a. M. 1808. 8.

standes, für den bei Uebernahme und Verwaltung und Aufhebung des Amts wirklich gehabten Schaden; in den Staaten wo ein stufenmäßig Fortschreiten im Staatsdienst nach gewißen Regeln herkömmlich ist, auch für den Verlust dieses weitern Fortkommens, nicht aber für die Einbuße oder Minderung des Standes. Stand als Idee äußert sich nur in gewißen Rechten äußerer Anerkennung, in höherer bürgerlicher Ehre; das ist wie die Freiheit eine richterlich unschätzbare Sache. Wiederum aber ist der Stand eines Beamten ohne Amt etwas leeres und ein Wiederspruch, wenigstens eine lächerliche Kleinmeisterei, oder Kleinstädterei, wo Staatsherkommen nicht reelle Rechte damit verknüpft. Indessen ließe vielleicht der dolor imminuti honoris (wie bei der Injurienklage der dolor imminutae libertatis) eine Schätzung zu. Will und kann nun der Staat den seines Amtes verlustig gewordenen Diener nicht durch eine andere angemeßene Anstellung entschädigen, so bleibt nichts übrig, als das richterliche arbitrium, quicquid ex bona fide dare facere oportet.

Ein genaues Princip [61]) der Berechnung giebt es hier einleuchtender Weise eben so wenig, als bei ähnlichen Quasi-Contracten; aber gewiß wird ein Richter selten ungerecht handeln, wenn er dem Staatsdiener eine seinem bisherigen gewöhnlichen Diensteinkommen

61) Das Gönnersche staatswirthsch. juristische Princip, welches die Beamten für Producenten erklärt, von einem Nahrungsstande dabei allein ausgeht, gewährt keine vollkommene Basis und darf auch nicht als das alleinige angesehen werden.

(denn das ungewöhnliche fällt nicht bei Obligationen auf Treue und Glauben in den Kreis der Berechnung) gleichstehende lebenslängliche Rente zuspräche. Diese Ansichten sind nicht aus der Luft gegriffen, sie haben sich hin und wieder schon in einzelnen Staaten ausgesprochen. Eine Annäherung findet man bereits in einigen Entscheidungen des K. R. H. R. So erkannte derselbe in einem Fall, wo ein schon 20jähriger landesherrlicher Diener ohne eigentliche Ursache entlaßen worden war: daß demselben eine honorable Dimißion zu geben und stellte es überdieß dringend der Billigkeit des Reichsfürsten anheim, wegen der 20jährigen Dienste des Impetranten sich großmüthig zu erweisen [62]. Der Reichshofrath nannte es damals nur Großmuth, Billigkeit, denn das Princip der Lebenslänglichkeit war noch nicht so fest, wie jetzt. Jetzt ist diese Billigkeit strenges Recht, Gerechtigkeit, wie wir es oben sagten. Und was die Supprimirung eines Staatsdienstes betrifft, so entschied die preußische Gesetz-Commißion unter höherer Bestätigung am 2. Mai 1787.

»daß ein königl. Beamter darum, daß seine Dienste »nicht weiter nöthig sind und die von ihm be»gleitete Bedienung überhaupt aufgehoben wird, »nicht schlechthin und ohne ihn wegen des verlor»nen Postens völlig schadlos zu halten, nicht dimit»tirt werden könne, es wäre denn, daß die Dauer des »Postens durch die Natur des Geschäfts oder durch

62) S. Merkwürdige R. H. R. Conclusa, Th. VI, S. 313. flgg.; und einen ähnlichen Fall ibid. S. 345.

»ausdrücklichen Vorbehalt auf eine gewiße Zeit ein»geschränkt worden [63]).«

Nach diesen Grundsätzen verfuhr auch die Reichsdeputation im J. 1803 bei Bestimmung des Schicksals der Beamten in den Entschädigungsländern; und so verfuhren die deutschen Bundesglieder in Ansehung der ehemaligen Reichsbeamten, wie es bekannt genug ist [64]), so daß man das obige wohl als gemeines Recht betrachten kann.

In eine gleiche Categorie mit unverschuldeten Dienstentlassungen kann gestellt werden:

3. eine jede unverschuldete Versetzung von einem beßern Posten auf einen geringern; denn das ist ja auch eine Entlaßung und nur theilweise Entschädigung; der kleinste Anspruch ist hier auf Beibehaltung des bisherigen Dienst-Einkommens begründet. — Mißlicher steht die Sache

4. im Falle einer unverschuldeten geistigen oder körperlichen Unfähigkeit des Staatsdieners, wie schon Gönner [65]) bemerkt hat. An und für sich muß jeder wißen, daß wenn er unfähig wird zum Staatsdienst, dieser für ihn auch von selbst aufhören müße. Dem Staat kann der Zufall nicht zugerechnet werden. Ein Rechtsanspruch entsteht nur dann, wenn der Staatsdienst selbst die Unfähigkeit herbeigezogen hat. Denn nemini etc. Dann gewiß vollkommener Anspruch auf eine anständige Sub-

63) Kleins Annalen Bd. I, S 299. 301. *Malacord* diss. cit. appendix.

64) S. u. a. Winkopps Rh. Bund Bd. IV, S. 364.

65) A. a. O. S. 103.

sistenz für den Ueberrest des Lebens [66]). Ein ähnlicher Unterschied würde zu machen seyn

5) im Falle einer feindlichen Gefangenschaft, ob sie nämlich im Dienst des Staats erduldet wird, oder einem sonstigen Zufall zuzuschreiben ist [67]).

Der Vollständigkeit wegen sind nun noch gewiße besondere Verhältniße zu erwägen.

Mehrere Schriftsteller über unsern Gegenstand machen in verschiedenen Punkten einen Unterschied zwischen Inländern und Ausländern, die ein Dienstverhältniß eingehen, namentlich Böhmer [68]), der der Meinung ist, daß ein in Dienst genommener Ausländer, ohne daß über sein Verhältniß Näheres bestimmt worden, nicht willkührlich entlaßen werden könne. Ich finde einen Unterschied hier überall nicht. Der Ausländer, der freiwillig einen fremden Dienst ohne besondere Stipulationen übernimmt, unterwirft sich dadurch demselben Verhältniß, wie der Inländer, nur wird er, wo dem Inländer ein rechtlicher Anspruch nach Aufhören des Amts zusteht, bei der ihm gebührenden Entschädigung besonders günstig zu behandeln und es wohl zu berücksichtigen seyn, welche Opfer er bei dem Uebergehn in einen fremden Staat diesem brachte. Hat er

66) Daß auch in andern Fällen unverschuldeter Dienstunfähigkeit eine lebenslängliche Versorgung des Beamten von der höchsten Billigkeit geboten werde, versteht sich von selbst. Vgl. *Lauterbach* de salariis §. 45. (Diss. Vol. III, p. 618.)

67) Einiges hierüber s. bei *Lauterbach* a. a. O. §. 46.

68) Ex. ad Pand. p. 768. 773. l. c. J. publ. univ. p. 490. N°. XII.

sein früheres Unterthänigkeitsverhältniß und Vaterland noch nicht aufgegeben, so wird er auf die freiwillig übernommene fremde Amtspflicht auch zu jeder Zeit resigniren können. Uebrigens muß es ihm überlaßen bleiben, sich durch einen Anstellungs-Vertrag gehörig zu sichern.

Erbliche Aemter sind wie schon bemerkt, als Privilegien anzusehen, und können deshalb unstreitig nur entzogen werden, wie Privilegien zurückgenommen werden dürfen 69).

Staats-Aemter, die nur in gewißen Erlaubnißen und vortheilhaften Befugnissen bestehen, ohne daß damit irgend eine öffentliche Verwaltung verbunden ist, wie z. B. die Function der Advocaten, Procuratoren, Notarien, bringen schwerlich bei ihrem Aufhören einen Rechtsanspruch an den Staat mit sich, so wenig als ertheilte Patente, wenn der Gegenstand des Vortheils wieder wegfällt. Nur bei einer willkührlichen Entziehung der Befugniß möchte sich ein Entschädigungsanspruch wider den Staat wegen gestörten Nahrungsstandes deduciren laßen 70).

Mittelbare Staatsämter, d. h. solche, die ex privilegio von Privatpersonen oder Corporationen verliehen werden, können, so weit sie in den Kreis der Staatsdienste fallen, nur auf dieselbe Weise aufhören,

69) *Boehmer* ad Pand. l. c. p. 776.

70) Dieser Gegenstand ist in Ansehung der R. C. G. Procuratoren seit Errichtung des Rheinbundes vielfach besprochen worden. Vgl. Rhein. Bd. III. Hefft 8, N°. 32. Bd. V, S. 479 flgg.

wie die unmittelbaren, wenn nicht der Verleiher auch das Recht des Widerrufs erhalten hat [71]). Beide Rechte sind nicht Eins.

Gemeine Dienste sollten freilich nie als Staatsämter behandelt, sondern nur gemiethet werden; wenn aber Jenes einmal geschehn ist, so treten sie allerdings auch unter das allgemeine Aemterrecht.

* * *

Wie beim ersten Punct liefern wir auch hier eine kleine Nachlese aus den neuesten, uns nahe liegenden Staatsverfassungen. Hier ist zuerst erfreulich zu bemerken, wie bereits in vielen deutschen Ländern das Loos und das Recht der Staatsdiener sich zu einer gewissen Bestimmtheit und Sicherheit entwickelt hat und besonders willkührlichen Behandlungen möglichst genaue Grenzen gesteckt sind, obgleich nicht zu verkennen ist, daß noch keineswegs alle zweifelhaften Puncte positiv entschieden sind.

Was zuerst die Natur des Rechrsverhältnißes zwischen Staat und Diener anbetrifft, so dürfte wohl kein neueres Gesetz die Ansicht von einem Vertrage entschieden aussprechen, sondern das Verhältniß rein als in einer verfaßungsmäßiger Anstellung oder Uebertragung eines Amtes begründet angesehen werden [72]).

71) Vgl. A. pr. L. R. Th. II. Tit. 6. §. 172.

72) Vgl. preuß. Gesch. Instr. f. d. Reg. v. 26. Dzbr. 1808 §. 44. »Jeder Offiziant muß dem Dienst volle Anstrengung und einen rechtlichen Sinn widmen. Eben darum müßen die Regierungen das Dienstverhältniß gegen ihre Untergebenen nicht zu einem Miethscontract und öffent-

Eben so wenig findet sich die Unwiederruflichkeit einmal verliehener Aemter unzweideutig und durchaus anerkannt; wohl aber sind die Formen und Folgen einer Dienstentlaßung im Allgemeinen bestimmt werden, so daß wenigstens, wie auch die Erfahrung bestätigt, die Perpetuität des Staatsdienstes bis zu einem legitimen Aufhörungsgrunde als Regel zu betrachten ist. Alle neuere Gesetzgebungen verwerfen insbesondere alle wirklichen Entlaßungen oder Entsetzungen richterlicher Beamten ohne Urtel und Recht; in Ansehung anderer Beamten sind sie zwar zum Theil weniger streng, schreiben aber dennoch die Beobachtung gewisser Formen vor [73]) oder erlauben, wie die Baierische [74]) nur einen partiellen Wiederruf; andere erklären endlich keine Dienst-Entlaßung für erlaubt, ohne daß der Diener vorher mit

liche Beamte nicht zu Miethlingen herabwürdigen, u. s. w.«

73) Vgl. A. L. R. Th. II, Tit. 10, §. 93. sq. II, 17, 99. ferner die C. O. v. 12. April 1822 und 21. Febr. 1823. Wegen der Regierungs-Officianten s. auch Instr. vom 26. Octbr. 1808. §. 44. und Verordnung von demselben Tage §. 76. und die spätere v. 23. Oct. 1817. §. 12. N°. 3.

74) Sie ist bekanntlich auf ein ganz eigenes künstliches System gegründet, auf einen Unterschied zwischen Stand und Dienst eines Staatsdieners, Standesgehalt, Dienstgehalt. Jenes kann nur durch Urtel und Recht entzogen werden, und ist sonst unwiederruflich, dieses ad beneplacitum. M. s. Baierische Haupt-Landespragmatik vom 1. Jan. 1805. und Gesetz über das Verhältniß der Staatsdiener v. 26. Mai 1818. (Beil. der Constit.).

seiner Verantwortung gehört worden ist [75]). Resignationen der Staatsdiener sind zum Theil unbedingt [76]), zum Theil mit Vorbehalt der Genehmigung der Staatsgewalt erlaubt [77]). Für die s. g. mittelbaren Staatsdiener gelten nach der Faßung des A. pr. L. R. wenigstens subsidiarisch dieselben Grundsätzen wie für die königlichen; in andern Staaten aber gewiß nicht so unbedingt. Endlich, bestehn für solche Diener, die blos mechanische oder Handlanger-Arbeiten zu verrichten haben, hin und wieder besondere Normen, namentlich in der preußischen Monarchie [78]) und in Baiern [79]). Wie endlich für unverschuldete aus dem Dienst scheidende Beamte, ingleichen für Wittwen und Waisender Beamten durch landesherrliche Milde überall gesorgt werde, ist bekannt genug und gehört nicht weiter hieher.

Bei weitem strenger und härter ist der französische Staat gegen seine Beamten. Nur die Richter sind nach der Charte inamovibel, und außerdem noch die Staatsräthe, nach 5 Dienstjahren; alle übrigen Beamten kann der König ad nutum revociren.

III.

Eine andere noch wenig behandelte, aber nicht un-

75) Vgl. Hannöversches Amtsordnungs-Reglement v. 18. April 1823. Wirtemb. Verfassungs-Urkunde §. 46. ffg.

76) Baierische HLPragm. §. XVII. A.

77) A. L. R. §. 92. ffg. a. a. O.

78) S. die Not. 18. ang. Verordnungen.

79) S. Baierische HLPragm. XXIV., §. 21.

wichtige, im Ganzen auch nicht schwierig zu entscheidende Frage ist die: von welcher Zeit ab beginnt die Eigenschaft eines Staatsdieners. Hier ist nun im Allgemeinen außer der schon geschehenen Anstellungs-Erklärung oder ertheilten Bestallung noch die Möglichkeit einer wirklichen Ausübung des Amtes vorauszusetzen, für welche der Staat allerdings zu sorgen hat. Es muß also auf irgend eine Art eine bestimmte Anweisung des Wirkungskreises erfolgen, nach welcher der wirklichen Ausübung der Amtspflichten nichts weiter im Wege stehn kann, sey es nun, durch eine Art von Uebergabe, sey es durch Ertheilung einer sofort realisirbaren Instruction, sey es durch eine allgemeine Weisung, nun den Amtsbetrieb nach dem als bekannt vorauszusetzenden Verfaßungsrecht, zu beginnen [80]. Eine Instruction kann vernünftiger Weise nur gefordert werden, wenn das Verhältniß noch nicht anderweitig bestimmt oder zu Zweifeln Anlaß gegeben ist. Wo demnach sie nothwendig ist, aber nicht ertheilt wird, da kann der Staatsdiener auch nur für allgemeine Dienstpflichten, die aus der Natur der Verhältniße folgen und sich vernünftiger Weise erkennen laßen, verantwortlich gemacht werden. Wie ists mit der Vereidung der Beamten? An und für sich ist sie nur eine Form zur Sicherung des Staates in seiner Gesamtheit;

80) So verfügt das A. L. R. Th. II, Tit. 10. §. 83. sq. daß zur befugten Ausübung eines Amtes noch die besondere An- und Hinweisung des Vorgesetzten oder die Aufnahme und Verpflichtung in dem dazu bestellten Collegium erfordert werde.

man kann nicht behaupten, daß man durch und allein durch die Eidesleistung erst ein Beamter werde; aber das kann gefragt werden, ob erst von da an die Verantwortlichkeit, wenigstens eine höhere als gewöhnliche Verantwortlichkeit, entspringt? Wo die Verfaßung nichts näheres über diesen Punct bestimmt, muß man, wie ich glaube, unterscheiden richterliche und andere Beamten. Jene bedürfen zu ihrer amtlichen Eigenschaft wohl nach allen gemeinen Rechten einer ausdrücklichen eidlichen Verpflichtung. Vorher haben sie keinen richterlichen Character. Was sie deßenungeachtet vornehmen, ist an sich null und nichtig, wofür sie allerdings civiliter verantwortlich werden, und nach Befinden der Umstände auch criminaliter ex falso. Anders verhält es sich mit andern Beamten. Hier ist, wie gesagt, der Eid nur ein Befestigungsmittel zwischen Herr und Diener. Jener kann den Eid wohl erlaßen. Der Diener hat aber darum nicht weniger Verantwortlichkeit für die Führung des ihm angewiesenen Amtes; denn die obligatio entsteht nicht erst aus einem Eide. Selbst in der Verhängung der Strafen für Dienstvergehen kann es keinen Unterschied machen, wenn nicht erhellet, daß die Strafe auch den Eidesbruch berücksichtigt habe [81]). Dieß wird freilich oft schwerer zu erkennen seyn; wo es aber zu erkennen oder wenigstens zweifelhaft ist, da würde freilich nach gemeinrechtlichen Grundsätzen die ex analogia zu verhängende Strafe unter der gesetzlichen blei-

81) So gehört nach der Chur-Sächs. Constitution vom anvertrauten Gute die vorschriftsmäßige Vereidung des Beamten zum Thatbestand.

ben müßen [82]). Uebrigens ist es gewiß sowohl eine Pflicht des Staats als des Dieners selbst, für seine Vereidung, wo sie gesetzlich oder hergebracht ist, besorgt zu seyn, jedenfalls bei einem Richter, der sein Amt antreten soll, und es rechtfertigt sich, wenn auf die Unterlaßung allein schon eine Strafe gesetzt ist [83]).

Was nun ferner Titel und Rang betrifft, desgleichen den Anspruch auf das zugesicherte Gehalt, so entsteht dieß schon zum Vortheil des Beamten mit dem Moment der Ausfertigung oder Vollziehung der Bestallung, des Anstellungsrescripts ipso iure, nach Analogie der rescripta gratiae, ohne daß es also einer Insinuation bedarf [84]). Denn daß ein ergiebiges Amt auch eine Begnadigung in diesen Stücken enthält, ist unzweifelhaft. Ob das Gehalt zu laufen anfange, ehe der Diener angefangen hat, etwas dafür zu thun, könnte bezweifelt werden. Allein es ist zu erwägen, daß es keine merces, sondern ein Ehrensold, honorarium, ist [85]).

IV.

Insofern Staatsdiener (und wir sprechen hier nur noch von solchen die ein wirkliches Staatsamt haben)

82) Es ist ein häufiger Einwand inculpirter Beamter und ihrer Vertheidiger, daß jene gar nicht, oder nicht vorschriftsmäßig vereidet worden.

83) Wie im Code pénal Art. 196.

84) Wegen Rang und Titel vgl. A. L. R. l. c. §. 83. Baier. HLPragm. Art. I.

85) S. Hierüber *Lauterbach* l. c. §. 38. 44.

Beauftragte, villici, Institoren des Staats sind, so müßen auch, abgesehen von den Verpflichtungen aus unerlaubten Handlungen, alle von einem derselben contrahirten Obligationen sogleich unmittelbar gegen den Staat selbst realisirbar werden, insofern nämlich die Grenzen des Auftrags nicht überschritten worden sind. Dies ist die gewöhnliche Meinung 86) und im Wesentlichen scheint nichts dagegen erinnert werden zu können. Indeßen läßt sich doch nach den neuen Einrichtungen größerer Staaten 87) noch ein eigenthümlicher Gesichtspunkt auffaßen. Indem der Staat nämlich die Verwaltung unter verschiedenen Stellen, Aemtern, Behörden, Stationen vertheilt, legt er denselben in der Regel oder doch oft eine gewiße Selbstständigkeit bei, innerhalb eines allgemein bestimmten Wirkungskreises frei zu handeln, während andere in der weltlichen Hierarchie den Befehlen der höheren Behörden schlechterdings untergeordnet und daran gebunden werden. Die Aemter der erstern Art werden dadurch moralische Personen im Staate, repräsentirt durch die angestellten Beamten. Diese handeln zwar im Namen des Staats; zunächst aber verpflichten sich die Aemter, vermöge der ihnen beigelegten Attributionen selbst, und nur an ihnen ists, die Vertretung des gesammten Staats, so weit sie für ihn zu handeln berechtigt waren, zu fordern. Darum wird denn auch in Staaten mit einer solchen Behörden-

86) Vgl. *Neumann* I. Princip. priv. t. I. p. 326. v. Cramers Wetzl. Nebenstunden Bd. 123. S. 145.

87) Denn in kleinern giebt es oft nur eine einzige fiskalische selbständige Verwaltung.

Organisation nicht der ganze Staat aus erlaubten Verpflichtungen der Behörden verfolgt, sondern die einzelne Behörde, welche im Namen des Staats handelte. Und das ist keineswegs gleichgiltig. Es könnte z. B. seyn, daß der Staat einer Behörde geheime Instructionen ertheilt hätte, die niemand zu wißen schuldig ist. Verpflichtet sich der Beamte dennoch gegen diese Instruction, so wird der Staat schwerlich an und für sich dem Contrahenten selbst verpflichtet werden, sondern nur die Behörde, die dafür mit ihren Fonds, in subsidium mit ihrer Persönlichkeit aufkommen muß, versteht sich vorbehaltlich der Rechenschaft, die der Staat von dem Beamten für die Verringerung der Fonds fordern kann. Hat der Beamte nach einer speziellen Anweisung des Regenten in einer Angelegenheit gehandelt, so versteht es sich freilich immer von selbst, daß nun auch der Staat unmittelbar mit verpflichtet ist, ex jussu.

Rechtswidrige Schadenzufügungen im Amte, sie seyen nun dolose oder culpose, begründen an und für sich nur eine Verantwortlichkeit des Staatsdieners in seiner Person. Es ist eine durchaus ungegründete Ansicht, als ob, wenn ein Beamter in amtlicher Eigenschaft handelt, zugleich der ganze Staat handelte oder als ob der Staat jeden von seinen Beamten angerichteten Schaden ersetzen müße [88]). Dieser kann nur verantwortlich werden unter folgenden Voraussetzungen:

88) So *Neumann* l. c. p. 329. ohne ein rechtliches Princip anzugeben.

1. für rechtswidrige Handlungen der Verwalter gemeinnütziger Institute, z. B. der Deposital- und Hypothekenbuch-Verwalter, — sofern die unbedingte Garantie, oder eine bestimmte Controle übernommen und diese vernachlässigt worden ist. Gleiches gilt von den Handlungen blos patentisirter Staatsdiener z. B. der Advokaten, Notarien. Denn eine Pflicht zur Aufstellung solcher Institutionen ist nicht erweislich, folglich auch keine Verantwortlichkeit.

2. für rechtswidrigen Gebrauch wahrer Hoheitsrechte — sofern die Staatsgewalt ihn selbst befohlen hat (ex jussu), oder si quid ad rempublicam pervenit, und zwar in tantum [89]); oder wegen Unterlaßung der verfaßungsmäßigen Ober-Aufsicht.

3. wegen verfaßungswidriger Anstellung eines Beamten überhaupt. Weiter aber kann man vom Staat nicht fordern, die culpas der Verwaltungsbeamten zu vertreten, nach der Maxime: factum ministri factum principis, obgleich sie noch jetzt Vertheidiger hat, z. B. Pfeiffer (pract. Ausführungen Th. 2. S. 368. flg.). Gar keine Verantwortlichkeit des Staats ist auch denkbar bei reinen Acten der richterlichen Intelligenz.

Unmittelbar fällt alle Verpflichtung ex factis illicitis der Diener blos auf den Staat, nicht nur wenn dieser die Handlung ausdrücklich befahl und dem Diener nur die gloria obsequii blieb, sondern auch, wenn der Staat

89) Nach Analogie von l. 15. §. 1. D. de dolo malo und l. 4. D. de vi et vi armata. S. auch l. 29. §. 7. D. ad l. Aquil.

die Handlung, nachdem sie geschehn, für die seinige erklärt, die Vertretung des Dieners übernimmt 90).

Dieses Vertretungsrecht ist bekanntlich im neuesten Staatsrecht besonders ausgebildet worden. Vertretung der Staatsdiener nennen wir jetzt den Schutz, den der Staat seinen Dienern in so weit angedeihen läßt, daß er nicht erlaubt, sie wegen Mißbrauchs ihrer Befugniße oder wegen Dienstvergehungen zu verfolgen, ohne vorherige Erlaubniß der höchsten Regierungsgewalt. Wir finden das Princip einer solchen Vertretung zur Regel gemacht in der französischen Verfaßung 91), wie in der preußischen Monarchie 92). Sie bedeutet aber haupt-

90) Man vgl. schon R. Dep. A. v. 1600. §. 24. »wenn einer, so für die Austräge gehörte, mit andern — seiner Diener zu beklagen, sollen die Austräge nicht statt haben, sondern unser K. C. G. ob continentiam causae anzulangen seyn; es wäre denn, daß die Diener für sich selbsten mit der Sache nichts zu schaffen und allein zu derselben als bloße Ministri gebraucht, auch ex facto suo sie nicht, sondern ihr Herr dem Kläger obligirt und condemnirt werden möchten, auch der Herr die Diener selbst vertreten wollte und könnte, auf welchen Fall allein auf den Principalen zu sehen«

91) S. *Merlin* Rép. univ. m. *garantie de fonctionn. publics.*

92) Preuß. V. wegen verbeßerter Einrichtung der Behörden, v. 26. Dzbr. 1808. §. 47. (wiederholt im J. 1817). »Untersuchungen gegen Regierungs-Offizianten über bloße Dienstvergehungen können die Gerichte nicht anders als auf einen vorhergegangenen Antrag der betreffenden Regierung einleiten, es wäre denn mit dem Vergehen ein solcher Exceß verbunden, der den Thäter, auch wenn er nicht Offiziant wäre, schon der Beahndung der Gesetze schuldig macht«

fächlich nur den Schutz gegen criminelle Verfolgungen, gegen die Anwendung des Strafgesetzes, und ist in sofern eine Art von Abolition, wenigstens Suspension der Criminalklage, nicht auch ist sie weder dort noch hier, eine Inhibition der Privatklage auf Entschädigung gegen den Staatsdiener als Behörde [93]), oder den dabei sich interessirenden Staat. Erklärt zwar in

93) Was das französische Recht betrifft, so kann ja jede action civile unabhängig von der action criminelle verfolgt werden, nur haben dort die Klagen, die sich auf die Verwaltung beziehen, bekanntlich ein eignes Administrativ-Forum. Wegen Preußen s. die angeführte Verondnung §. 46. im Eingang: »Wenn gegen einen den Regierungen untergeordneten Officianten Regreß- und Injurienklagen, aus Veranlaßung seines Amts angebracht oder gegen Kaßenbediente des Regierungsresorts Geldforderungen eingeklagt werden — so muß solches das Gericht sogleich von Amtswegen der betreffenden Regierung bekannt machen.« Grävell im Commentar z. A. G. O. Th. 1. S. 38. 80. fgl. hält Civil-Klagen gegen Staatsbeamte aus verletzenden Handlungen derselben nach preußischem Recht nur für zuläßig, wenn dieselben Handlungen entweder ausdrücklichen Verbotsgesetzen zuwiderlaufen, oder der Beamte zu solchen Handlungen gar nicht berufen war, oder endlich wenn die Handlungen nur gelegentlich oder zufällig durch Amtsverrichtungen veranlaßt worden. Uebrigens sey sonst allemahl erst eine Mißbilligung des amtlichen Verfahrens erforderlich, ehe die Gerichte sich eine Cognition über das etwa rechtswidrige Benehmen des Beamten erlauben dürften. Daß eine solche Mißbilligung vorausgesetzt werde, oder erst nachzusuchen sey, finde ich nirgends. Wohl aber kann

dieser Beziehung der Staat das Factum seines Dieners für das seinige, so muß die Klage allerdings gegen ihn gerichtet werden, dafern eine solche überhaupt oder nach der Natur des Gegenstandes Statt findet.

Ohne Zweifel läßt sich aus dem höhern Standpunct der Gerechtigkeitspflege sehr Vieles gegen jene Garantie der Staatsdiener in ihrer eigenthümlichsten Beziehung auf Criminal-Verfolgungen erinnern. Es kann dadurch nur zu oft geschehen — und in Frankreich hörte man deshalb besonders große Klagen — daß ein Staatsdiener einer wohlverdienten Strafe entzogen wird, blos durch Begünstigung seines Vorgesetzten. Und gewiß ist es ein großer Widerspruch gegen die höchsten Principien des Staats, gegen seine heiligsten Verpflichtungen zur Handhabung des Rechts, daß seine Diener selbst gewisser Maaßen ein Privilegium haben sollen, unter seiner Aegide ungestraft Unrecht zu thun, denn worauf läuft es wohl anders hinaus? Daß die Staatsdiener in ihrem amtlichen Character möglichst gegen Sycophantie und unrechtfertige Anklagen geschützt werden, muß gewiß alle Billigung finden; daß aber zu diesem Ende alle Cognition der Gerichte von vorn herein abgeschnitten wird, bis es der Verwaltung gefällt sie eintreten zu laßen, ohne daß selbst der Regent darüber gefragt wird: darin dürfte wohl wieder zu weit gegangen seyn. Tröstlich ist, daß bei Amtsverbrechen von Justizbedienten gewöhnlich ein solcher

gesagt werden, daß sobald die Regierung das Benehmen des Beamten vertreten will, das richterliche Einschreiten gegen denselben suspendirt werden muß.

besonderer Schutz nicht gewährt wird. Die französische Gesetzgebung hilft hier durch die freilich auch nicht ganz erleichterten prises à partie, und in Preußen wie in andern Staaten bleiben dergleichen Fälle wenigstens ganz in den Händen der Justiz.

III.

Codex Austregalis Confoederationis Germanicae.

V o r w o r t.

Zu den schon ausgebildeteren Theilen des deutschen Bundesrechts gehören die Bundes-Austräge in Streitigkeiten der deutschen Souveräne, eine Institution, an welche sich die innere Ruhe Deutschlands wesentlich knüpft, und deren Organisation, selbst wenn sie noch nicht als beendigt anzusehen wäre, schon in ihrer jetzigen Gestalt, die schöpferische Intelligenz des Bundes bewundern läßt. Und da auch den höchsten Gerichtshöfen Deutschlands in dieser organischen Bundes-Einrichtung ein bedeutender Platz angewiesen ist, so ist es vielleicht nicht unverdienstlich, in Betracht des hieran sich knüpfenden juristischen Interesse, die bisher noch giltigen und in Kraft bestehenden bundesgesetzlichen Verordnungen in ihrer Integrität zusammenzustellen, mit solchen Anmerkungen begleitet, wie sie die gemeine Wißenschaft des Rechts oder schon gemachte Erfahrung an die Hand giebt, welchem sodann Anhangsweise die Verhandlungen der B. V. die die Fortentwickelung des Instituts zum Zweck haben, im Auszug beigefügt werden sollen [1]).

Bei der inneren Verbindung, in welcher diese Bundes-Einrichtung noch zu einigen älteren reichsconstitutionellen ähnlichen Instituten und Erscheinungen steht, ist es für den Commentator die erste Pflicht, einen Rückblick auf das ältere, jetzt freilich nicht wenig vernachläßigte Reichsstaatsrecht über diesen Gegenstand zu geben, so weit sich daran einzelne Fäden des jetzigen Rechts anknüpfen lassen [2]).

Ob es eine uralte Sitte der Deutschen war, ihre Streitigkeiten durch Schiedsrichter zu endlichem Austrag bringen zu laßen, tritt wenigstens in den ältesten

1) Außer den dogmatischen Darstellungen des jetzigen Austrägalrechts, die sich in Hand- und Lehrbüchern des neuesten öffentlichen deutschen Rechts finden, und worunter sich die Klübersche (öffentl. Recht des teutschen Bundes Th. I. §. 148 fgl.) an Reichhaltigkeit des Materials auszeichnet, gibt es noch keine besondere Litteratur über diesen Gegenstand. Das Werk des Freiherrn v. Dalwigk, die Austrägal-Instanz nach Art. 11. der B.A. Mainz 1817. 8. war noch gar zu früh.

2) Zur ältern Litteratur gehört: *de Senkenberg*, flores sparsi ad Ius Austregarum. Goett. 1739. 4 *G. L. Boehmer* de in Ius vocatione Austregali. Goett. 1769. Die Schriftsteller über den reichsgerichtlichen Proceß besonders Danz Grundsätze des R. Gerichts-Proceßes §. 239 – 265. Vgl. auch Leist Handb. des deutschen Staatsrechts, S. 258.

geschichtlichen und Rechts-Monumenten nicht deutlich vor, und kann bezweifelt werden, weil gerade in den ältesten Zeiten die gerichtlichen öffentlichen Volks-Institutionen sehr fest basirt, bestimmt und volksmäßig waren. Erst seitdem die öffentlichen Verhältniße sich vervielfältigten und verwickelter wurden, seidem die Königliche Gewalt und die öffentliche gemeine Ordnung zerfiel, (namentlich seit dem 13. Jahrhundert [3]), wurde es äußerst gewöhnlich, besonders unter den Großen des Reichs, ihre Streitigkeiten durch Schiedsmänner austragen, oder »in ungedingtem freundlichem Recht« [4]) entscheiden zu laßen. Selten wurden Einigungen geschloßen, worin nicht zugleich für den Fall entstehender Zwiste Schiedsrichter ernannt wurden [5]). Unter Albrecht II. ward daher schon auf dem Reichstage von 1437 und 1438 der Versuch gemacht, den Mangel einer durchgreifenden Reichsjustiz durch eine allgemeine Austrägal-Ordnung zu ersetzen [6]), indeß kam dieß nicht zu Stande und

3) Vgl. Hauschild Gerichts-Verf. d. Teutschen S. 115 flg.

4) Dieser Ausdruck findet sich in dem in jeder Hinsicht merkwürdigen, von Senkenberg aufgefundenen und im Corp. Iur. Germ. med. aevi. t. I. P. II. p. 147. abgedruckten s. g. Gerichtsbüchlein, sogleich im Anfang, den ich nur auf die schiedsrichterliche Verfahrungsart zu beziehen weiß.

5) Vgl. Maurer Gesch. des altgerm Gerichtsverfahrens. Heidelb. 1824. S. 274. 275.

6) (Senkenbergs) Samml. teutscher R. Abschiede Th. 1. S. 154 ffg. So viel übrigens das Wort: Austrag, Austräge selbst betrifft, so kommt es in verschiedenen Bedeutungen vor. Austrag, der, z. B. der endliche

es blieb deshalb noch bei den freiwilligen Einungen. So groß aber war die Macht der Gewohnheit, daß man sich auch bei der Gründung des permanenten Cammergerichts die mit ihr verbundenen Vortheile nicht ganz entreißen lassen wollte; man schuf nun die nachher sogenannten Legal-Austräge, eine eigentliche, in der Regel erst nothwendig durchzugehende Vorinstanz, von welcher dann die Berufung an das R. C. G. und nachmals an den R. H. R. ergriffen werden konnte, wodurch denn allerdings der anfänglich nur schiedlich-friedliche Charakter der Austräge größtentheils verloren ging. Daneben wurden aber die vertragsweise oder durch Familien-Autonomie schon bestehenden besondern Austräge in den Kammergerichts-Ordnungen ausdrücklich beibehalten, und außerdem konnte das Recht besondrer, in den Gesetzen nicht ausdrücklich zugelaßener Austräge durch kaiserliche Privilegien erlangt werden, so daß es nun im Ganzen drei verschiedene Arten von Austrägen gab, gesetzliche, vertragsmäßige (von welchem die testamentarischen, oder durch Testamente eingeführten eine Nebengattung bilden) und die auf Privilegien gegründeten oder damit

Austrag, heißt jede bestimmte Entscheidung einer Streitsache vor ordentlichen oder gewillkührten Richtern. Von Schiedsrichtern heißt es besonders: der gütliche Austrag. Dagegen bedeutet Austräge in der Mehrzahl und mit dem weiblichen Artikel meist eine schiedsrichterliche Instanz. Vgl. *Pfeffinger* ad Vitr. t. IV. p. 500. ed. IV. — Hauschild a. a. O. leitet das Wort von *treuga* ab.

versehenen Austräge, denen wieder die auf einer praescriptio immemoralis beruhenden gleichgesetzt werden können.

Die gesetzliche Austrägal-Instanz war ein eigentliches persönliches Vorrecht aller Reichsunmittelbaren und ihrer Familienglieder (die Reichsstädte hatten es nicht), jedoch mit mannigfachen Unterschieden in Ansehung der Voraussetzungen und Formen des Verfahrens, deren Aufzählung nicht weiter hierher gehört. Denn mit der Auflösung des Reichs und der Reichsgerichtsbarkeit mußte das Institut nothwendig zerfallen.

Gleiches gilt ohne Zweifel von den blos privilegirten Austrägen, die sich auf die Reichsverfassung bezogen und die Existenz derselben voraussetzten, nicht zugleich auf conventionellen Titeln gegründet waren; insofern also ihr Grund lediglich und allein ein aus der kaiserlichen höchsten Gerichtsbarkeit fließendes Privilegium war.

Von dem Fortbestehn der conventionellen Austräge, ihren Erfordernissen und ihrer Beschaffenheit wird schicklicher unten gehandelt werden.

Ihrem Gegenstand nach konnten sich alle Austräge, wie es schon in ihrer ursprünglichen Bedeutung liegt, und weil das R. C. G. an welches doch von den Austrägalrichtern appellirt werden konnte, in Criminalsachen nicht competent war, (Landfriedensbruch ausgenommen, wo aber die Austräge ausdrücklich ceßirten), wesentlich nur auf Civil Ansprüche, die ex delicto allerdings eingeschloßen, beziehen [7]. Durch Convention konnte der

[7]) Eine andere aber wenig begründete Ansicht hierüber hatte *Limnaeus* J. public. L. 9. c. 5. N. 63.

kaiserlichen höchsten Criminal-Gewalt kein Abbruch geschehn; nur durch sonderbare kaiserliche Privilegien hätte etwas der Art geschehen können. Zwar finden sich in ganerbschaftlichen Verträgen, z. B. der v. Geyso und Wechmar, der v. Cronberg und der v. Thann Dispositionen, wo die ganerbschaftliche also austragsweise eintretende Gerichtsbarkeit auch auf Criminalfälle ausgedehnt worden ist: ihre Gültigkeit ist aber in diesem Stücke sehr zu bezweifeln, und Kaiser Leopold I. hat auch in der Bestätigung des v. Thannschen Ganerben-Pacts im J. 1694 ausdrücklich dem darauf bezüglichen Passus den Vorbehalt der kaiserlichen Criminal-Jurisdiction beigefügt [8]). Außerdem

8) S. *Neumann Wolfsfeldt* I. princ. priv. t. VIII. p. 76. Merkwürdig und publicistisch auffallend war es daher, als in der Rheinbunds-Acte, die freilich zu Paris und sehr schleunig redigirt ward, im Art. 28. festgesetzt war: En matière criminelle les princes et comtes actuellement régnans et leurs héritiers jouiront du droit d'austrègues, c'est à dire d'être jugés par leurs pairs!! von wo es dann auch in mehrere, die Mediatisirten betreffenden Particularordnungen, z. B. in die Baiersche Declaration v. 19. März 1807. A. 11. und die damit gleichlautenden überging. Pairsgericht, cour de pairs, war der passende Ausdruck. In neuern Verordnungen seit der d. B. A. hat man den Ausdruck vermieden, und den bessern: ein Gericht von Ebenbürtigen, gebraucht. Nur in der preuß. Instruction v. 30. Mai 1820. §. 17. kommt noch »ein privilegirter Gerichtsstand vor Austrägen« Austrägalrichter und Austrägalgericht in peinlichen Sachen vor; ob und aus welchen besondern Gründen, oder durch ein Versehen der Redaction? ist mir nicht bekannt.

fand selbst in Civilsachen nicht durchaus immer ein Austrägalverfahren statt, wenigstens nicht das gesetzliche; die conventionellen oder privilegirten Austragsbestimmungen konnten zwar auch hier weiter gehn, mußten aber darnach stricte interpretirt werden. Mehrere Ausnahmen waren streitig, einige werden unten vorkommen; im Allgemeinen kann deshalb auf Danz a. a. O. §. 242. verwiesen werden.

Dieses altherkömmliche Institut benutzte also der Congreß der zu Wien im J. 1815. versammelten deutschen Fürsten oder deren Abgeordneten zur Aufrechthaltung der Ruhe Deutschlands und insbesondere des Bundesverhätnisses. Die darüber gepflogenen höchst interessanten Verhandlungen sowohl im J. 1815. als auch die spätern von 1819. 1820. sind bekannt genug aus den Klüberschen Sammlungen; es kommt für diesen Zweck nicht darauf an, von ihnen einen Auszug hier zu geben; Hinverweisungen werden weiter unten nöthig werden; wir dürfen daher sogleich zu einer Zusammenstellung der Bundesgesetze über unsern Gegenstand übergehn.

* * *

Art. 11. der deutschen Bundes-Acte.

Die Bundesglieder machen sich verbindlich, einander unter keinerlei Vorwand zu bekriegen, noch ihre Streitigkeiten mit Gewalt zu verfolgen, sondern sie bei der Bundes-Versammlung anzubringen. Dieser liegt alsdann ob, die Vermittelung durch einen Ausschuß zu versuchen; falls dieser

Versuch fehlschlagen sollte, und demnach eine richterliche Entscheidung nothwendig würde, solche durch eine wohlgeordnete Austrägal-Instanz zu bewirken, deren Ausspruch die streitenden Theile sich sofort zu unterwerfen haben.

Officielle französische Uebersetzung:

»Les états confédérés s'engagent à ne se faire la »guerre sous aucun prétexte et à ne point pour»suivre leurs différends par la force des armes, »mais à les soumettre à la diète. Celle-ci »essaiera moiennant une commission la voie »de la médiation. — Si elle ne réussit pas et »qu'une sentence juridique devienne néces»saire, il y sera pourvu par un jugement aus»trégal bien organisé, auquel les parties liti»geantes se soumettront sans appel.

Anmerkungen:

1. Nicht blos Krieg, sondern auch alle andere Arten von Gewaltanwendung, insbesondere also Repressalien, sind offenbar durch die Worte des Art. unter den Bundesgliedern proscribirt. Vergl. Gr. H. hessisches Votum, Prot. d. B. V. v. 9. Juni 1817. §. 214. No. 10. Die französische Uebersetzung wäre demnach ungenau: à ne point poursuivre leurs différends *par la force des armes*.

2. Die Bundesglieder haben sich verpflichtet, ihre Streitigkeiten bei der B. V. anzubringen; versteht sich, wie der Artikel deutlich ergiebt, nur die Streitigkeiten unter den Bundesgliedern, unter den verbündeten

Souverainen selbst, dann aber auch alle und jede, wie es der Beschluß der B. V. v. 16. Juni 1817. Art. 1. (S. unten) authentisch declarirt. Dennoch aber ist es bei der B. V. nicht außer Streit geblieben, welche nähere Qualifikation bei den einzelnen Streitigkeiten im obigen Art. vorausgesetzt werde, obgleich in der That bisher keine Ausnahme von der alles umfaßenden Regel anerkannt worden ist. Die Sache ist sehr wichtig. Wir wollen sie mit Benutzung dessen, was die Protokolle des Bundestags und die Zeitereignisse schon an die Hand geben, hier festzustellen suchen.

Vor allen Dingen scheint es nothwendig, auf einen Unterschied der Streitigkeiten aufmerksam zu machen, der in der Bundes-Verfaßung selbst begründet ist, und auch im obigen Artikel angedeutet wird. Es können nämlich unter den Bundesgliedern allerdings Streitigkeiten entstehn, deren Schlichtung und Entscheidung lediglich und allein der Bundes-Versammlung ohne Zuthun einer Austrägal-Instanz obliegt, andre dagegen, wo bei Fehlschlagung eines Vermittlungsversuchs die Austräge eintreten. Selbst der obige Artikel sagt genau genommen nicht, daß alle Streitigkeiten im Mangel eines Vergleichs jederzeit an Austräge verwiesen werden sollten, sondern nur dann: falls eine richterliche Entscheidung nothwendig werden würde 9). Richterliche Entscheidungen werden aber nach

9) Man stoße sich nicht an das im Artikel vorkommende Wörtchen demnach. Dies ist unstreitig nur eine überflüßige Bindungs- oder Zeitpartikel, die nicht durch folglich übersetzt werden darf. Die französische Uebersetzung hat darauf keine Rücksicht genommen. Der unten

allgemeinen Grundsätzen nur nothwendig in eigentlichen Rechtssachen, d. h. wenn es sich unter zwei oder mehrern Parteien von verletzten Rechten handelt, weshalb eine von der andern Genugthuung oder Gewährungen fordern kann; ausgeschloßen von der richterlichen Competenz ist, wenn es sich blos von der Ausführung und Handhabung feststehender allgemeiner Grundsätze oder Gesetze durch eine verfaßungsmäßige Gewalt oder Behörde handelt [10]. Wenden wir dieß auf die deutsche Bundesverfaßung an. Das Rechtsverhältniß der einzelnen Bundesglieder und der von ihnen repräsentirten im Bunde begriffenen Staaten unter sich läßt sich unter einen doppelten Gesichtspunkt bringen, einmal, insofern es durch die Bundes-Constitution bestimmt und bedingt wird, und zweitens insofern die einzelnen Bundesglieder als Souveraine selbstständig, durch die Bundesverfaßung nicht betroffen einander gegenüber stehen [11]. Unter diese zwei Gesichtspunkte laßen sich auch zu oberst die unter den Bundesgenoßen möglichen Streitigkeiten bringen. Und in der erstern Hinsicht hat es kein

folgende Beschluß v. 16. Juli 1817. N. III. hat freilich daher, man muß jedoch sehr bezweifeln, daß dadurch der Sinn des Art. 11. der B. A. habe abgeändert werden sollen oder können. Vergl. auch Schluß-Acte von 1820. Art. 21.

10) Gönner's Handbuch des gem. d. Pr. Bd. II, Abh. 26, Struben von Regierungs- und Justizsachen. Hildesh. 1733. 4. Rechtliche Bedenken II, 518. und Andere.

11) Vgl. die Correlation des Hrn. B. Ges. v. Lepel in den B. Prot. Bd. XII, 186 ff., auch eine frühere preußische Abstimmung im B. Prot. IV, S. 219.

Bedenken, daß verfaßungsmäßig die Bundesversammlung allein die höchste durch Bundes-Gesammtwillen constituirte Behörde ist, welche die in den Bundesgesetzen ausgesprochenen, das Verhältniß der Bundesglieder unter sich rücksichtlich des Bundes bestimmenden Sazzungen auszuführen und zu handhaben, folglich auch die dabei vorkommenden Streitigkeiten zu entscheiden hat, ohne Zulaßung des Austrägalwegs. Dies ergiebt sich aus Folgendem.

Schon in der provisorischen Competenzbestimmung v. 12. Juni 1817 erklärte sich die B. V. für berufen, die Bundesacte in ihren einzelnen Bestimmungen und Andeutungen zu entwickeln und zu vollenden, imgleichen Beschlüße zu faßen, wodurch die verfaßungsmäßige Erhaltung des Bundesvereins im Ganzen bezweckt würde. Näher erklärt sich die W. Schl. A. Art. 4. 7. 9. 10. besonders Art. 17., wornach die B. V. berufen ist, zur Aufrechthaltung des wahren Sinnes der Bundesacte die darin enthaltenen Bestimmungen, wenn über deren Auslegung Zweifel entstehen sollten, dem Bundeszweck gemäß zu erklären, und in allen vorkommenden Fällen den Vorschriften dieser Urkunde ihre richtige Anwendung zu sichern. Der Art. 31. giebt ihr endlich das Recht und die Verbindlichkeit, für die Vollziehung der Bundesacte und übrigen Grundgesetze, so wie der in Gemäßheit ihrer Competenz gefaßten Beschlüße zu sorgen und die erforderlichen Executionsmittel in Anwendung zu bringen. — Hier also handelt das Bundesorgan als unmittelbar vollziehende Behörde; Streitigkeiten unter einzelnen Mitgliedern des Bundes über solche Gegenstände können davon keine Ausnahme machen, es würde seltsam seyn, die Entscheidung derselben einer besondern souverain richtenden Behörde zu übertragen, da der Bund in seiner Gesammtheit allein durch verfaßungsmäßige Beschlußnahme den rechten Sinn der Bundes-Constitution zu entwickeln und zu verwirklichen berufen ist. Ausdrücklich unterscheidet auch die Execut. O. v. 3. August 1820. §. 14. zwischen Executionen, die nicht in Folge förmlicher Rechtsstreitigkeiten verhängt werden und Executionen austrägalrichterlicher Erkenntniße.

Hiernach soll es nun versucht werden, die verschiedenen möglichen Streitigkeiten zwischen Bundesgliedern unter die angezeigten beiden Categorien zu bringen.

I.

Streitigkeiten die sich auf das Bundesverhältniß beziehen und verfaßungsmäßig von der B.V. ohne weitere Dazwischenkunft von Austrägen zu entscheiden sind.

Dahin gehört:

1. wenn ein Bundesglied (z. B. wenn es denkbar wäre durch Duldung von Rotten und Banden) die innere Sicherheit eines andern Staats und damit zugleich des Bundes überhaupt[12]), oder dessen Unabhängigkeit und Unverletzbarkeit beeinträchtigen sollte; Art. 2. der B. A., Art. 1. 59. der W. Schl. A.;
2. wenn ein Bundesglied die im Art. 3. der B. A

12) Vgl. prov. Comp. Best. A. §. 3. No. 3. 4.

ausgesprochene Rechtsgleichheit an einem andern Bundes-Gliede als einem solchen antasten sollte;

3. Wenn unter den Theilnehmern an einer Gesamtstimme im engern Rath über die Art der Führung derselben oder über die Matricular-Beiträge Streit entstehen sollte. Art. 4. ib. Vgl. B. Pr. v. 1823. Bd. XVI. S. 37. 141.;

4. wenn ein Bundesstaat den Art. 18. der B. A. der von den Rechten der deutschen Unterthanen, insbesondere auch von der Nachsteuer handelt, in Beziehung auf einen andern deutschen Staat verletzen sollte;

5. Verletzungen der in dem provisorischen Beschluß wegen der Universitäten vom 20. Sptbr. 1819. wechselseitig übernommenen Verpflichtungen;

6. Verletzungen der Stipulationen des provis. Preßgesetzes d. eod. (wo §. 6. wegen der Beschwerden unter Bundesgliedern ausdrücklich ein commißarisches Verfahren bei der B. V. vorgeschrieben ist);

7. wenn einem deutschen Souverän oder seinen Unterthanen bei den Landesgerichten eines andern die Justiz verweigert würde; Art. 29. der W. Schl. A.;

8. wenn über die Ausführung einer aufgetragenen Execution unter einzelnen Bundesgliedern Streit entsteht, (Exec. Ord. v. 3. Aug. 1820, besonders Art. 9.) selbst über die Entschädigungsansprüche wegen verlängerter Execution. Ibid. Art. 3.;

9. wenn wegen der zusammengesetzten Armeecorps des

Bundesheeres unter einzelnen betheiligten Bundesgliedern Streit entsteht, (Beschluß über die Kriegsverf. in ihren allgem. Umrißen §. 6.) und mehrere andere auf die Bundes-Armee-Verfaßung sich beziehende Fälle;

10. wenn der Beschluß vom 3. Aug. 1820 wegen der deutschen Flußschifffahrt von einem Bundesgliede nicht erfüllt werden wollte.

Diese Aufzählung hat zwar noch keinen Anspruch auf Vollständigkeit, doch begreift sie gewiß die wichtigern Fälle. Auch versteht sich das unmittelbare eigne Recht der Entscheidung der Bundes-Versammlung in allen genannten Fällen nicht ohne Modification. Die Frage zum Beispiel, ob ein Bundesglied die Unabhängigkeit und Unverletzbarkeit eines andern Staats wirklich antaste, kann nicht immer in allen Beziehungen als zur Entscheidungsbefugniß des Bundes gehörig angesehen werden. Wenn sich nämlich der angeblich beeinträchtigende Theil auf einen besondern Rechtstitel beruft, so wird dieß eine Rechtssache, die im Austrägal-Wege, nicht aber von der Bundes-Versammlung nach den obigen Principien entschieden werden muß; dasselbe gilt, insofern es sich von schon verletztem Recht, schon zugefügtem Schaden und Ersatz desselben handelt. Auch dieß ist Rechts- nicht Vollziehungs-Sache der Bundes-Versammlung. Ihr würde dagegen die Intervention und Entscheidung unzweifelhaft gebühren, wenn der antastende Theil sich auf einen solchen Rechtstitel nicht beruft, oder wenn auf Vollziehung und Regulirung der bundesmäßigen Verhältniße für die Zukunft gedrungen wird.

Noch bedarf es einer eignen Erwähnung, daß der B. V. zwar auch die unmittelbare Vollziehung der unter ihre Gewährleistung gestellten compromißarischen Entscheidungen durch die Exec. Ord. vom 3. Aug. 1820 gegeben ist, daß sie jedoch nach ausdrücklicher Bestimmung von Art. 12. ib. über die bei der Execution vorgebrachten Einreden nicht entscheiden, hier vielmehr, was in der Natur der Sache liegt, ein besonderes Austrägalverfahren eintreten laßen soll

II.
Streitigkeiten unter Bundesgliedern, die von dem Bundes-Verhältniß unabhängig sind.

Hier laßen sich wieder folgende Arten unterscheiden:

1. Ansprüche die eins deutscher Souverän als solcher, d. h. als Repräsentant des Staats in seiner Gesamtheit, so wie einzelner Theile oder Glieder desselben [13]) an einen andern deutschen Souverän, ebenfalls als solchen, aus irgend einem völkerrechtlichen

13) Das Repräsentationsrecht des Staats erstreckt sich auf den ganzen Staat, wie auf jedes einzelne Glied desselben, versteht sich insofern der Einzelne eben in der Eigenschaft eines Staatsgliedes interessirt ist. Wenn also auch nur einem einzelnen Unterthan in dieser Eigenschaft eines Staatsgliedes eine Forderung an einen fremden Staat erwachsen ist, z. B. wegen Einquartirung, wegen Repreßalien, so kann und muß sogar der einheimische Staat die Sache zu seiner eigenen machen. — Diese Materie von dem Umfang und den Bedingungen des Repräsentationsrechts des Staats, besonders in An-

Titel, z. B. aus Verträgen, einer Ceßion von Rechten oder wegen zugefügten Schadens machen kann.

2. Forderungen und Ansprüche, die ein deutscher Souverän vermöge angebornen oder angestammten oder sonst der Familie zustehenden Rechtes, z. B. titulo successionis, pacti confraternitatis an die Besitzungen oder das Vermögen eines andern deutschen Souveräns machen kann.

3. Reine Privatansprüche, die ein Souverän für seine Person an die Person eines andern hat, z. B. wegen eines Darlehns oder einer sonst privatim contrahirten Schuld.

In allen diesen Fällen ist nicht der geringste Grund vorhanden, die Anwendbarkeit des Art. 11. der B. A. ausschließen zu wollen; alles dieß sind Rechtssachen, wo im Mangel gütlicher Einung richterliche Entscheidung nothwendig wird, folglich unter den deutschen Bundesgenoßen die Aufstellung einer Austrägal-Instanz. Man könnte vielleicht bei der dritten Claße von Streitigkeiten den Einwurf machen: daß ja nach den gegenwärtigen Justiz-Einrichtungen jeder Regent auch in seinen Privatangelegenheiten bei seinen eigenen Landesgerichten Recht zu geben pflegt, Unterthanen und Ausländern, daß also auch ein anderer Souverän sich dahin wegen solcher Privatforderungen wenden könne. Daß er dieß nun thun könne wenn er will, hat keinen

sehung der einzelnen Staatsglieder gehört noch zu den wenig bearbeiteten. Bei den alten Völkern war die Sache entschieden. — Einen Fall s. in dem B. Prot. 1824. XVII., S. 145. 146.

Zweifel, allein eine Nothwendigkeit giebt es dazu nicht. Denn daß ein Souverän seine Rechtssachen der Entscheidung seiner eigenen Tribunäle unterwirft, beruht auf einer freiwilligen oder verfaßungsmäßigen Convention mit den Unterthanen. Fremde läßt man ex humanitate oder nach dem Geiste des Völkerrechts unserer Zeiten an derselben Wohlthat Theil nehmen. Ein fremder Souverän braucht aber an sich nicht die Gerichtsbarkeit der eigenen Tribunäle des Gegners anzuerkennen; er könnte seine Ansprüche mit Gewalt verfolgen; dieß soll indeß unter den deutschen Bundesgliedern nicht geschehen und eben **dafür** sind die Bundes-Austräge angeordnet.

Ein anderes Bedenken erregt der bei der B. V. im J. 1821 von einzelnen Seiten erhobene, oder geltend zu machen versuchte Unterschied zwischen eigentlichen Rechts- und politischen Streitigkeiten. Was man indeß auch unter den letztern verstehen mag — ein sicherer Begriff wird schwerlich zu geben seyn — so laufen sie doch gewiß immer auf eine Rechtsfrage oder Rechtssache hinaus: ob nämlich das politische, innerhalb des eignen Territorii befugte Handeln des Einen in Ansehung des Andern befugt sey; das Recht steht immer oben an; die Politik, die Aufstellung oder Ausführung politischer Maximen kann es nicht beherrschen oder unterdrücken wollen, am wenigsten in einem Bunde, deßen Zweck eben Aufrechthaltung eines allseitigen Rechtszustandes ist. Dieselbe Bewandtniß hat es mit s. g. Intereße-Streitigkeiten unter Bundesgliedern, für welche letztere es kein Tribunal geben sollte. Versteht man unter Streitigkeiten wegen collidirender Intereßen den Fall, wenn sich ein unabhängiger Staat durch das unabhängige politische Handeln eines andern in seinen Rechten auf Unabhängigkeit und Unverletzbarkeit gekränkt behauptet: so läuft dieß auf die Anwendung des Rechtsatzes hinaus: Prodesse sibi unusquisque, dum alii non nocet, non prohibetur [14]). Freilich das bloße Intereße eines Staats, daß ein anderer nicht so verfahre, wie er verfährt, giebt noch kein Klagerecht [15]), sondern nur eine wirkliche Rechtsverletzung, deren Daseyn eben zu untersuchen ist. Wahr bleibt es immer, daß die B. A. durchaus keinen Unterschied unter den Streitigkeiten hinsichtlich ihrer Natur macht, und gewiß alle, wo es sich von verletzten Rechten handelt, darunter begriffen haben will. Blos in Ansehung der entscheidenden Behörde findet dabei ein Unterschied statt, nach den oben entwickelten Grundsätzen. Behauptet ein Bundesglied eine Verletzung seines ihm durch die B. A. garantirten Rechts auf Unverletzbarkeit und Unabhängigkeit durch das politische Handeln eines andern, so gehört die Sache zur Beschlußname der Bundes-Versammlung über die Befugtheit und Unbefugtheit, um Einstellung für die Zukunft; wird wegen schon angerichteten Schadens geklagt, so gehört die Ersatzforderung auf den Austrägalweg [16]).

14) L. I. §. 11. D. de aqua et a. p.

15) Multum interest, utrum damnum quis faciat, an lucro, quod adhuc faciebat, uti prohibeatur. L. 26. D. de damno inf.

16) S. die Anführungen Klübers im öffentl. R. d. deutschen B. §. 148. i. Not. a.

Noch ist indeßen eine Art möglicher Streitigkeiten übrig, auf welche die Anwendung des Art. 11. und der daraus abgeleiteten Grundsätze sehr problematisch bleibt: es sind dies nämlich

4. die die Persönlichkeit eines Souveräns betreffenden Streitigkeiten, insbesondre Rangstreitigkeiten und Genugthuungsforderungen wegen zugefügter Beleidigungen.

Um zuerst bei jenen stehen zu bleiben, so ist zwar die Entstehung ernsthafter Rangstreitigkeiten unter den jetzigen Verhältnißen weniger zu erwarten, indeßen kann sie auch die Zeit wieder mit sich führen. Bundessache sind sie an sich nicht. Die B. A. weist die Bestimmung des europäischen Rangverhältnißes der Bundesglieder ausdrücklich von sich ab (s. Art. 4. und 8.). Sollten nun aber Streitigkeiten darüber nicht dennoch wegen Art. 11. vor die B. V. und die Bundesausträge gehören? Auch auf Rang giebt es Rechte; Streitigkeiten darüber können daher sehr wohl eine Rechtssache werden, und es fehlt darüber nicht an Entscheidungs-Normen . . . . .

Meistens sind übrigens solche Streitigkeiten durch Vergleich abgethan worden, und dazu ist der Weg durch Art. 11. eröffnet.

Aber Beleidigungen unter Souveränen? Man las vor einiger Zeit in einer ministeriellen Streitschrift, daß die deutschen Fürsten bei der Aufsetzung der B. A. und ihres eilften Artikels einen solchen Fall sich nicht als möglich gedacht, folglich auch darüber kein Gesetz hätten geben wollen, gleich wie Solon einst kein Gesetz über den Vatermord gegeben habe, das Verbrechen für unmöglich haltend? Nun ist es zwar wahr, daß ein Gesetz, eine Convention ihre Anwendbarkeit auf einen eintretenden einzelnen Fall darum keineswegs verliert, weil die Gesetzgeber, die Paciscenten an diesen speciellen Fall nicht gedacht haben, wenn nur allgemeine Bestimmungen gegeben sind, die diesen Fall mit unter sich begreifen. Und da nun der Art. 11. von allen Streitigkeiten ohne Ausnahme redet, sie alle an die B. V. verweist, so kann wohl nicht bezweifelt werden, daß daßelbe bei Beleidigungen gelten solle. Dagegen, scheint es, können solche Streitigkeiten wegen Genugthuung nie ein Gegenstand austrägal-richterlichen Verfahrens und Erkenntnisses seyn. Es giebt kein Gesetz über die rechtliche Würdigung und Folge einer Beleidigung, eines Vergehens unter Souveränen. Ein Austrägalgerichtshof kann nur nach anerkannten oder nothwendigen Rechtsgrundsätzen richten. Was ehedem unter den deutschen Reichsfürsten galt, die noch ein Oberhaupt und eine Reichsjustiz über sich hatten, kann natürlich unter den jetzigen Souveränen nicht mehr gelten. Oder sollte vielleicht der Austrägalrichter nach dem prätorischen Edict, nach dem Gesetz vom Dictator Cornelius Sulla, nach einigen Constitutionen der römischen Kaiser erkennen?, Wer wird jetzt eine solche Behauptung wagen? Unter Souveränen sind bisher Beleidigungen entweder durch Waffengewalt, oder im conventionellen Wege, durch Wiederruf oder Abbitte mit feierlichen Gesandtschaften ausgeglichen worden 17). So dürfte

17) Wir erinnern uns des den Gesandten Peters des Großen,

also auch unter deutschen Souveränen in Fällen dieser Art der Vermittlungsweg beim Bundestage übrig bleiben. Doch wie wenn er fehlschlägt? Der Weisheit der Bundes-Versammlung wird das Weitere überlassen bleiben, ihr letzter und höchster Gesichtspunct wird seyn, Maaßregeln zu treffen, ne quid detrimenti res communes foederis germanici inde capiant.

Und endlich fragt es sich, sofern noch jetzt ein deutscher Souverän wegen seiner Souveränitätslande in Lehnsverbindung zu einem andern Souverän stehen sollte, was allerdings behauptet wird und staatsrechtlich auch jetzt noch nicht unmöglich ist (denn Lehnsverband schließt die Souveränität des Vasallen nicht aus, was leicht ausgeführt werden könnte): ob der unstreitige Lehnsherr die Entscheidung der hierauf bezüglichen Lehnssachen an sich und seinen Lehnshof, vor ein Mannengericht ziehen könne, z.B. die Frage über Einziehung des Lehns wegen Felonie? Und dies möchte wohl kaum zu bezweifeln seyn. Streitigkeiten: ob das Lehnsverhältniß bestehe, gehören gewiß unter Art. 11. der B. A.

Ganz ausgeschloßen ist der im Art. 11. vorgezeichnete Austragsweg:

1. wenn eine Privatperson an ein Bundesglied Privatansprüche verfolgen will, vorbehaltlich was im Art. 30. der W. Schl. A. wegen der Privatansprüche, woran mehrere Souveräne betheiligt sind, verordnet ist. Und daßelbe wird mit Recht behauptet

2. wenn ein deutscher Souverän Privatrechte,

Matueof, im Jahr 1708 zu London betreffenden Vorfalls und seiner Folgen.

sey es auf den Grund eines persönlichen oder Familienrechts in dem Territorium eines andern Souveräns zu verfolgen hat, wo zwar der landesherrliche Fiscus oder der Landesherr als Lehnsherr der Gegner ist, der Impetrant aber nur vermöge der Landesgesetze und durch Anerkennung und Unterwerfung unter dieselben jener Rechte theilhaft werden kann; z. B. wenn er eine Privaterbschaft gegen den landesherrlichen Fiscus vindiciren will, oder ein Privatgut (wohin auch die Standesherrschaften gehören) oder ein Lehngut, eine Privatgerechtsame, z. B. wenn er die einem Privatmanne gegen den landesherrlichen Fiscus zustehende ihm cedirte Forderung geltend machen will. Hier sind überall nur die Landesgerichte vermöge des Territorialprincips competent, und nur wegen verweigerter Rechtshilfe könnte Recurs an die B. V. eintreten [18]).

3. Wenn ein Bundesglied an ein anderes, welches zugleich bundesfreie Besitzungen hat, Ansprüche verfolgen will, die solche Besitzungen betreffen, und umgekehrt, wenn ein mit solchen Besitzungen versehenes Bundesglied dergleichen Ansprüche an ein Bundesglied geltend machen will. Hingegen wird der Bundesweg immer befugt seyn, wenn es sich von persönlichen Ansprüchen von und zu der Person unter solchen Bundesgliedern handelt. Denn die Personen der Souveräne sind Bundesglieder und diese Mitgliedschaft kann von der Person nicht getrennt werden.

4. Wenn ein fremder, nicht zum Bunde gehöriger

18) Vgl. Gr. H. Hessisches Votum im Prot. v. 9. Juni 1817 §. 214. No. 11. litt. a – c.

Souverän Ansprüche an ein Bundesglied macht, und umgekehrt. Für Fälle dieser Art giebt die vorläufige Competenzbestimmung c. §. 5. No. 2. und die W. Schl. A. Art. 36. 37. Maas und Ziel.

5. Wenn in einem deutschen Hause Irrungen über die Souveränität unter Familiengliedern, die nicht schon sonst Souveräne sind, entstehn sollten, selbst wenn mehrere im factischen Besitz sich finden möchten. Für diesen wichtigen und nicht unmöglichen Fall giebt die Bundesgesetzgebung kein specielles Normativ, außer daß die B. V. zu einer kräftigen Intervention befugt seyn würde, wenn eine Störung der Ruhe Deutschlands deshalb befürchtet werden müßte.

* * *

Nach dem wir so den Cyclus der vor die Bundes-Austräge gehörigen Sachen abzuschließen versucht haben, kann nun zu der weitern Entwicklung der Bundes-Austrägal-Gesetzgebung seit der Bundes-Acte fortgeschritten werden. Sie beruht wesentlich:

in einem Beschluß der Bundes-Versammlung vom 16. Juni 1817 (Prot. der Bundes-Versammlung Th. 3. S. 208 flg.).

in der Wiener Schluß-Acte vom 15. Mai 1820 an einzelnen Stellen;

in den Beschlüßen der B. V. vom 3. August 1820, das bei Aufstellung der Austrägal-Instanzen zu beobachtende Verfahren betreffend und über die Executionsordnung; und

in einem Beschuß, das Verfahren bei den Austrägalgerichten betreffend v. 19. Juni 1823 (Prot. der B. V. Th. 15. S. 286.)

Diese Gesetzgebung unterscheidet überhaupt drei verschiedene Fälle und Verfahrungsarten:

1. das Verfahren in schleunigen Besitzsachen, de possessione momentanea;
2. das gewöhnliche Austrägalverfahren bei unmittelbaren gegenwärtigen Ansprüchen eines Bundesgliedes an ein anderes;
3. den Fall, wenn es unter mehrern Bundesgliedern zweifelhaft oder streitig ist, wer von ihnen oder in welchem Verhältniß sie unter einander die Forderung einer Privatperson zu befriedigen haben.

Für diesen letztern Fall fehlt es in der gewöhnlichen juristischen Kunstsprache an einer paßenden Bezeichnung. Nur unter gewißen Voraussetzungen würde sich davon der Ausdruck eines tributorischen oder divisorischen Verfahrens gebrauchen laßen. In dem ganzen Umfang kennt das gemeine Civilrecht eine solche Procedur nicht, wie sie der Art. 30. der W. Schl. A. autorisirt. Dagegen giebt die attische Jurisprudenz eine vollkommen entsprechende Bezeichnung an die Hand — Diadicasie, *διαδικασία*. Hierunter verstand man nämlich jedes Verfahren darüber: wer vor dem Andern etwas zu thun verpflichtet oder zu fordern berechtigt sey, oder in welchem Verhältniß mehrere an einer Obligation Theil nehmen sollten, so daß jeder Theil Kläger und Beklagter seyn konnte [19]. Ich nehme keinen Anstand mich

19) S. meine Athenäische Gerichtsverfaßung S. 238. 272. ffg. auch Platners Attischer Proceß Th. II. S. 17. ffg.

der Kürze halber im weitern Verfolg dieses Ausdrucks zu bedienen und ihn Jedem, der nicht das Griechische häßt, zu empfehlen. Die Entscheidung selbst könnte man ächtrömisch praejudicium nennen.

Wiener-Schluß-Acte
v. 15. Mai 1820.

Art. 18. Da Eintracht und Friede unter den Bundesgliedern ungestört aufrecht erhalten werden soll, so hat die Bundes-Versammlung, wenn die innere Ruhe und Sicherheit des Bundes auf irgend eine Weise bedroht und gestört ist, über Erhaltung und Wiederherstellung derselben Rath zu pflegen und die dazu geeigneten Beschlüße nach Anleitung der in den folgenden Artikeln erhaltenen Bestimmungen zu faßen.

Art. 19. Wenn zwischen Bundesgliedern Thätlichkeiten zu besorgen, oder wirklich ausgeübt worden sind, so ist die B. V. berufen, vorläufige Maasregeln zu ergreifen, wodurch jeder Selbsthülfe vorgebeugt und der bereits unternommenen Einhalt gethan werde. Zu dem Ende hat sie vor Allem für Aufrechthaltung des Besitzstandes Sorge zu tragen.

(a. Posseßorisch-summarisches Verfahren.)

Art. 20. Wenn die Bundes-Versammlung von einem Bundesgliede zum Schutz des Besitzstandes angerufen wird, und der jüngste Besitzstand streitig ist, so soll sie für diesen besondern Fall befugt seyn, ein bei der Sache nicht betheiligtes Bundesglied in der Nähe des zu schützenden Gebietes aufzufordern, die Thatsache des jüngsten Besitzes und die angezeigte Störung desselben ohne Zeitverlust durch seinen obersten Gerichtshof summarisch untersuchen und darüber einen rechtlichen Bescheid abfaßen zu lassen, deßen Vollziehung die Bundes-Versammlung, wenn der Bundesstaat, gegen welchen er gerichtet ist, sich nicht auf vorgängige Aufforderung freiwillig dazu versteht, durch die ihr zu diesem Ende angewiesenen Mittel zu bewirken hat.

Anmerkungen zu Art. 20. Die Bestimmungen dieses Artikels sind, wie von selbst einleuchtet, ganz singulär. Von der für das Austrägal-Verfahren aufgestellten Regel, welche der Bundes-Beschluß vom 16. Juni 1817. und vom 3. Aug. 1820. wie hernach folgt, enthält, ist daher auf diesen besondern Fall wohl nur Nachstehendes für unzweifelhaft anwendbar zu achten:

1) Dem designirten obersten Gerichtshof steht die Leitung des Verfahrens und die Entscheidung des Proceßes in allen seinen Haupt- und Nebenpuncten ohne weitere Einwirkung der B. V. oder der Landesregierungen, außer zum Behuf der Beschleunigung zu. W. Schl. A. §. 22.

2) Als Entscheidungs-Normen dienen in subsidium die vormals von den Reichsgerichten subsidiarisch gebrauchten Rechtsquellen, so weit sie auf die jetzigen Verhältnisse anwendbar sind. Ebendas. Art. 23.

3) Die Sache wird in pleno nach der eigenthümlichen Proceßordnung des Gerichts instruirt, und im Namen und aus Auftrag des Bundes entschieden, mit beigefügten Entscheidungsgründen. Nach erfolgter Publication werden Acten und Urteil der B. V. überschickt.

Beschl. v. 16. Juni 1817. §. 5. 6. v. 3. Aug. 1820. Art. 5. Und da

4) eine ordentliche Austrägal-Instanz spätestens binnen Jahresfrist vom Tage der Einreichung der ersten Klage oder Beschwerdeschrift beendigt werden soll, so muß dieß um so viel mehr von dem possessorio summariissimo gelten, wo schon der Gedanke einer nach dem deutschen Gerichtsverfahren freilich möglichen Jahresdauer abschreckend ist.

Zweifel können dagegen über folgende Puncte entstehen:

1) Wenn das beauftragte Bundesglied mehrere obere Gerichtsstellen oder Gerichtshöfe dritter Instanz hat, an welchen gedeiht die Sache? Bei den ordentlichen Austrägen hat der Kläger, außerdem die B. V. die Wahl zu treffen. B. Beschl. v. 16. Juni 1817. §. 4. in fin. Da nun aber im obigen Fall der Kläger gar keine Wahl hat, so dürfte der B. V. die Auswahl unmittelbar zustehn, oder aber dem committirten B. Glied überlassen werden können.

2) fragt sichs, ob das Rechtsmittel der Restitution ex capite novorum gegen die Urtheile in possessorio zulässig sey? Man sollte dieß aus allgemeinen Gründen nicht glauben. Die Regulirung eines zweifelhaften Besitzstandes ist an sich nur eine provisorische Maasregel, wogegen nach vielfach anerkanntem Gerichtsbrauche nicht einmal ordentliche, geschweige außerordentliche Rechtsmittel zugelassen werden und zugelassen werden sollten. Der unterliegende Theil wird demnach nur auf

das petitorium verwiesen werden können. Dieß wird sich weiter unten bestätigen.

3) fragt sichs, ob der imploratische Theil, statt des oben vorgezeichneten Wegs, auf die zwischen ihm und dem Imploranten etwa bestehenden besondern conventionellen oder Familien-Austräge zurückgehn kann? Vereinigen sich beide auf eine conventionelle Austrags-Entscheidung für den speciellen Fall, so kann die Sache natürlich keine Zweifel erregen und wenn dessenungeachtet Thätlichkeiten zu befürchten wären, so kann die B. V. unstreitig nur von den ihr im Art. 18. u. 19. der Wiener Schl. A. gegebnen Befugnissen Gebrauch machen. Hingegen scheint es, daß außerdem die ordentlichen Austräge ganz ceßiren, aus den sogleich zu entwickelnden Gründen.

Es ist nämlich überhaupt unverkennbar, daß den Verfassern der obigen Art. 19. u. 20. der W. Schl. A. die frühere Reichs-Constitution super litigiosa possessione vorgeschwebt hat. Diese Constitution lautete zuletzt in der CGO. v. 1555. Th. 2. Tit. 21. also:

§. 1. »Und nachdem sich oftmals im Heil. Reich »begiebt, daß der streitigen Posseß und Gewähr halben »Spän und zu Zeiten Aufruhr und Widerwärtigkeit »entstehen, haben wir demselben zu begegnen geordnet »und gesetzt: ob hinführo zween oder mehre, so dem »Heil. Reich ohne Mittel unterworfen wären, irrig und »streitig würden um Inhaben oder Possession eines Guts »oder Gerechtigkeit, also daß sich jeglicher für einen Be-»sitzer des bestreitigten Guts oder Gerechtigkeit hielt »und deß redlige Anzeige hätten: deß sollen beide Theile

»zu endlichem Austrag für das K. C. G. kommen und »solcher Irrung oder streitigen Gewähr oder Poßeß sich »daselbst endlich Recht entscheiden laßen und deßhalben »kein Theil mit oder gegen den andern zu thätlicher »Handlung kommen.

§. 3. »Ob auch in obberührtem Fall zwischen den »Parteien, die ohne Mittel dem Reich unterworfen, »die Gewähr, Poßeßion oder quasi aus redlicher Anzei»gung zweiflich, und sorgliche Empörung, Weiterung oder »Aufruhr daraus zu besorgen, sollen C. Richter und Bei»sitzer Gewalt und Macht haben, auf Anrufen der Par»teien oder für sich selbst ex officio die Poßeßion zu »sequestriren, oder aber, der quasi Poßeßion halber, »anstatt der Sequestration beiden Theilen zu gebieten, »sich derselben zu enthalten und alsbald darauf summa»rie ohne einigen gerichtlichen Prozeß oder andere weit»läufige Ausführung der Sachen zu erkennen, welchem »Theil die Poßeßion vel quasi einzugeben oder zu in»hibiren sey, sich derselben bis zu endlichem Austrag des »endlichen Rechtens in possessorio oder petitorio zu ent»halten.«

Diese beid n §§. begründeten die unmittelbare reichsgerichtliche Jurisdiction im Fall eines streitigen actuellen Besitzstandes, eines solchen, den die Parteien sich wechselseitig aus nicht verwerflichen Gründen einander streitig machten, zur Verhinderung eines mehr oder weniger nahe zu besorgenden Landfriedensbruchs. Waltete keine naheliegende Gefahr ob, so entschied das C. G. sogleich die ordentliche (nicht blos momentane) Besitzfrage; bei naher Gefahr aber nur die letztere, während das possessorium ordinarium (denn der letzte Besitz war alsdann nicht mehr streitig) und das petitorium dem ordentlichen Richter oder Austrägen anheimfiel. Vgl. v. Selchow Concepte der R. C. G. O. Th. II. S. 145. ffg. Die W. Schl. Acte läßt nun zwar in jedem Fall nur die Frage über den jüngsten streitigen Besitz schleunig entscheiden, und behält der B. V. etwanige Maasregeln zur Verhinderung von Selbsthilfe vor: offenbar aber findet sich die größte Uebereinstimmung unter den alten reichsgesetzlichen und bundesmäßigen Bestimmungen. Und hiernach kann allerdings schon behauptet werden, daß die noch unter den Souveränen bestehenden Conventions- oder Stamm-Austräge, die sich auf alle Sachen ohne Unterschied beziehen, oder auf den Fall des streitigen Besitzstandes insbesondere, auch jetzt noch die unmittelbare Anwendung des Art. 20. der Schl. A. ausschließen. Denn die C. G. O. Th. 2. Tit. 21. §. 2. besagte ausdrücklich:

> »Wo aber etliche Stände wären, die sonst derhalben rechtliche Austräge zwischen ihnen hätten, die sollen gehalten werden und denselben hierdurch kein Abbruch geschehen.«

Zwar behauptete Danz (Grundſ. des R. Gerichts-Proc. §. 271) mit manchen Andern, daß diese Stelle sich ihrer Entstehung nach blos auf die alten schwäbischen Bundesgenoßen bezogen habe und keine sonstige Anwendung finde; daß die Reichsgerichte gewillkührte Austräge in streitigen Besitzsachen in der That nie anerkannt hätten (ib. §. 255): allein obgleich jene Veranlaßung richtig ist, so folgte doch hieraus keine Beschränkung anderer verglichener Austräge und so ließ sich gegen die dauernde Anwendbarkeit der allegirten Stelle nichts einwenden, versteht sich, wenn nach strenger Interpretation unter den gewillkührten Austrägen solche Besitzsachen wirklich als inbegriffen angesehen werden konnten. Vgl. Selchow a. a. O. Cramer obs. j. univ. t. III. obs. 906.

Anlangend die Zuläßigkeit von Rechtsmitteln gegen die reichsgerichtlichen Entscheidungen über den jüngsten Besitzstand, so galt als Regel, daß sie, und insbesondere die R. I. I. bei poßeßorischen Urteln nur gestattet werden sollten, wenn dadurch eine unwiederbringliche Beschwerde zugefügt worden wäre. (Danz a. a. O. §. 309., 351. 364.). Da nun bei Entscheidungen über den bloß jüngsten Besitzstand, welche nur eine Provisional Verfügung enthalten, eine solche Beschwerde nicht leicht zugefügt, wenigstens durch andre ordentliche Klagemittel wiederhergestellt werden kann, und da die Bundesgesetze der R. I. I. in dem obigen Fall nicht ausdrücklich Erwähnung thun, so muß um so mehr behauptet werden, daß sie nicht für zuläßig zu halten sey.

Noch ließe sich fragen: ob dem Verfahren wegen streitigen Besitzes ein Vergleichsversuch bei der B. V. vorangehn müße, wie in den ordentliche Austrägalsachen? Unzweifelhaft ist es, daß ein solcher Sühneversuch in den Befugnißen der hohen Versammlung in allen und jeden Streitigkeiten liegt, nur wird nicht wie in ordentlichen Austrägalsachen die Einleitung des poßeßorischen Verfahrens dadurch aufgehalten werden können, besonders wenn die Sache dringend ist.

Endlich aber liegt es außer Zweifel: daß das Verfahren bei ordentlichen juristischen Besitzfragen, wo der actuelle Besitz nicht streitig ist, sofern solche unter Bundesgliedern vorkommen können, keine Anwendung leidet und daß auch im Laufe eines ordentlichen Rechtsstreits jenes momentane Besitzverfahren unter den Voraussetzungen des Art. 20. incidenter noch eingeleitet werden könne.

(b. ordentliches Austrägalverfahren.)

Art. 21. Die Bundes-Versammlung hat in allen, nach Vorschrift der B. A. bei ihr anzubringenden Streitigkeiten der Bundesglieder die Vermittlung durch einen Ausschuß zu versuchen. Können die entstandenen Streitigkeiten auf diesem Wege nicht beigelegt werden, so hat sie die Entscheidung derselben durch eine Austrägal-Instanz zu veranlaßen und dabei, so lange nicht wegen der Austrägal-Gerichte überhaupt eine anderweitige Uebereinkunft zwischen den Bundesgliedern statt gefunden hat, die in dem Bundes-Beschluße v. 16. Juni 1817 enthaltenen Vorschriften, so wie den in Folge gleichzeitig an die Bundestags-Gesandten ergehender Instructionen zu faßenden besondern Beschluß zu beobachten.

Art. 22. Wenn nach Anleitung des obgedachten Bundestags-Beschlußes der oberste Gerichtshof eines Bundesstaats zur Austrägal-Instanz gewählt ist, so steht demselben die Leitung des Proceßes und die Entscheidung des Streits in allen seinen Haupt- und Nebenpuncten uneingeschränkt und ohne alle weitere Einwirkung der B. V. oder der Landes-Regierung zu. Letztere wird jedoch, auf Antrag der B. V. oder der streitenden Theile, im Fall einer

Zögerung von Seiten des Gerichts, die zur Beförderung der Entscheidung nöthigen Verfügungen erlaßen.

Art. 23. Wo keine besondere Entscheidungsnormen vorhanden sind, hat das Austrägal-Gericht nach den in Rechtsstreitigkeiten derselben Art vormals von den Reichsgerichten subsidiarisch befolgten Rechtsquellen, insofern solche auf die jetzigen Verhältniße der Bundesglieder noch anwendbar sind, zu erkennen.

Anmerkungen. Hierdurch, so wie durch den gleichlautenden Art. 4. des Bundesbeschlußes v. 3. Aug. 1820 ist näher bestimmt, oder eigentlich nur mit andern Worten wiederholt, was im Bundesbeschluß vom 16. Juni 1817 als äußerste Entscheidungsquelle angegeben war, nämlich: »die in Deutschland hergebrachten gemeinen Rechte.« Es ist bekannt, daß die Reichsgerichte angewiesen und verpflichtet waren, in allen Sachen, wo es an besondern Normen gebrach die kaiserlichen oder gemeinen Rechte zu befolgen, worunter das römische Recht und, wie sich nicht läugnen läßt, auch des correctorische canonische Recht, insofern es von civilrechtlichen Verhältnissen handelt, in ihrer beiderseitigen juristischen Ausbildung und Verschmelzung auf deutschem Boden, zu verstehen war.

Von den Reichs-Constitutionen gehören namentlich hierher:

die C. G. O. v. 1495. §. 3.

»Item die alle sollen zuvor unser Königl. oder »Kaiserl. Majestät geloben, und schwören, unserm »Cammergericht getreulich und mit Fleiß ob zu

»seyn und nach des Reichs gemeinen Rechten,
»auch nach redlichen erbaren und leidlichen Ord-
»nungen, Statuten und Gewohnheiten der Für-
»stenthümer, Herrschaften und Gericht, die für
»sie gebracht werden — gleich zu richten.«

Im Wesentlichen wiederholt in dem Eide des Cammerrichters und der Beisitzer in der C. G. O. vom 1555. Th. I. Tit. 57. Sodann:

J. R. A. §. 105.

»Benebens sollen Cammerrichter, Präsidenten,
»und Beisitzer bei Administration der heilsamen
»Justiz sowohl die Statuten und Gewohnheiten,
»als die Reichs-Abschied und gemeinen Rechten
»vor Augen haben und wohl beobachten.«

R. H. R. O. Tit. 1. §. 15.

»Präsident und Reichshofräthe sollen unser Röm.
»Kais. Wahlcapitulation, Reichs-Abschied, Reli-
»gion- und Profanfrieden und den Münster- und
»Osnabrückschen Friedenschluß, wie auch jedes
»Standes, Landes, Orts, und Gerichts, sonderlich
»die gebührliche allegirte und probirte Privilegien,
»gute Ordnungen und Gewohnheiten, und in
»Mangel derselben die Kaiserlichen Rechte
»und rechtmäßige Observationes und
»Gebräuch in Acht nehmen und nach denselben
»ihre Urteil richten.

Vgl. mit Tit. 7. §. 21. 24. ib.

Zufolge der letztern Stellen giebt es also eigentlich zwei subsidiarische Rechtsquellen, die Kaiserlichen (geschriebenen römischen) Rechte und rechtmäßige allgemeine Gebräuche, (denn der besondren ist ja schon vorher gedacht), die mores Germaniae universae über einzelne Rechts-Institute 20). Beides zusammen ist wohl auch unter den gemeinen Rechten in der E. G. O. zu verstehen.

Was nun die in unserm Art. erwähnten besondern Entscheidungsquellen betrifft, so ergeben sie sich aus der Natur der zu den Bundes-Austrägen geeigneten Streitigkeiten von selbst. Es gehören dahin vornehmlich die Quellen des deutschen Privatfürstenrechts, ferner völkerrechtliche Sanctionen, die Natur der Souveränität und Souveränitätsrechte. Auch versteht es sich von selbst, daß, sofern unter deutschen Häusern ein eigenes gemeines Recht bestand und anerkannt war, wie zum Beispiel in den sächsischen Häusern das gemeine Sachsenrecht 21), dieß auch fortan die nähere besondere Entscheidungsquelle bleibt.

Offenbar ist übrigens durch die obige Disposition anerkannt, daß die deutschen Souveräne die jetzigen Verhältnisse nicht als völlig neue angesehn haben wollen, sondern nur als Modificationen der frühern.

Art. 24. Es steht übrigens den Bundesgliedern frei, sowohl bei einzelnen vorkommenden Streitigkeiten, als für alle künftige Fälle, wegen besondrer Austräge oder

20) Ueber solche gemeine Gebräuche vgl. *Pfeffinger* Vitriar. ill. T. I. p. 48.

21) Vgl. hierüber *Neumann Wolffsfeld* I. princ. priv. t. I p. 90. *Ludolf* de I. fem. illustr. p. 45. 63. Johann Joachim Müllers. Staatscabinet 4te Eröffn. Jen 1716. 8. S. 11. flg.

Compromiße übereinzukommen, wie denn auch frühere Familien= oder Vertrags=Austräge durch Errichtung der Bundes=Austrägal=Instanz nicht aufgehoben noch abgeändert werden.

Anmerkungen. Dieser Artikel handelt von bereits vereinbarten oder künftig noch zu vereinbarenden willkührlichen sowohl Stamm= als bedingten Austrägen [22]).

Das Geschichtliche und Rechtliche der Erstern, so weit es nicht schon oben in der Einleitung vorgekommen ist und jetzt noch Interesse hat, ist kürzlich dieses [23]):

Daß die Glieder landesherrlicher Familien, auf welche wir uns allein beschränken, desgleichen mehrere Familien unter sich, durch einen auch ihre Nachkommen verpflichtenden Vertrag für ihre Familienstreitigkeiten besondere Austräge anordnen konnten; daß ein Gleiches durch eine testamentarische oder codicillarische Verordnung unter den Nachkommen des Testators ebenfalls giltig geschehen konnte, lag in der Autonomie des deutschen hohen Adels, in dem bestimmtesten Herkommen, und ward im Allgemeinen nicht bezweifelt. Streitig war es in wie fern es dazu kaiserlicher Bestätigung bedurfte.

22) Stamm=Austräge heißen bekanntlich die unter Gliedern einer Familie bestehenden und von Alters darin hergebrachten; bedingte, die unter verschiedenen Familien durch Convention errichteten.

23) Vgl. überhaupt: *W. A. Schoepff*, Diss. de arbitris necessariis cum primis austregis conventionalibus ac testamentariis. Tub. 1724. 4. abgedr. in J. J. Moser Syntagm. Diss. I. publ. p. 772. sqq. Mosers St. R. Bd. XXIII., S. 182 flg.

Die C. G. O. v. 1495 Tit. 24. und v. 1555 Th. II. Tit. 2. pr. bestätigte ohne Vorbehalt diese besondern Austräge, jedoch nur in Ansehung der Churfürsten, Fürsten und Fürstmäßigen, nicht auch in Ansehung der damaligen Grafen und Herren, welche kein so ausgedehntes Austrägalrecht, als jene hatten, mit den Worten:

»mit Rechtfertigung Churfürsten, Fürsten und »Fürstmäßigen um Sprüch und Forderungen, »die ihrer einer zum andern hätte oder gewin»ne, soll es also gehalten werden: Welche son»derliche gewillkührte rechtliche Austräge gegen »einander haben, der sollen sie sich laut der»selben gebrauchen.

Es konnte also nur noch die Frage seyn, in wie fern die später errichteten Austräge unter den Fürsten und Fürstmäßigen, desgleichen die unter Grafen und Herren, (und hier ohne Unterschied der Zeit) eine kaiserliche Bestätigung nöthig hatten, besonders in Ansehung der von den Legal-Austrägen ausgenommenen Fälle. Nicht selten ward diese Nothwendigkeit behauptet, weil es sich hier von einer Abweichung von den öffentlichen Recht handle, und der kaiserlichen Gerichtsbarkeit, die ja auch die gesetzlichen Austräge als delegirte Richter umfaßten, präjudicirt würde [24]. Auch ist es an dem, daß die Reichsgerichte auf nicht confirmirte Austrags-Bestimmungen nicht achteten,

24) *Textor* Diss. ad Rec. Imp. noviss. 3, th. 19, ssq. *Neumann Wolffsfeld* l. c. p. 71.

durch die unstreitig irrige, aber in Deutschland sehr lange vorherrschende Meinung geleitet, daß zu jeder willkührlichen Abweichung von den ordentlichen Competenzbestimmungen die Einwilligung des ordentlichen Richters nöthig sey [25]). Indessen wurde von mehreren Publicisten schon immer, und mich dünkt, mit vollem Recht das Gegentheil behauptet, daß nämlich auch ohne kaiserl. Bestätigung die Austrägal-Conventionen unter den Paciscirenden und ihren Nachkommen vollkommen verbindlich seyen [26]). Ist es schon nach dem gemeinen Recht Privatpersonen gestattet, durch ein Compromiß die Entscheidung ihrer Rechtsstreitigkeiten einem andern als dem ordentlichen Richter, sogar unter Privatpersonen zu übertragen, und sich dem Ausspruch unbedingt zu unterwerfen, warum hätte dieses Recht den Reichsunmittelbaren nicht zustehen, und von ihnen vermöge ihrer Autonomie nicht auf alle künftige Fälle und Nachkommen ausgedehnt werden können? Daß es zu autonomischen Bestimmungen aber überhaupt der kaiserlichen Bestätigung nicht bedurfte, ist bekannt und auch in diesen Beiträgen schon an einem andern Orte gezeigt [27]). Daß Rechte dritter Personen oder die Verfaßung dadurch beeinträchtigt worden, kann nimmer bewiesen werden. Kein Reichsgesetz forderte endlich kaiserl. Bestätigung. Schon die obigen Stellen der C. G. O. scheinen nicht blos von den bereits existirenden zu reden,

25) S. besonders Cramers Wetzl. Beitr. Th. 2. Abh. 14.

26) *Schoepff* a. a. O. §. 10. Moser t. Justiz Verfassung. S. 99. §. 64. *Senkenberg* flor. sparsi ad I. A. §. 32.

27) Vgl. oben S. 63 und 93.

und noch die neueste Wahlcapit. erklärt Art. 18, §. 4. schlechthin:

»Wir wollen auch einen Jeden bei seiner Im»medietät — item jure austraegarum tam lega»lium quam conventionalium vel familiarium »— mit Aufhebung aller der bis daher etwa da»gegen geschehenen Contraventionen, ergangenen »Rescripten, Inhibitorien und Befehlen bleiben »laßen.»

Und jetzt vollends muß nach Wegfall der kaiserl. Gerichtsbarkeit für die unbedingte Giltigkeit der noch bestehenden Conventional-Austräge unter den deutschen Souveränen entschieden werden, da selbst ein factischer Einspruch von daher nicht mehr zu erwarten ist, und die Rechtlichkeit eines solchen Einspruchs an sich nicht anerkannt werden kann.

Die Eigenheit der gewillkührten Austräge der nicht ganz von der Reichsjustiz eximirten Reichsstände läßt sich übrigens füglich so ausdrücken: Sie waren ein Institut, wodurch die Jurisdiction des ordentlichen Richters suspendirt ward. Ex accidenti vertraten sie zugleich die Stelle der gesetzlichen Austräge. Mit compromißarischen Schiedsrichtern haben sie ferner Mehreres gemein, jedoch auch vieles Verschiedene, insbesondere darin, daß 1) die conventionellen Austräge einen Jurisdictionszwang in sich enthalten, die Compromiße aber nicht direct erzwingbar sind; 2) daß bei jenen eine Reconvention ipso jure zuläßig ist, bei diesen nicht; 3) daß jene eine wirkliche res iudicata machen, diese nach gemeinem Recht aber eine specielle Klage geben [28]).

Daß nun noch jetzt aus den Zeiten des Reichsbestandes mehrere Conventional-Austräge, sowohl Unions- oder bedingte Austräge unter verschiedenen jetzigen Souveränen, als auch Stamm- und Familien-Austräge, entweder für sämmtliche Aeste einer jetzt souveränen Familie oder nur für Einzelne derselben fortbestehen, wird in der obigen Stelle der W. Schl. A. deutlich anerkannt. Verzeichniße solcher älterer Austrags-Einungen und testamentarischer Dispositionen mit beigefügter Uebersicht des Inhalts finden sich bei Pfeffinger zu Vitriarius t. IV. p. 505. flg. und Moser St. R. Th. 23, S. 186 flg., von denen freilich nur noch eine geringe Anzahl als in völliger Wirksamkeit fortbestehend anerkannt werden dürfte [29]). Im Wesentlichen kommen die meisten in folgenden Puncten überein:

28) Vgl. *Schoepff* a. a. O. §. 13. 19.

29) Zu denjenigen, von welchen Obiges noch am Meisten behauptet werden könnte, gehören unvorgreiflich folgende:

a) bedingte Austräge: die Unions-Verträge zwischen dem Hause Sachsen, Hessen, und Brandenburg vermöge der Erbeinigung; ob auch noch zwischen der Krone Böheim und Sachsen v. J. 1482 und zwischen Böheim und Pfalz v. J 1509? (Chursachsen hat sich auf jene noch im Jahr 1740 in dem mit den Grafen und Herren von Schönburg geschloßenen Hauptreceß §. 2. bezogen), neuerdings auch das Compromiß der Sachsen-Ernestinischen Häuser (mit Ausnahme von Coburg) und der Reußischen Häuser auf das gemeinschaftliche Appellationsge-

Sie enthalten Verpflichtungen zur Einigkeit und schließen Eigenmacht aus. Meist werden für alle und jede Arten von Mißhelligkeiten, Sprüche und Forderungen Austragsrichter bestimmt. Diese sollen in gewißer oder bis zu gewißer Zahl bald aus den Agnaten, bald

richt zu Jena in allen Eigenthums- Contract- und Erbschaftsstreitigkeiten (nicht aber politischen Sachen) nach §. 41. der prov. App. G. O.

b) Familien-Austräge: 1) unter sämmtlichen sächsischen Häusern vermöge des Naumburger Vertrags vom 24. Febr. 1554. und sodann unter einzelnen Linien des Ernestinischen Hauses; 2) im Mecklenburgschen Hause vermöge Erbvertrags v. 1621; 3) im Hause Hohenzollern vermöge der Verträge mit Brandenburg von 1695 und 1707; 4) unter den Reußischen Häusern vermöge Vergleichs v. 1668. (vgl. Bundes-Beschluß im Prot. v. 1824. XVI, S. 411) so weit sie nicht durch das neuere Compromiß auf das O. A. G. zu Jena aufgehoben sind; 5) im Hause Schwarzburg vermöge Vertrags vom Jahr 1610 und 1713; 6) im Hause Anhalt vermöge der Erbeinung vom Jahr 1635. — Zweifelhaft ist der Fortbestand der testamentarischen Austräge unter den hessischen Häusern laut Testaments Philipps des Großm., v. J. 1562 so wie auch der Fortbestand früherer Stamm-Austräge in den jetzt noch übrigen Linien des Hauses Braunschweig nicht klar ist. — Unter den vier freien Städten des deutschen Bundes bestehen so viel bekannt keine desfallsigen Einungen, weder unter sich, noch mit deutschen Souveränen, in entschiedener Giltigkeit. Ehedem gab es zwar unter den freien Reichsstädten verschiedene Abkommen über die gütliche Beilegung von Streitigkeiten unter einander durch Schiedsrichter, besonders wurden aus den eigenen oder gemeinschaftlichen Räthen oder Landständen, bald aus den Reichsständen gewählt werden; ihnen wird oft ein unparteiischer Obmann beigegeben. Den Richtern wird die Pflicht eines Vergleichsversuchs vor Allem auferlegt, in Entstehung desselben aber gewöhnlich eine bestimmte Verfahrungsart vorgezeichnet, und eine bald längere bald kürzere Zeit zur Beendigung der Sache — häufig ein Jahr — vorgeschrieben.

Ein wichtiger, ebenfalls nicht wenig bestrittener Punkt war die Zuläßigkeit von Rechtsmitteln gegen solche Austrägal-Urtel.

In Thesi stand es fest, daß von den conventionellen Austrägen, die man überhaupt nur als ein Surrogat der legalen betrachtete, eben sowohl wie von diesen an die Reichsgerichte appellirt werden konnte, so wie auch die Nichtigkeitsklage dahin und in subsidium das Rechtsmittel der Revision statt der Appellation zustand [30]. Aber es fragte sich, ob nicht die Appellation an die Reichsgerichte durch ausdrückliche Bestimmung ausgeschloßen werden könnte? Daß dieß vermöge kaiserlichen Privilegiums möglich war, gab man natürlich zu, ob aber außerdem? war eben so streitig, wie die Frage von der Nothwendigkeit einer Confirma-

dergleichen von 1524 bis 1614 geschloßen. Allein es wurde selten davon Gebrauch gemacht, und da hierbei die Existenz eines reichsstädtischen Collegii vorausgesetzt war, so ist die Institution gar nicht als vorhanden anzusehn. Vgl. übrigens Moser St. R. XL, S. 468 flg. und v. d. Justiz-Verf. Th. 1. S. 116 flg.

30) Vgl. Danz a. a. O. §. 255 und 253. Moser v. Justiz-Verf. Th. 1. S. 110. bis 112.

tion der Conventional-Austräge überhaupt. Gewiß ist es, daß fast alle Austrags-Einungen eine unbedingte Unterwerfung unter den austrägalrichterlichen Spruch ausdrücken und verordnen, und daß auch der Kaiser mehrere derselben ohne Vorbehalt bestätigt hat. Aber auch ohnedem müßen solche Bestimmungen für vollkommen verbindlich gehalten werden. Auf Rechtsmittel kann Jeder unbedingt, auch im Voraus verzichten, warum sollte dieß nicht auch bei Austrägen und durch autonomische Bestimmungen haben geschehn können? Die Gründe der Gegner kommen in keinen Betracht [31]).

Die Execution der Austrägalurtel gehörte unter allen Umständen vor die Reichsgerichte [32]). Und hier allein würde nur durch kaiserliche Privilegien etwas Anderes haben bestimmt werden können.

Wir wollen nun sehen, wie mannigfache Schwierigkeiten und Controversen hinsichtlich dieser ältern gewillkührten Austräge auf den Grund des zu erläuternden Artikels bei der hohen B. V. oder den Austrägalgerichten eintreten können.

Erstes Bedenken. Gesetzt, ein bei der hohen B. V. im bundesmäßigen Austrägalwege beanspruchtes Bundesglied beruft sich darauf, daß die Sache nicht an diese Instanz, sondern an gewillkührte Austräge vermöge des obigen Artikels gehöre; der Implorant bestreitet dieß. Wem gebührt die Entscheidung über diese Präjudicialfrage? Der B. V. selbst, oder dem in der Haupt-

31) Diese richtige Ansicht hat Schoepff l. c. §. 20. Schwankend ist Moser d. St. R. XIII, S. 308. flg.

32) Schoepf a. a. O. Moser d. Justiz-V. a. a. O. S. 109.

sache zu kiesenden Austrägalgericht? Ich meine dem letztern. Die Präjudicialfrage ist nämlich eine reine Rechtsfrage, eine besondere Rechtsstreitigkeit; die hohe B. V. selbst aber bildet kein Tribunal für die Rechtsstreitigkeiten der Bundesglieder, sondern sie hat nur nach Art. 21. der W. Schl. A. die Entscheidung derselben durch eine Austrägal-Instanz zu veranlassen. Die Präjudicialfrage muß also mit der Hauptsache an ein Austrägalgericht verwiesen werden: der Implorant muß sodann vor der Einlassung die foridéclinatorische Einrede vorschützen und nach allen deutschen Proceßordnungen würde darüber vor allem Andern entschieden werden müssen. Implorant würde aber stillschweigend auf die Einrede renunciiren, wenn er das bundesmäßige Austrägalgericht ohne Vorbehalt derselben erkiesen, oder die Einrede nicht vor der Litis-Contestation entgegensetzen würde 33); denn daß eine Renunciation auf Conventional-Austräge statt finden könne, wird wohl Niemand bestreiten. Ganz auf dieselbe Weise verhielt es sich vormals unter der Reichsverfassung, wo der Beklagte ebenfalls ausdrücklich die Conventional-Austräge in Anspruch nehmen mußte 34).

Zur Competenz des Austrägalrichters gehört dann natürlich auch die Frage, 1) ob die in Anspruch genommenen gewillkührten Austräge auf einem giltigen Titel beruhen, ob 2) sie unter den jetzigen Verhältnis-

33) Nur nach der allg. pr. G. O. würde letzteres nicht der Fall seyn.

34) Vgl. Schoepff l. c. §. 21. Moser deutsche Justiz-V. S. 101 — 106.

sen noch Rechtsbestand haben und endlich 3) ob sie auf den gegenwärtigen Fall anwendbar sind. Ueber den ersten Punct haben wir schon oben gehandelt. Nur über den zweiten und dritten sey es erlaubt, noch einige Bemerkungen zu machen.

Gewillkührte Austräge können hauptsächlich ihren Rechtsbestand verlieren durch ausdrückliche oder stillschweigende Aufhebung der Intereßenten [35]), und sodann durch Veränderung der Umstände [36]), d. h. durch eine so wesentliche Veränderung der Umstände, unter deren Voraussetzung die gemachte Verfügung entweder gar nicht, oder doch auf andre Weise getroffen seyn würde. Eine bloße Veränderung der Namen, ein Anwachs oder Verringerung der Macht kann an und für sich zu einer solchen wesentlichen Veränderung nicht gerechnet werden [37]). Uebrigens läßt sich dafür keine erschöpfende Regel aufstellen. Von selbst aber hören die Conventional-Austräge auf mit dem Aufhören der physischen oder moralischen Existenz derjenigen Personen, welche zu Austrägalrichtern berufen sind. Mehrere ältere Unionen haben z. B. den Austrag ihrer Streitigkeiten an einzelne Reichswürdenträger, besonders auch an Geistliche und Prälaten, oft auch an Personen verwiesen, die nicht mehr existiren; und es würde besonders seltsam seyn, die Austräge, die die Churfürsten des Reichs ehedem unter

35) Schoepff ibid.

36) Moser d. Justiz-Verf. a. a. O. S. 99.

37) Einen merkwürdigen Streit unter den hessischen Häusern über die res sic stantes s. bei Moser d. St. R. XXIII, S. 227. §. 69. flg. S. 311. §. 135.

sich in ihren gegenseitigen Streitigkeiten bei dem Cur-Collegium selbst hatten 38), noch als fortbestehend ansehen zu wollen, ein Fall der übrigens auch zu den veränderten Umständen gehört.

Ob aber eine gegenwärtige Streitigkeit zu gewißen noch fort bestehenden gewillkührten Austrägen geeignet sey, ist aus dem Inhalt der Disposition zu beurteilen und es muß nur erinnert werden, daß dergleichen Austrags-Willkühren, da sie eine Ausnahme von der Regel enthielten, die strengste und engste Erklärung nach dem Wortverstande erheischen 39). Hieraus folgt auch, daß wenn dritte Personen nothwendige Parteien in einer Sache sind, welche nur unter einigen Parteien zu gewillkührten Austrägen qualificirt seyn würde, nicht aber in Ansehung jener Dritten, die Sache auch jetzt nur an den ordentlichen Rechtsweg propter connexitatem causae gehört 40).

Daß endlich die Parteien auf gewillkührte Austräge in der Regel für einzelne Streitigkeiten ganz verzichten können, leidet keinen Zweifel 41).

Zweites Bedenken. Gesetzt, es wäre ausgemacht, daß eine Streitigkeit jetziger Souveräne vor gewillkührte noch bestehende und anwendbare Austräge gehörte, welchen Theil hat dabei das deutsche Bundes-Verhältniß? Und dieß ist der allerschwierigste Punct, wobei wieder Mehreres zu unterscheiden ist:

38) Moser d. Justiz-Verf. a. a. O. S. 75.
49) Einen Streitfall s. bei Moser St. R. XXIII, S. 218. flg.
40) Vgl. Dep. = A. v. 1600. §. 23. 24. Conc. d. C. G. O. II, 9.
41) Schoepff §. 21.

1. Die Einleitung der Sache, insbesondre die Constituirung des Austrägalgerichtes.

Hier könnte es

a) geschehen, daß der imploratische Theil gar nicht die Hand zu der vorgezeichneten Art, wie das Austrägalgericht constituirt werden soll, bieten mag. In diesem Fall würde nichts übrig bleiben, als an die Bundes-Versammlung zu recuriren, und event. bei einem bundesmäßigen Austrägalgericht die Verbindlichkeit des imploratischen Theils executorisch aussprechen zu lassen. Die Gründe für diese Competenz der hohen Bundes-Versammlung und für dieses Verfahren sind folgende:

Die durch Verträge oder verbindliche Testamente auferlegte Pflicht, ein Austrägalgericht zu bestellen, ist eine direct erzwingbare obligatio facti, welche sich weder nach deutschem und am wenigsten nach Fürstenrecht sogleich in eine Forderung des Interesse auflöst [42]). Nun hat aber die hohe Bundes-Versammlung als Organ des Bundes wiederholt ihre Befugnis ausgesprochen, den Rechtsstand unter den Bundesgenoßen sogar in Beziehung auf deren Untethanen aufrecht zu erhalten [43]); um wie viel mehr muß sie befugt sein, ein Bundesglied gegen das andre zur Erfüllung

42) Sehr gut hat dieß gezeigt Schoepff §. 16.

43) M. vgl. die provisorische Competenzbestimmung §. 5. No. 3. Wörtlich ist der obige Fall allerdings zur Zeit nicht vorgesehen. Aber eine Beschlußnahme dieserhalb könnte wohl kaum zu andern Resultaten führen.

wechselseitiger unzweifelhafter Rechtspflichten durch Gebrauch ihrer vermittlenden Gewalt oder durch executorische Beschlüße zu vermögen. Dazu kömmt, daß, indem die W. Schl. Acte Art. 24. die gewillkührten Austräge als eine Ausnahme von dem bundesmäßigen Austrägalgange anerkennt, sie nothwendig auch für die Aufrechterhaltung derselben zu wachen befugt seyn muß, weil sonst das bundesmäßige Wirken ganz paralysirt werden könnte. Sollte indeßen über die Frage: ob und wie das gewillkührte Austrägalgericht für eine gewiße Sache zu bestellen sey, Streit entstehen, so ist dieß wieder eine wahre Rechtssache, die an die bundesmäßige Austrägal-Instanz kommen muß. Man wende nicht ein, daß diese ja eben ausgeschlossen sey, wo es gewillkührte Austräge giebt. Aber die gewillkührten Austräge sind in der Regel keine permanente Richter-Instanz, sie haben die Befugniß nicht, sich selbst Competenz zu geben, sich selbst zn constituiren; die Streitigkeiten hierüber fallen dem ordentlichen Richter anheim. Eben so waren auch die Reichsgerichte in Streitigkeiten dieser Art competent [44].

b) Es könnte auch geschehen, daß die Personen, welche Austrägalrichter werden sollen, die Pflicht zu übernehmen sich weigerten oder nachher Zögerung oder Schwierigkeiten machten. An und für sich ist niemand gezwungen, eine solche Pflicht

44) Schoepff l. c. §. 17.

zu übernehmen. Nur durch Vertrag oder autonomische Bestimmungen kann ein Zwangsrecht hierbei begründet werden. In diesem Fall wäre wieder zu unterscheiden, ob die erkorenen Schiedsrichter **Bundesglieder** sind (und dann würde unstreitig Recurs an die B. V. event. auf den bundesmäßigen Austrägalweg gegen den sich weigernden Austrägalrichter statt finden) oder ob es Unterthanen von Bundesgliedern sind. In diesem Fall würden zunächst diese, oder zuerst die Buudesbehörden anzugehn seyn.

2. Der Gang und die Ordnung des Austrägalverfahrens selbst. Dieß liegt unstreitig ganz außer dem Bereich des bundesmäßigen Wirkens. Folgende Fragen aber müßen noch beantwortet werden:

a) gesetzt es sollten sich gewillkührte Austräge finden, von denen ehemals die Appellation an die Reichsgerichte ausdrücklich vorbehalten oder doch stillschweigend zugelassen war, kann deshalb jetzt an die Bundes-Austrägal-Instanz appellirt werden? Ich glaube nein. Diese Instanz ist keineswegs an die Stelle der Reichsgerichte wirklich getreten, sondern nur zufällig vertritt sie dieselben gewißer Maaßen in einzelnen Streitigkeiten. Dagegen glaube ich, daß eben dieser Umstand zu einer so wesentlichen Veränderung der Umstände gehört, weshalb die gewillkührten Austräge dieser Art nicht mehr für fortbestehend angenommen werden dürfen. Und

b) gesetzt, das conventionelle Austrägalgericht hätte

eine Nichtigkeit begangen, wohin gehört die Nichtigkeitsbeschwerde? Ich glaube, an ein anderes neu zu constituirendes Austrägalgericht, wo der Streit über die Nullität als besonderer neuer Streit entschieden werden muß.

Der hauptsächlichste Punct ist schließlich

3. die Execution der von gewillkührten Austrägen gesprochenen Urtel. Conventional-Austräge haben, wie bemerkt, keine vollziehende Gewalt. Ganz ausdrücklich garantirt die B. V. nur die Vollziehung der Bundes-Austrägal-Erkenntnisse. Siehe Beschluß vom 3. August 1820. Art. 9. Aber der Art. 31. der W. Schl. Acte giebt der B. V. im Allgemeinen »die Vollziehung der durch Austräge gefällten schiedsrichterlichen Erkenntnisse«, und da vorher im Art. 24. ausdrücklich auch die Stamm- und bedingten Austräge anerkannt worden sind, so kann die unmittelbare Vollziehungsbefugniß der B. V. hinsichtlich dieser Austrägalurtel nicht bezweifelt werden [46]).

Es leuchtet aus allen diesen Betrachtungen ein, daß in Beziehung auf die gewillkührten Austräge weit mehr Schwierigkeiten entstehn können, als in Betreff der bundesmäßigen, gerade wie auch in der Reichszeit die Austräge überhaupt mehr nachtheilig als nützlich befunden und deshalb lieber gemieden wurden. Indessen sind mit Stamm- und Familien-Austrägen allerdings auch wieder unverkennbare, dem fürstlichen Stande an-

46) Eine andre Ansicht scheint dem] großh. hessischen Votum im Prot. der B. V. v. 1817 §. 215. No. 13, zum Grunde zu liegen.

gemessene Vortheile verbunden. Und im Allgemeinen werden die Souveräne selbst solche Schwierigkeiten nicht suchen. Freilich aber fällt hier die Sache in die Hände von Juristen, deren Pflicht es wieder ist, das Intereße ihrer Machthaber durch ihre Wissenschaft und Kunst zu wahren, und es kann darin aus übertriebener Sorgfalt oder Vorsicht leicht zu weit gegangen werden.

Noch entfernter von dem unmittelbaren Bereich des bundesmäßigen Wirkens, als die unter deutschen Souveränen bestehenden gewillkührten Austräge, liegen die Familien-Austräge unter den Mitgliedern einer einzelnen jetzt souveränen Familie, dergleichen es allerdings früher gab und besonders darum geben konnte, weil ja ehedem die nachgebornen Familienglieder eines reichsständischen landesherrlichen Hauses nicht Unterthanen des Regenten, sondern reichsunmittelbar waren. Hier hat sich die Sache durch die Entstehung der Souveränität in den regierenden Häuptern wesentlich verändert; ob aber darum alle und jede Austräge dieser Art für aufgehoben anzusehn seyn möchten, ist eine Frage, die sich allgemein schlechterdings nicht beantworten läßt. Jedenfalls hat der deutsche Bund, zu deßen Competenz blos die Streitigkeiten unter den Souveränen gehören, keine directe Zuständigkeit darüber; sondern Streitigkeiten der Art fallen der Landesjustiz zu, und nur wenn diese z. B. einem nachgebornen Prinzen verweigert würde, könnte die Pflicht und das Recht der B. V. für Aufrechthaltung und Gewährung des Rechtszustandes, wie bei jedem andern Unterthan, im Fall einer Beschwerde eintreten.

* * *

Nachdem bisher von den noch bestehenden ältern Stamm- und bedingten Austrägen gehandelt worden ist, wenden wir uns zu dem ersten Theil unsers Artikels, der von künftigen Einungen spricht: »es steht den Bundesgliedern frei, sowohl bei einzelnen vorkommenden Streitigkeiten als für alle künftige Fälle, wegen besondrer Austräge oder Compromiße übereinzukommen.« Wir werden hier nur noch von den Compromißen auf schiedsrichterlichen Ausspruch schen.

Austrag durch Schieds-Spruch ist der natürlichste Rechtsweg bei völkerrechtlichen Streitigkeiten, und wie bekannt auch sehr gebräuchlich. Widersinnig würde es seyn, darauf im Allgemeinen die Grundsätze des römischen Rechts de compromissis, receptis et arbitriis anwenden zu wollen, da dieses Recht gerade bei diesem Punct unvölkerrechtlich ist, und einen engern civilistischen Gesichtspunct genommen, obgleich es sich durch Justinians Verordnungen schon sehr dem völkerrechtlichen genähert hat. Man könnte freilich einwenden, daß die deutschen Bundesmächte unter sich in subidium bei ihren Streitigkeiten nichts destoweniger das römische Recht als Entscheidungsquelle betrachtet haben wollen; dieß hat jedoch nur in so weit seine Richtigkeit, als das römische Recht in Streitigkeiten jetziger Bundesglieder bei den ehmaligen Reichsgerichten als subsidiarische Entscheidungsquelle diente und dienen konnte (Vgl. zu Art. 23. der W. Schl. A.). Nun ist es unstreitig, daß auch im Gebiet des deutschen Fürstenrechts, ja selbst inter privatos man sich niemals absolut an die Vorschriften des römischen Rechts hinsichtlich der Compromiße und schiedsrichterlichen Entscheidungen gebunden hat. Der Hauptpunct, worauf es hier ankommt, ist die obligatorische Kraft der Compromiße und der davon abhängigen Wirkung des schiedsrichterlichen Ausspruchs.

Nach dem römischen Recht verhält es sich damit kürzlich so:

1) Man kann in der Art compromittiren, daß man sich im Fall des Unterliegens dem schiedsrichterlichen Ausspruch zu fügen und im Unterlaßungsfall eine Conventionalstrafe zu zahlen ausdrücklich verspricht. Hier hat der obsiegende Theil bei einer Nichtbefolgung des Schiedsspruchs blos das Recht, auf die Leistung der Conventionalstrafe zu bestehen [46]; im Uebrigen bleibt das Rechtsverhältniß unter den Parteien unverändert.

2) Ist keine Conventionalstrafe vorbedungen, so erhält der Ausspruch unbedingte Kraft, wenn sich die Parteien demselben entweder ausdrücklich vor oder nach dem Ausspruch unterworfen, oder stillschweigend 10 Tage lang dabei beruhigt haben, ohne ihr Mißfallen dagegen durch eine bestimmte Erklärung auszudrücken. Nach germanischer Sitte hat aber wohl von jeher das einfache Compromiß, die Wahl eines Schiedsrich-

46) Neuere Practiker, besonders beim R. C. G. verstanden dieß sehr unglücklich so, als könne sich der Unterliegende durch Anbieten der Conventionalstrafe von der Erfüllung des laudi befreien, was ganz gegen die Ansichten des röm. R. und die Natur einer Conventionalstrafe ist. M. s. *Ludolf* de J. Camerali p. 388. Auch *Neumann* J. Princ. priv. T. VIII, p. 20.

ters in der Absicht, durch denselben eine Streitigkeit endlich entscheiden zu laßen, durch sich selbst weit mehr, d. h. eine rem judicatam vorbereitende Wirkung gehabt; und eben diese Ansicht scheint auch im canonischen Recht durchaus vorzuherrschen, so daß die römischen Unterschiede, namentlich auch jene Reuzeit von 10 Tagen in keinen Betracht weiter kommen [47]). Freilich haben die älteren Practiker dieß nicht durchaus festgehalten; sie haben durch mannigfaltige Mißverständniße verleitet, sogar eigentliche Rechtsmittel gegen Arbitral-Aussprüche erfunden. Dem sey aber wie ihm wolle, unter Souveränen und im Fürstenrecht sind immer einfache Compromiße und darauf gegründete Entscheide an sich selbst für giltig gehalten worden, ohne daß einseitige Reue oder weitere Berufung dagegen zugelassen worden ist [48]). Denn der Fürsten Zusage muß so viel gelten wie ein Eidschwur [49]). Ist also auf irgend eine Weise eine Einigung wegen schiedsrichterlichen Ausspruchs geschloßen worden, so muß es dabei sein Bewenden haben, und die Nachgelebung kann nur wegen Nichtigkeit der Einigung oder des Ausspruchs versagt werden. Sollte eine Conventionalstrafe bedungen seyn, so kommt es auf den Inhalt des Compromißes an, in wie fern

47) Vgl. *J. H. Boehmer* J. Eccl. Prot. t. I, p. 963. §. XIV.

48) *Struvii* Iprud. heroica t. I, p. 93. §. 82.

49) Worte Alberts v. Meklenburg in seinem Testament. Vgl. *Myler ab Ehrenbach* Nomol. c. 6. *Carpzov* ad L. regiam c. 3. S. 8. n. 8. *Waldner de Freundstein* Comm. de firmamentis convention. publ. Gies. 1701. l. II. §. 2. p. 35.

durch ihre Leistung die Erfüllung des Spruchs abgelehnt werden dürfe. Alles Uebrige, was die Bestellung der Schiedsrichter, ihre Erforderniße, die zu beobachtende Procedur, die Giltigkeit und Dauer des Compromißes betrifft, muß dagegen unstreitig aus dem gemeinen, besonders römischen Recht, das sich auch hierin wieder der naturalis ratio anschließt, entlehnt werden. Als eine Eigenheit ist es nur noch zu bemerken, daß, wenn auf einen Souverän compromittirt wird, demselben dadurch nach völkerrechtlichem Gebrauch zugleich die Befugniß gegeben ist, sich dabei seiner Räthe zu bedienen und diese gleichsam zu delegiren, nur daß er den endlichen Ausspruch selbst thun muß [50]).

In der deutschen Bundes-Verfassung liegt Nichts, was zu einem Rechtsmittel gegen schiedsrichterlichen Ausspruch berechtigen könnte [51]). Nur auf Nichtigkeit desselben [52]) würde im Bundesausträgalwege geklagt wer-

50) Vgl. *Neumann* J. Pr. priv. t. VIII, p. 14. §. 18.

51) Auch nicht in der Analogie des ehemaligen Reichsrechts. Denn die Verordnung im R. A. von 1594 §. 66. 67. ist rein singulär.

52) Nichtigkeitsgründe können seyn: 1) in Ansehung des Compromißes, wenn dasselbe als Convention ungiltig oder unverbindlich ist; 2) in Ansehung des Schiedsrichters, wenn derselbe absolut unfähig gewesen seyn sollte, oder wenn er dolo malo, oder von Mehrern Einer ohne die andern unbefugt gehandelt hätte; 3) in Ansehung der Parteien, wenn sie nicht gehörig vertreten worden; 4) in Ansehung der Procedur, wenn ein Theil unvollständig oder gar nicht gehörig vernommen worden; 5) in Ansehung des Urtels, wenn es nach erloschenem Compromiß

den können; eben dahin würde die Sache zu bringen seyn, wenn die Vollziehung des Compromißes oder des Laudi verweigert würde, um ein bundesmäßig executorisches Urtheil zu erlangen [53]), sofern nicht durch das Compromiß schon der B. V. selbst die Execution oder die Garantie unmittelbar übertragen seyn sollte.

Von den Arbitral-Entscheidungen auf den Grund eines Compromißes sind übrigens wohl zu unterscheiden

1) bloße Vermittlungen, welche einen Vergleich zur Folge haben können, jedoch unter deutschen Bundesgliedern niemals den Charakter bewaffneter Vermittlung haben dürfen, wegen Art. 11. der B. A. Der Bund selbst hat ein Recht der bewaffneten Vermittlung nicht; er kann zwar, wenn ein bundeswidriger Kampf unter einzelnen Gliedern zu befürchten oder gar schon eintreten sollte, bewaffnet dazwischen treten, jedoch zu keinem Vergleich zwingen, sondern muß in event. die Sache auf eine Austrägal-Instanz hinleiten.

2) Bloße qualitative oder quantitative Festsetzungen einer an sich unbestrittenen Obligation, oder Auseinandersetzung und letzte Vollziehung eines entschiednen

gefällt wurde, oder etwas moralisch oder physisch Unmögliches enthielt. Bloße Unbilligkeiten oder Rechtsverstöße begründen keine Nichtigkeit der Arbitral-Entscheidungen, wenn nicht dolus oder culpa lata des Schiedrichters erweislich ist.

53) Denn unmittelbar executorisch sind freilich in Ansehung des ordentlichen Richters die Schiedssprüche nicht, sondern es muß erst bei ihm darauf geklagt werden. Vgl. unten das bei der Execution Angemerkte.

Rechtsanspruchs an den resp. Gegenständen durch angeordnete Schiedsleute oder Schiedsfreunde. Denn auch diese sind hier bloße Mittelspersonen, als boni viri handelnd, wenn ihnen nicht durch unbedingte Unterwerfung richterliche Eigenschaft gegeben wird. Ohnedem kann bei offenbar unbilligen Verletzungen eines Theils die Rectification bei dem gewöhnlichen Richter, unter deutschen Bundesgliedern also bei der B. V. und einer Austrägal-Instanz gesucht werden [54]).

[c) Diadicasien unter Bundesgliedern.]

Art. 30. Wenn Forderungen von Privatpersonen deshalb nicht befriedigt werden können, weil die Verpflichtung, denselben Genüge zu leisten, zwischen mehrern Bundesgliedern zweifelhaft oder bestritten ist, so hat die Bundesversammlung auf Anrufen der Betheiligten zuförderst eine Ausgleichung auf gütlichem Wege zu versuchen, im Fall aber, daß dieser Versuch ohne Erfolg bliebe und die in Anspruch genommenen Bundesglieder sich nicht in einer zu bestimmenden Frist über ein Compromiß vereinigten, die rechtliche Entscheidung der streitigen Vorfrage durch eine Austrägal-Instanz zu veranlassen.

Anmerkungen. Warum wir die in diesem Artikel erwähnten Streitigkeiten **Diadicasien** nennen,

54) Vgl. l. 76—79. D. pro socio l. 30. D. de op. libert. *d'Arnaud* var. conj. II, 16. Meine Institut. des Civ. Proc. S. 226. Not. 8. Den Unterschied dieser Arbitratoren von den eigentlichen Arbitris bemerkt auch richtig Böhmer a. a. O. S. 964. in fin. Andere hat er aber verwirrt, daß sie nun überall von schiedsrichterlichen Urteilen Rechtsmittel zulaßen wollten.

ist schon zum Art. 11. der B. A. bemerkt worden. So klar nun auch die Worte des gegenwärtigen Artikels scheinen mögen bei Bestimmung der Voraussetzungen einer solchen Diadicasie: so bieten sie doch einzelne Schwierigkeiten dar und haben auch schon in einzelnen Fällen dergleichen veranlaßt. Die Voraussetzungen sind nämlich diese:

1) es muß eine Privatperson eine Forderung geltend machen, — gleichviel ob gerichtlich oder außergerichtlich, denn das ist nicht unterschieden — bei welcher sich hinsichtlich der Verpflichtung zur Befriedigung eine Concurrenz mehrerer Bundesglieder hervorthut. Hierbei ist es ohne Zweifel gleichgiltig, ob die Privatperson ihre Forderung ausdrücklich gegen mehrere Bundesglieder zugleich richtet, oder nur gegen Eines, sofern nur dieses alsdann seine Verpflichtung zur ausschließlichen Befriedigung der Privatpersonen um deßwillen ablehnt, weil dabei ein oder das andere Bundesglied betheiligt sey, welches entweder principaliter für das Ganze oder zu gewissen Antheilen für die Schuld haften müße. Jedes auf das Ganze einer Schuld bei dem competenten ordentlichen Landesgericht in Anspruch genommene Bundesglied hat demnach unstreitig auf den Grund des obigen Artikels und unter den darin bemerkten Voraussetzungen eine proceßhindernde Einrede, dahin gehend, daß sich das Landesgericht in der Sache aller weitern Cognition enthalte, bis am Bundestage die Vorfrage im Wege einer Diadicasie entschieden seyn werde. Der Bundes-Instanz ist durch obigen Artikel die ausschließliche Competenz darüber beigelegt; es ist hier causa

major vorhanden und causae maiori per minorem praeiudicium fieri nequit [55]. Wie aber, wenn ein in solidum bei seinen Landesgerichten in Anspruch genommenes Bundesglied seine Verbindlichkeit und jede Concurrenz dabei ganz abläugnen und sie ganz auf andre Bundesglieder schieben wollte? Hier glaube ich, muß das Landesgericht praeiudicialiter darüber erkennen, ob wirklich eine solche gänzliche Ablehnung Statt haben könne und im Fall quod non und einer erhellenden Concurrenz andrer Bundesglieder, die Sache als zur Bundesdiadicasie geeignet vorläufig von sich abweisen; wogegen es den Impetranten bei wirklich erhellender Theilnamlosigkeit des Impetraten ganz abweisen müßte [56].

2) Es muß unter mehrern Bundesgliedern zweifelhaft oder streitig (von einem behauptet von dem andern geläugnet) seyn, entweder, wer von ihnen für das Ganze der Forderung principaliter und wer nur subsidiarisch, oder zu welchen Theilen jedes verpflichtet sey; denn alles dieß liegt in den Worten des Artikels und ist auch bisher so verstanden worden. Man kann indessen noch die Frage aufwerfen, ob nicht die Liquidität der Forderung an und für sich ein nothwendiges Erforderniß zu einer solchen Bundesdiadicasie sey. Die Affirmative hat ein von dem Großherzoglichen Ober-Appellations-Gericht zu Darmstadt am 30. Mai 1826 publicirtes Austrägalurtel in der Sache der Testaments-Executoren des Churfürsten von Trier angenommen [57]; es hat

55) Vgl. meine Institutionen des Civ. Proc. S. 104. 105.

56) Vgl. das preußische Votum. B. Pr. XIV, S. 377.

57) Protocolle der d. B. V. v. 1826. S. 137.

angenommen, daß durch die Entscheidung der Vorfrage zugleich die unmittelbare Zahlungsverbindlichkeit entschieden werde, weil im Art. 30. vorausgesetzt sey, daß hinsichtlich der Liquidität der Forderung, oder der Frage, ob diese bezahlt werden müsse, kein Zweifel mehr obwalte und nur das Wer zu zahlen habe, streitig sey. Ohne daß man sich jedoch über das sonst so trefflich motivirte Urtel eine Kritik erlaubt, kann man doch jene Ansicht, die ohnehin nur nebenbei geäußert wird, noch nicht als gerechtfertigt gelten lassen; gegen sie ist die Erklärung der Redactions-Commission bei den Wiener Conferenzen in einer Sitzung vom 15. April 1820, »daß die Vorschriften des Art. 30. sich einzig auf die Frage bezögen, welche Bundesstaaten die Forderung überhaupt angehe, und es bliebe hiebei lediglich dahin gestellt, ob die Forderung an sich begründet sey, oder nicht« [58]). Und darum hat man auch wohl absichtlich die Fassung des Artikels gewählt, wie sie sich vorfindet.

Nothwendiges Erforderniß einer solchen Diadicasie ist hingegen noch

3) daß von den Betheiligten (oder wenigstens einen derselben) darauf angetragen wird. Und hierunter sind, nach einem anderweitigen Vortrag der bemerkten Redactions-Commission sowohl Bundesglieder als auch Privatpersonen begriffen [59]).

Keine Statt haben Bundesdiadicasien

1) wenn ein Bundesglied selbst an mehrere andre zugleich eine Forderung machen sollte und unter diesen

58) Klüber öff. R. d. d. B. §. 148 m. Not. a.

59) Ebendas. Not. c.

die Vorfrage streitig wäre. Dieß gehört zur Hauptsache auf den ordentlichen Bundesausträgalweg;

2) wenn eine auswärtige Macht an verschiedne Bundesglieder Forderungen erhebt, und dabei Aehnliches sich ereignete. Hier gilt, was von den Streitigkeiten auswärtiger Mächte mit deutschen Bundesgliedern überhaupt geordnet und oben zu Art. 11. der B. A. bemerkt worden ist. Die Austrägal- und garantirten Justiz-Institutionen des Bundes sind nicht für auswärtige Mächte. Ob aber für deren Unterthanen, die als Privatpersonen reclamiren? Fast scheint dieß nach dem jetzigen Geist der Justizpflege, welche auch Ausländern ohne Unterschied eröffnet ist, bejaht werden zu dürfen. Und ein Gleiches würde anzunehmen seyn, wenn auswärtige Souveräne Privatforderungen gegen deutsche Fürsten bei deren Tribunälen geltend machen sollten.

Gesetzt nun endlich noch, mehrere Bundesglieder wären unter sich in Betreff der Forderung einer Privatperson einig, in welchem Verhältnisse sie dabei zu concurriren hätten: muß sich der Impetrant dem eben so wie einer res judicata unterwerfen? Ich glaube allerdings, da eine solche Vereinigung ein völkerrechtlicher souveräner Act ist, welchem, gleichwie andern völkerrechtlichen Stipulationen das Privat-Interesse sich unterordnen muß. Und in der Regel wird das Recht des Gläubigers dadurch nicht erschwert werden. Dieß Princip scheint auch einem Bundesbeschlusse (Prot. Bd. XIII. S. 22—24) zum Grunde gelegen zu haben. Doch läßt sich darüber streiten. Sind die beanspruchten Bundesglieder unter sich einig, daß der Impetrant gar nichts zu fordern habe, so kann ihm nur überlassen bleiben, die einzelnen Bundesglieder jedes bei seinen Territorialgerichten zu verklagen, worauf dann in der obenbemerkten Art es allerdings noch zu einer Diadicasie kommen kann.

[Execution.]

Art. 31. Die Bundesversammlung hat das Recht, und die Verbindlichkeit, für die Vollziehung der Bundesacte und übrigen Grundgesetze des Bundes, der in Gemäßheit ihrer Competenz von ihr gefaßten Beschlüsse, der durch Austräge gefällten schiedsrichterlichen Erkenntnisse, der unter die Gewährsleistung des Bundes gestellten compromißarischen Entscheidungen und der am Bundestage vermittelten Vergleiche, so wie für die Aufrechthaltung der von dem Bunde übernommenen besondern Garantien zu sorgen, auch zu diesem Ende, nach Erschöpfung aller andern bundesverfassungsmäßigen Mittel die erforderlichen Executionsmaasregeln mit genauer Beobachtung der in einer besondern Executions-Ordnung dieserhalb festgesetzten Bestimmungen und Normen in Anwendung zu bringen.

Anmerkung. Dieser Art. ist gleichlautend mit Art. 1. der Executions-Ordnung vom 3. Aug. 1820.

Bundes-Beschluß über die Vermittlung und die Austrägal-Instanz bei Streitigkeiten der Bundesglieder.

vom 16. Juni 1817.

Die verbündeten souveränen Fürsten und freien Städte Deutschlands haben die schon in der Wesenheit des deutschen Bundes, als eines mit einem gemeinschaftlichen Nationalbande verbundenen Staatenvereins gegründete Verpflichtung durch den XI. Art. der B. A. ausdrücklich übernommen, sich unter einander unter keinerlei Vorwande zu bekriegen, noch ihre Streitigkeiten mit Gewalt zu verfolgen, sondern sie bei der B. V. anzubringen.

Zur Verfolgung dieses Bundeszwecks und zur Erfüllung der in der Bundesacte hierüber noch besonders übernommenen Pflichten hat die B. V. Folgendes festgesetzt:

I. Die Bundes-Versammlung ist diejenige Behörde, bei welcher alle und jede Streitigkeiten der Bundesglieder unter sich anzubringen sind. Es versteht sich jedoch von selbst, daß den Bundesgliedern überlassen bleibe, auch ohne Zutritt der B. V. die gütliche Ausgleichung ihrer Streitigkeiten unter sich zu treffen und sich einander die Austräge zu gewähren; indem die Thätigkeit der B. V. nur dann eintritt, wann sich die Bundesglieder über einen streitigen Gegenstand auf keine Art unter sich einigen können.

II. Wenn eine Streitigkeit mit gehöriger Darstellung der Ansprüche des Beschwerde führenden Theils wirklich angebracht worden ist, so wird die B. V vor Allem die Vermittlung unter den streitenden Theilen

a) durch einen Ausschuß versuchen, welcher aus zwei und nach Befinden auch aus mehrern Bundesgesandten besteht. — Dabei wird sie nach Beschaffenheit der jedesmahligen Umstände ermessen, ob und in wiefern eine Zeitfrist zur Erledigung des Vermittlungsgeschäfts von ihr vorgeschrieben werden soll. Jedem der zwistigen Theile steht es jedoch frei, bei der B. V. auf eine Fristsetzung anzutragen. — Die B. V. macht die Ernennung des Ausschusses den Parteien bekannt.

b) Der Ausschuß wird hierauf, unter Bestimmung eines kurzen Termins, von dem beklagten Theile gleichfalls eine Darstellung der Sache und seiner Einreden begehren, um in Vergleichung derselben mit der Darstellung des Klägers, angemessene Vorschläge zu gütlicher Beilegung der entstandnen Streitigkeiten entwerfen zu können.

c) Sodann wird derselbe einen Termin zum Versuch der Güte ansetzen und sich bemühen, einen Vergleich zu Stande zu bringen. Bei eintretenden Schwierigkeiten wird der Ausschuß, so wie überhaupt von dem Erfolge der B. V. Bericht erstatten.

d) Die Vergleichs-Urkunde wird in Urschrift, die gegenseitigen Ratificationsurkunden aber werden in beglaubter Abschrift in dem Bundesarchiv niedergelegt und der Bund übernimmt die Garantie des Vergleichs.

Anmerkung. Diese Garantie versteht sich ipso iure auch ohne Uebertragung, und damit auch zugleich die Vollziehungsbefugniß. S. Exec. O. Art. 1. 12.

III. Wenn der Vermittlungsversuch bei Streitigkeiten der Bundesglieder unter sich ohne Erfolg bleibt, und daher eine richterliche Entscheidung erfolgen muß: so wird vor der Hand festgesetzt, daß um dem Bedürfniß des Augenblicks abzuhelfen, für jeden vorkommenden Fall eine Austrägal-Instanz gebildet werde. Was aber den Vorschlag wegen Errichtung einer permanenten Austrägal-Commission betrifft, so wird derselbe nicht als aufgehoben betrachtet, sondern sich vorbehalten; nach dem Gange der Erfahrungen, welche sich bei Anwendung des gegenwärtigen Beschlusses im Laufe der Zeit ergeben dürften, den ersten Antrag in erneuerte Proposition zu bringen.

Die Art und Weise der Aufstellung der vor der Hand angenommenen, erst für jeden vorkommenden Fall zu bildenden Austrägal-Instanz wird folgendermaßen bestimmt.

1. Ausgegangen von dem Art. XI. der D. B. A. und dem würdevollen Standpunct sämmtlicher deutscher Regierungen, kann die deutsche B. V. nur sich selbst und keine auswärtige Behörde unmittelbar als Austrägal-Instanz erkennen.

2. Wenn der zur Vermittlung der Streitigkeiten angeordnet gewesene Ausschuß die Anzeige von dem mißlungenen Versuche bei der B. V. gemacht hat, so hat binnen 4—6 Wochen, von dem Tage der Anzeige an gerechnet, der Beklagte dem Kläger drei unparteiische Bundesglieder vorzuschlagen, aus welchen dieser eines binnen gleicher Frist wählet.

Geht jene Frist vorüber, ohne daß der Beklagte drei vorschlägt, so geht dieses dreifache Vorschlagsrecht an die Versammlung des Bundestags über, woraus alsdann der Kläger einen zu wählen hat.

Anmerkung 1. Es kann wohl in gewöhnlichen Fällen — die Diadicasien nämlich ausgenommen — selten zweifelhaft seyn, wer die Rolle des Klägers und wer die des Beklagten zu übernehmen habe. Kläger ist immer, wer wegen eines gegenwärtigen Interesse eine rechtliche Entscheidung verlangt; bei wechselseitigen Anträgen derjenige, der zuerst auf Entscheidung bestand, (vgl. l. 12. D. de except; und l. 29. D. de iudic.) im Zweifel entscheidet wenigstens bei Theilungsklagen das Loos (l. 14. D. de iudic.). Bei Vindicationen ist immer der Besitzer der Beklagte.

Anmerkung 2. Drei unparteiische Bundesglieder. Sollte sich also unter den Vorgeschlagenen ein bei der Sache intereßirtes Bundesglied finden, so kann der Kläger vorerst dagegen excipiren.

Anmerkung 3. Bei den gemachten Fristbestimmungen haben den Verfaßern des Beschlußes unstreitig die reichsgesetzlichen Austräge vorgeschwebt. Wenn nämlich Fürsten und Fürstenmäßige sich unter einander belangten, so mußte der Kläger dem Gegentheil seine Ansprüche schriftlich bekannt machen und ihn ersuchen, sich in Güte zu fügen, in deren Entstehung aber binnen 4 Wochen vier Fürsten oder Fürstenmäßige als Austragsrichter vorzuschlagen. Aus diesen mußte dann der Kläger binnen 4 Wochen nach der Benennung einen erwählen. Vgl. Conc. der C. G. O. II, 2. Bei den nunmehrigen Bundesausträgen giebt es aber natürlich einige Abweichungen. Zuerst nämlich, scheint es, bestimmt die B. V. die Frist, entweder von 4 oder 6 Wochen, binnen deren der Beklagte zu benennen und der Kläger zu wählen hat. Sie läuft also nicht ipso iure. Hingegen scheinen die einmal gesetzten Fristen wirklich peremtorisch zu seyn; doch hat die B. V. wenigstens schon in einem Fall dem Beklagten aus besondern Rücksichten (es waren mehrere Beklagte) Dilation gegeben. (Prot. der B. V. v. 1822. §. 161). Die Folgen der Fristversäumung sind verschieden. Versäumt sich der Beklagte mit den Vorschlägen, so devolvirt das Recht auf die B. V. Versäumt sich aber der Kläger mit der Wahl, so ist kein ähnliches Präjudiz bestimmt, und zwar sehr richtig und im Einklang mit den Grundsätzen des Proceßrechts. Niemand wird zur Klage gezwungen, zum Betrieb seines Processes. Der Kläger also hat auch keine absolute Verbindlichkeit zu wählen, wenn er jetzt noch nicht die Sache einleiten will. Die Folge kann dann nur die seyn, daß die von beklagter Seits gemachten Vorschläge dreier Bundesglieder für nicht geschehen anzusehn sind. Denn der Beklagte oder für ihn die B. V. macht eben diese Vorschläge unter der gesetzlich feststehenden Bedingung und Voraussetzung, daß der Kläger binnen 4–6 Wochen daraus eine Wahl treffe. Erfolgt sie nicht, so ist das Vorangegangene, weil die Bedingung nicht eingetreten ist, für nicht geschehn zu halten. Will der Kläger dann später die Sache doch fortsetzen, so muß dem Beklagten ein nochmaliger Vorschlagstermin gestattet werden. So löst sich die Frage nach allgemeinen Rechtsprincipien leicht auf. Anders war es bei den erwähnten reichsgesetzlichen Austrägen. Hier wurde der nicht zur rechten Zeit wählende Kläger der Austrägalinstanz ganz verlustig (*Ludolf* Comm. System. de J. camer. Sect. 1. §. 3. No. 24. p. 43) die Sache mußte nun schlechthin an die Reichsgerichte gebracht werden. Hieraus läßt sich aber selbstredend keine Analogie auf das Jetzt ziehn und dem Kläger kann unmöglich darum alles Recht abgeschnitten werden. Anders auch der letzte Entwurf einer neuen Austrägalordnung vom 21. December 1820. §. 11. (S. unten) der noch nicht Gesetzeskraft hat. Und andere Principien müßen bei den Diadicassen eintreten, wovon ebenfalls später.

Was nun von einzelnen Klägern und Beklagten gilt, gilt nothwendig auch von mehrern Litisconsorten. Vereinigen sich die mehreren Beklagten nicht über die vorzuschlagenden Bundesglieder, so devolvirt das Recht auf die B. V. denn alsdann liegt kein bestimmter Vorschlag vor. Vereinigen sich die mehreren Kläger nicht über die Wahl, so ist auch weiter nichts geschehen, die Sache muß auf sich beruhen bleiben; jeder mag alsdann für sich allein von der beklagten Partei neue Vorschläge fordern und darauf sofern es zulässig ist, wie es in der Regel Statt findet [60]), den Proceß für sich allein führen. Es kann aber auch, wie bereits vorgekommen ist [61]), der klägerische Litisconsorte schon für sich selbst im Lauf der Frist selbstständig wählen, und die andern können später noch beitreten. Denn was ein Litisconsort nützlich thut, nutzt in der Regel auch den Uebrigen, wenn una omnium causa [62]). Daß das Wahlrecht aber auch in diesem Fall auf die B. V. devolvire, wie Klüber (a. a. O. §. 148k Not. e.) annimmt, läßt sich nach der jetzigen Lage der Bundesgesetzgebung und aus proceßualischen Grundsätzen noch keineswegs aus einer vermeintlichen paritas rationis rechtfertigen. Doch nimmt der neueste Entwurf dieß aller-

60) Vgl. meine Institutionen des Civil Pr. S. 75. 76.

61) Vgl. Prot. d. B. V. v. 1822. §. 182. 196.

62) Vgl. die in meinen Instit. S. 76. Not. 52. angeführten Stellen.

dings an, und daß dieß mit gutem Fug verordnet werden könne, hat natürlich kein Bedenken.

Schließlich ist es beiden Parteien unbenommen, sich sofort ohne weitere Fristen und Vorschläge über ein Austrägalgericht zu vereinigen. Vgl. Prot. von 1824. §. 11. u. 33.

3. Die dritte oberste Justizstelle des auf eine oder die andere Art gewählten Bundesgliedes ist hiernächst als die gewählte Austrägal-Instanz [63]) zu betrachten, welche im Namen und anstatt der Bundes-Versammlung, so wie vermöge Auftrages derselben handelt, und die B. V. hat dem gewählten Gerichtshof diese seine Bestimmung nicht nur bekannt zu machen, sondern ihm auch unter Mittheilung der Vergleichsverhandlungen förmlichen Auftrag zur Vollziehung der Bundesacte als Austrägal-Instanz zu ertheilen.

Sämmtliche dritte oberste Justizstellen der deutschen Bundesglieder sind sonach als solche zu betrachten, aus denen in obiger Weise die Austrägal-Instanz gewählt und sodann die bestimmt gewählte von der B. V. förmlich dazu beauftragt wird.

Anmerkung. Die Qualificationen der Justizstelle, welche im Auftrag der Bundes-Versammlung eine Austrä-

63) Man erwartet hier einen andern Ausdruck, etwa: als der gewählte besondere Austrägal-Richter, oder: als Austrägal-Commission. Denn oben unter No. 1. hat die B. V. erklärt: »daß sie nur sich als Austrägal-Instanz erkennen könne.«

gal-Instanz zu bilden bundesmäßig geeignet seyn soll, sind folgende:

1. es muß eine oberste ordentliche Justizstelle dritter Instanz eines deutschen Landes seyn, oder wenn es mehrere oberste Justizstellen dritter Instanz darin giebt, eine von den mehrern coordinirten. Ein subordinirtes oder ein mittleres oder außerordentliches Instanzgericht kann es nicht seyn.

2. Diese Justizstelle muß eine bestimmte Proceßordnung haben, nach welcher eine Rechtssache bei ihr selbst vollständig von Anfang bis zu Ende instruirt werden kann. S. nachher No. 5. und 6. des Bundesbeschlußes.

Dies Alles liegt klar in den Bestimmungen und Worten. Demnach aber könnte man fragen, wie ein königlicher preußischer Gerichtshof jemals Austrägalrichter nach der jetzt bestehenden preußischen Justizorganisation werden könne. Die Oberlandesgerichte in den Provinzen haben nur die erste und zweite Instanz; blos ausnahmweise per delegationem für das geh. O. Tribunal, auch in gewißen Sachen die dritte. Das geheime Ober-Tribunal ist die eigentliche oberste Justizstelle dritter Instanz. Bei ihm findet aber keine Instruction statt, es ist nur Spruch-Collegium, ihm werden die instruirten Acten von den subordinirten Gerichten vorgelegt. Das Appellations-Gericht zu Cöln hat nur eine zweite Instanz in Civilsachen. Der Cassations- und Revisionshof zu Berlin ist zwar ein höchstes Gericht, ohne aber eine eigentliche dritte Instanz zu haben; seine noch provisorische

Gerichtsordnung enthält für das Verfahren und die Competenz des Hofes specielle Voraussetzungen, die in Austrägalsachen nicht eintreten; überhaupt ist er nur ein Ausnahmegericht. Preußen könnte daher factisch in diesem Punct von den Bundesrechten ausgeschlossen scheinen [64]). Und ebenso auch Holstein-Lauenburg, wo es kein oberstes Gericht dritter Instanz giebt, und noch ein kleiner deutscher Staat.

4. die Uebernahme des Austrägal-Auftrags von der bestimmten dritten obersten Justizstelle ist als Bundespflicht anzusehen. Nur ganz besondere, der B. V. etwa unbekannt gewesene Verhältnisse, welche eine völlige Unfähigkeit der Instanz-Uebernahme enthalten, können zur Entschuldigung dienen, sind aber binnen 14 Tagen, von dem Tage des erhaltenen Auftrags, bei der Bundes-Versammlung vorzubringen.

Da nach dem Art. XII. der B. A. alle Staaten des Bundes künftig ein eigenes oder gemeinschaftliches Gericht dritter Instanz haben müßen: so kann auch jedes Bundesglied erkoren werden, welches ein eignes oder auch nur ein gemeinsames Gericht dritter Instanz hat.

Wenn ein Bundesglied erwählt wird, in deßen Staaten mehrere Gerichte dritter Instanz bestehen, und der Kläger hat sich über die Wahl der Gerichtsstelle nicht ausgesprochen: so wird die B. V. diese Auswahl treffen.

64) Darauf bezieht sich auch vielleicht der preußische Vorschlag wegen der künftigen Austrägal-Ordnung, B. Pr XIV, S. 384.

Anmerkung z. d. W. »Da nach dem Art. XII — Instanz hat. Nach den Erklärungen der Herren Bundes-Gesandten auf Hannöverische Veranlaßung, versteht es sich jedoch von selbst, daß niemals zwei oder drei Mitglieder vorgeschlagen werden können, die eben nur ein gemeinschaftliches oberstes Gericht haben, um dadurch das Wahlrecht des Klägers zu vereiteln. S. B. Prot. v. 1817. §. 420. Bd. IV. S. 136.

5. Der also eintretende oberste Gerichtshof hat sodann die Angelegenheit zu instruiren; besteht derselbe aus mehreren Senaten, so hat er diese Austrägalsache in pleno zu verhandeln, und das Urteil, es sey ein definitives oder ein Zwischen-Erkenntniß, zu schöpfen. In letzterem Fall wird die Instruction bei demselben Gerichtshofe fortgesetzt. In ersterem aber wird das geschöpfte Erkenntniß von demselben obersten Gerichtshofe ausdrücklich im Namen und aus Auftrag des Bundes den Parteien eröffnet, und der Gerichtshof überschickt demnächst dem Bundestage die Acten und das Erkenntniß, um auf deßen Befolgung halten zu können.

Anmerkung. Daß auch ein bedingt definitives Erkenntniß gefällt werden könne, ist außer Zweifel und schon durch die bisherige Praxis bestätigt. Die Transmißion der Acten an Spruch-Collegien findet nach den Worten des vorstehenden Beschlußes niemals statt. Anders bei den reichsgesetzlichen Austrägen. S. Danz. Grundś. des Reichsgerichtl. Pr. §. 257. No. 7. Sich für incompetent erklären kann das Austrägalgericht niemals. Seine Competenz liegt allemal in dem Auftrag der B. V.

begründet. Ob aber nicht die Einrede, daß die Bestellung der Austrägal-Instanz auf eine bundesgesetzlich nichtige Weise erfolgt sey, bei ihm vorgebracht werden könnte? Meines Erachtens gehört auch diese Frage blos zur Competenz der B. V. Dagegen wird es erlaubt seyn, einzelne Mitglieder des Gerichts im gewöhnlichen Wege des Proceßes zu recusiren oder zu perhorresciren; versteht sich in der Regel vor der Kriegsbefestigung.

6. Die Instruction des Proceßes geschieht nach der Proceßordnung, welche der betreffende oberste Gerichtshof überhaupt beobachtet, und ganz in selbiger (derselben) Art, wie die sonstigen alldort zu instruirenden Rechtssachen verhandelt werden.

Anmerkung. Hier läßt sich fragen, ob auch der Unterschied zwischen dem ordentlichen und summarischen Proceß, der wohl bei allen deutschen Gerichtshöfen besteht, zu beobachten sey? In der Regel werden die Streitigkeiten der Bundesglieder sich zwar nur zum ordentlichen Proceß eignen, indeßen können auch summarische Fälle vorkommen. Soll dann also auch summarisch nach der Proceßordnung des Austrägalgerichts procedirt werden? Nach den vorstehenden Worten des Bundesbeschlußes läßt sich dieß allerdings rechtfertigen: ganz in derselben Art 2c., wodurch das vorangegangene überhaupt näher bestimmt wird. Dabei ist jedoch zuvörderst zu bemerken, daß wesentlich nur von dem unbestimmten summarischen Proceß — der ohnehin wenig vom ordentlichen abweicht — die Rede seyn könnte. Von selbst fällt weg der Arrest- und Mandatsproceß, bei welchen beiden ein unmittelbares richterliches Einschreiten vorausgesetzt wird, und die ohnehin unter souveränen Bundesgliedern nicht denkbar sind. Nur der reine Citationsproceß ist möglich, eben so wie ehedem bei den reichsgesetzlichen Austrägen (Danz a. a. O. §. 251). Was das Executivverfahren betrifft, so möchte sich aus seiner Entstehungsgeschichte, und aus einigen andern Seiten manches gegen seine Zuläßigkeit unter Souveränen erinnern, manches aber auch dafür aus seinem Zweck und dem gewöhnlich damit verbundenen Begriff sagen laßen.

Gegen die Statthaftigkeit des summarischen Proceßes in Austragssachen ließe sich aber vielleicht im Allgemeinen schon bemerken, daß die Sachen unter Souveränen einer gemeßenen, niemals übereilten Cognition wesentlich bedürfen; daß auch der vorliegende Bundes-Beschluß in der nachfolgenden No. 8. für alle Sachen ohne Unterschied ein Jahr zur Beendigung regelmäßig vorschreibt. Indeßen dürfte dennoch immer eine nähere Bestimmung über die angeregte Controverse nöthig seyn. Ausdrücklich wird ein summarisches Verfahren, wie wir gesehn haben, anerkannt in causis momentaneae possessionis, und in terminis executivis (Exec. O. Art. 12). Man könnte hieran füglich auch die Frage knüpfen, ob unter Souveränen überhaupt ein Unterschied zwischen petitorischen und Besitzsachen zu machen sey; ob das possessorium ordinarium Statt finde; endlich ob Provocationes ad agendum Platz greifen? Alle diese Fragen müßen m. E. bejahet werden, da das gemeine Recht subsidiarische Entscheidungsquelle seyn soll, wie es sogleich im B. Beschluß gesagt und schon oben bemerkt ist.

Nach der Proceßordnung des Austrägalgerichts richtet sich übrigens auch die Form der Beweisaufnahmen, nicht aber die Zuläßigkeit und die Wirkung der Beweismittel. Diese sind Entscheidungsnormen und daher nach dem gemeinen Recht zu erwägen. Daß Eidesdelationen und nothwendige Eide vorkommen können, darf also nicht bezweifelt werden Souveräne schwören aber immer durch Bevollmächtigte.

Endlich hängen von der Proceßordnung des Gerichts auch ganz unzweifelhaft die Folgen der Contumacia ab. Aber gerade hier, welche Verschiedenheit unter den deutschen Proceßordnungen, wo z. B. die Litis-Contestation im Fall der Contumacia bald für eine affirmative, bald für eine negative gehalten wird. Und welch ein Motif, eine Austrägalordnung schon deshalb vorzuschreiben!

7. Das Erkenntniß in der Hauptsache selbst aber erfolgt in Ermangelung besondrer Entscheidungsquellen nach den in Deutschland hergebrachten gemeinen Rechten.

Anmerkung. S. oben die Anmerkungen zu Art. 23. der W. Schl. A.

8. Das Erkenntniß in der Hauptsache muß längstens binnen Jahresfrist vom Tage der überreichten ersten Klage oder Beschwerdeschrift erfolgen.

Sollte es ausnahmsweise nicht thunlich seyn, so hat der oberste Gerichtshof als Austrägal-Instanz einen Bericht an die B. V. zu erstatten, die Gründe eines nothwendig geglaubten längern Verzugs anzuzeigen und die Bewilligung oder Mißbilligung vom Bundestage zu empfangen.

Anmerkung. Aehnliches galt bei den reichsgesetzlichen Austrägen. Vgl. Conc. der C. G. O. II, 4, 1. »Und soll solches Recht von dem Gerichtstage an gerechnet, als die Klage ins Gericht gebracht wird, im nachfolgenden halben Jahre zu Ende kommen, es begebe sich denn durch rechtlichen Aufschub und Erkenntniß fernere Erlängerung, so soll es doch im Jahr und Tag zu Ende reichen.« Freilich ein wesentliches Präjudiz konnte jetzt auf den Ablauf des Jahres nicht gesetzt werden.

9. Das Erkenntniß ist gemäß des Art. XI. der B. A. für die streitenden Theile verbindlich. Es wird jedoch dem Rechtsmittel der Restitution ex capite novorum Statt gegeben, welches von dem Zeitpuncte der aufgefundenen Novorum an binnen 4 Jahren anzubringen ist.

10. Das Restitutionsmittel ist bei der B. V. anzukündigen und diese übersendet solches dem obersten Gerichtshofe, an welchem die Sache zum erstenmal verhandelt und entschieden ward, wo sodann über die Statthaftigkeit oder Unstatthaftigkeit des Rechtsmittels selbst gesprochen wird und die neu zu verhandelnde Rechtsangelegenheit wieder zu instruiren und zu entscheiden ist.

11. Was übrigens die nähern Bestimmungen bei Anwendung und Ausführung dieses Rechtsmittels, den Restitutionseid, so wie überhaupt das ganze Austrägal-Verfahren mit Einschluß der Vollziehungs-Ordnung und des Kostenpunctes u. dergl. betrifft: so behält sich die B. V. vor, demnächst hierüber einen besondern Beschluß zu fassen.

Anmerkung. Vgl. hierüber den nachfolgenden Beschluß vom 3. Aug. 1820 und die Anmerkungen dazu.

Beschluß über das bei Aufstellung der Austrägal-Instanzen zu beobachtende Verfahren vom 3. Aug. 1820.

Art. 1. Die Bundes-Versammlung hat in allen nach Vorschrift der B. A. bei ihr anzubringenden Streitigkeiten zwischen den Bundesgliedern, wenn die vorgängige Vermittlung ohne Erfolg geblieben ist, die Entscheidung durch eine Austrägal-Instanz zu veranlaßen und dabei, so lange nicht wegen der Austrägalgerichte überhaupt eine anderweitige Uebereinkunft statt gefunden hat, die in dem B. Beschluße vom 16. Juni 1817. enthaltenen Vorschriften zu beobachten.

Anmerkung. Dieser Artikel ist fast wörtlich gleichlautend mit Art. 21. der Schl. A.

Art. 2. Wenn nach Anleitung des Bundestags-Beschlußes vom 16. Juni 1817 der oberste Gerichtshof eines Bundesstaats zur Austrägal-Instanz gewählt ist, so steht demselben die Leitung des Proceßes und die Entscheidung des Streits in allen seinen Haupt- und Nebenpuncten uneingeschränkt und ohne alle weitere Einwirkung der B. V. oder der Landesregierung zu. Letztere wird jedoch auf Ansuchen der B. V. oder der streitenden Theile im Falle einer Zögerung von Seiten des Gerichts die zur Beförderung der Entscheidung nöthigen Verfügungen erlaßen.

Art. 3. Zur Theilnahme an einem Rechtsstreit unter Bundesstaaten kann ein drittes Bundesglied vor das erwählte Austrägalgericht nur dann zugelaßen werden, wenn das Gericht eine wesentliche Verbindung der Rechtsverhältniße deßelben mit dem anhängigen Rechtsstreit anerkennt. Auch eine Wiederklage hat nur in diesem Falle bei dem erwählten Austrägalgericht Statt, und nur, wenn sie sogleich bei der Einlaßung auf die Vorklage angebracht wird.

Anmerkung 1. Unter der Zulaßung zur Theilnahme ist unstreitig sowohl eine Principal-Intervention, die sich auf den in Streit gezogenen Gegenstand bezieht (nicht aber etwa der Eintritt in ein blos formelles Litis-Consortium, um etwas mehr, als wovon es sich handelt, selbstständig geltend zu machen, denn dazu bedarf es der Aufstellung einer neuen Instanz) als auch eine acceßorische Intervention zu verstehn. Die Adcitation eines Dritten, sey es ex officio oder auf Antrag, um als Principal-Intervenient aufzutreten, ist aber gewiß theils schon nach dem gemeinen Recht an sich, (S. Linde Lehrb. des deutschen Civil-Pr. §. 113. und die daselbst angeführten, auch meine Institutionen des Civil-Pr. S. 355.) theils nach den Redactionsverhandlungen des obigen Artikels (S. Klüber öff. R. des d. B. §. 148. k. Not. i. gegen Rudhart) für unzuläßig zu halten [65]). Aber eine Adcitation im Wege der Litisdenunciation, versteht sich ohne Zwang der Theilnahme, muß jedenfalls erlaubt seyn.

Anmerkung 2. Hinsichtlich der Wiederklage hat der Beschluß sehr weise das Princip des sächsischen Proceßrechts adoptirt.

Art. 4. Wo keine besondern Entscheidungsnormen vorhanden sind, hat das Austrägalgericht nach den in Rechtsstreitigkeiten derselben Art vormals von den Reichsgerich-

65) Vgl. auch Prot. der B. V. XIV, S. 53.

ten subsidiarisch befolgten Rechtsquellen, in so fern solche auf die jetzigen Verhältniße der Bundes-Glieder noch anwendbar sind, zu erkennen.

Anmerkung. S. oben zur W. Schl. A. Art. 23.

Art. 5. Dem im Namen der B. V. abzufaßenden Erkenntniße sollen jederzeit die vollständigen Entscheidungsgründe beigefügt werden.

Ueber den Kostenpunct soll das erwählte Austrägalgericht nach gemeinrechtlichen Grundsätzen erkennen und bei deren Bestimmung die ihm vorgeschriebene Taxordnung befolgen, ohne weitere Gebühren in Ansatz zu bringen.

Art. 6. Die Austrägal-Erkenntniße sind sofort nach ihrer Eröffnung als rechtskräftig anzusehn und zu befolgen. Jedoch ist die Restitution wegen neu aufgefundener Thatsachen und Beweismittel zuläßig. Sie muß aber innerhalb vier Jahren vom Tage der Auffindung an gerechnet nachgesucht, und es kann dadurch die Vollziehung des Austrägal-Erkenntnißes nicht aufgehalten werden.

Anmerkung 1. zu den Worten: »sofort als rechtskräftig anzusehn« sofern die Urteile nicht absolut wirkungslos, oder nichtig sind. Von dieser nothwendigen Beschränkung s. unten nach Art. 14.

Anmerkung 2. Restitution wegen neu aufgefundener Thatsachen und Beweismittel. — Kaum bedarf es wohl einer Erinnerung, daß dieß bundesgesetzliche Rechtsmittel der Restitution gegen Austrägalurtel nicht jenen weitern Umfang und die Natur jener Restitutio J. J. haben soll, die gegen reichsgerichtliche Urtel Platz griff, nämlich nicht blos wegen wirklich neu aufgefundener Beweismittel und Thatsachen, sondern auch wegen solcher, die man in dem frühern Verfahren schon kannte, aber nur nicht als zur Sache dienlich oder gehörig vermeint hatte, nun aber dafür halten zu müßen, eidlich versichern konnte; es ist vielmehr evident, daß man den Gebrauch habe restringiren und so mehr auf das römische Recht zurückführen wollen 66). Hält man sich an die Worte des Bundes-Beschlußes, die bei Vertragsgesetzen zu allernächst Maas und Ziel geben: so findet das Rechtsmittel Statt wegen neu aufgefundener Thatsachen und Beweismittel. Zuförderst soll dieß wohl eben so viel heißen, als wenn gesagt wäre: Thatsachen oder Beweismittel, oder noch deutlicher es auszudrücken: Thatsachen und Beweismittel (denn ohne letztere vermögen jene nichts) oder Beweismittel über schon vorgekommene Thatsachen. Der Bundesbeschluß von 1817 No. 9. bedient sich des allgemeinen Ausdrucks: es werde dem Rechtsmittel *ex capite novorum* Statt gegeben, und er weißt dadurch auf das gemeine Recht, wo eben die alternative Begründung des Rechtsmittels auf die angezeigte Weise anerkannt wird. Nun fragt sich aber noch, von wo an können Thatsachen oder Beweismittel als neu aufgefunden betrachtet werden? Unstreitig nicht erst von der Zeit post rem judicatam an, sondern von da an, wo keine neue Thatsachen oder Beweismittel nach den Proceßge-

66) Ueber das Rechtsmittel überhaupt s. meine Instit. des röm. u. d. Civil-Pr. S. 498 flg. Linde Lehrb. des Civil-Pr. §. 424 flg.

setzen und dem darin bestimmten ordentlichen Proceßgang weiter vorgebracht oder aufgelegt werden konnten. Ich sage nach dem ordentlichen Proceßgang. Denn freilich ist es wohl erlaubt, wegen jedes Novi im außerordentlichen Wege zu jedem Zeitpunct des Proceßes rechtliches Gehör zu fordern, aber ein rechtlicher Zwang dieß zu thun, etwas Außerordentliches, nicht im ordentlichen Proceßgang Liegendes zu thun, ist nicht erweislich und darum auch kein Verzicht anzunehmen. Man kann es zuerst auf ein Urteil ankommen laßen, und dann erst den noch übrigen außerordentlichen Weg beschreiten. Eine specielle gesetzliche Bestimmung über diesen Punct würde freilich sehr zweckmäßig seyn.

Ferner ist zu untersuchen, von welcher Beschaffenheit das Neuaufgefundene seyn müße. Hält man sich lediglich an die reinen Quellen des subsidiarischen gemeinen Rechts in Deutschland, ohne die Verwirrungen und Verschiedenheiten der Meinungen zu achten, mit denen man bei dem Nachschlagen der ältern Practiker zu kämpfen hat, so müßen es solche Thatsachen und Beweismittel seyn, die jetzt für sich allein (nicht etwa durch blos künstlich schwankende Combinationen mit den schon aufgenommenen Beweismitteln) ein klares anderweitiges Resultat liefern [67]), oder aber diejenigen Thatsachen und Beweismittel, auf welche der vorige Richter seine Entscheidung

67) L. 31. D. de jurejurando. »Nova instrumenta, quibus nunc solis usurus sit.« Vgl. den Restitutions-Eid nach dem C. G. Gem. Bescheide v. 7. Juli 1671. »ohne Wiederholung desjenigen, so allbereit in facto et jure vorkommen.«

wirklich basirt hat, als evident falsch und unrichtig darstellen 68). Denn die Restitutiones propter noviter reperta und propter falsa instrumenta kommen im Princip und in ihren Eigenheiten auf Eins hinaus, wenn auch wegen der letztern nach canonischem und deutschem Recht selbst eine Nichtigkeitsklage cumulativ Statt findet 69). Eidesdelation ist selbstredend von den neuaufgefundenen oder aufzufindenden Instrumenten auszuschließen, ebenso Begutachtung durch Sachverständige und Besichtigungen, wenn sie früherhin nicht etwa unmöglich waren; unzulässig ist auch das Restitutionsgesuch gegen erkannte deferirte Eide, nicht aber gegen richterlich auferlegte.

Was die Zeit der Anbringung des Restitutionsgesuchs betrifft, so schneidet der obige Artikel darüber jeden Zweifel ab. Vier Jahre nach der Auffindung; mag sie auch nach 100 oder 1000 Jahren erst geschehen. Das Restitutionsgesuch hat den Zweck, das materielle beßere Recht zu schützen; dieser Zweck aber kann durch keine Zeit ohne Schuld des Verletzten ausgeschloßen werden. Eben darum kann auch wiederholt das Rechtsmittel gebraucht werden, worüber wohl nie ernstlich gestritten ward 70).

Der Mangel der Suspensivkraft ist deutlich ausgesprochen, und es darf davon wohl in keinem Falle abgegangen werden. Anders verhielt es sich beim R. C. G. mit der Restitution und selbst nach dem römischen und

68) Hauptstellen: l. 33. D. de re jud. l. 2. 3. 4. C. si ex falsis instr. l. 21. C. de fide instrum.

69) L. 31. D. de iurei.

70) Vgl. v. Riedesels Vorträge. Jena 1791. S. 101.

canonischen Recht ist hier dem richterlichen arbitrium noch vieles anheimgegeben.

Art. 7. Ueber die Zuläßigkeit der Restitution und über die Erheblichkeit und rechtliche Wirkung der neu aufgefundenen Thatsachen und Beweismittel hat derselbe Gerichtshof zu erkennen, welcher die Entscheidung in der Sache gefaßt hat.

Anmerkung. Angebracht wird indeßen nach dem jetzt noch bestehenden Beschluß v. 1817 das Gesuch bei der B. V. Vgl. die Entscheidungen des O. A. G. zu Celle im B. Pr. v. 1826. XVIII, S. 106. 107.

Art. 8. Die Ableistung des Restitutions-Eides geschieht bei dem Austrägalgerichte durch den Vorstand derjenigen Behörde, unter deren Aufsicht und Genehmigung die Restitution nachgesucht wird, und von demjenigen Beamten des die Restitution nachsuchenden Theils, welcher die Sache bearbeitet hat, entweder in Person oder durch Special-Bevollmächtigte. Sind mehrere dabei verwendet worden, so soll dem andern Theile frei stehn, den zu benennen, welcher den Restitutions-Eid abzustatten hat.

Anmerkung. Der Restitutions-Eid ist ein juramentum calumniae, das jedenfalls bestimmt auf das Factum der neuen Auffindung seit einem gewißen Zeitpunct gerichtet werden muß. Unter der Behörde rc. ist wohl hauptsächlich an die betreffenden Ministerial-Behörden zu denken, in deren Ressort die Streitigkeit einschlägt, und unter dem Beamten z. B. an den Referenten oder den Justitiar, der die Sache im Namen des Souveräns betreibenden Behörde. Bei dem Reichs Cam-

mergericht mußten auch die Procuratoren und Advocaten außer den Principalen schwören.

Die letzten Worte des Artikels laßen es zweifelhaft, ob an sich oder auf Verlangen des Gegners die mehreren Behörden und Beamten zugleich in der Regel schwören müßen, oder ob es genügt, wenn der Implorant nur einen von ihnen gestellt.

Art. 9. Die Bundes-Versammlung verfügt die Vollziehung der Bundesausträgalerkenntniße, in sofern denselben nicht sofort oder nicht vollständig Folge geleistet wird. Fallen bei der Vollziehung noch Streitigkeiten vor, welche eine richterliche Entscheidung erfordern: so steht diese dem Austrägalgerichte zu, welches das zu vollziehende Erkenntniß gefaßt hat.

Anmerkung. Hiermit sind in Verbindung zu setzen folgende Artikel der Exec. Ordnung vom 3. Aug. 1820.

Art. 12. »Die Vollstreckung der compromißarischen »und Austrägal-Erkenntniße kann nur auf Anrufen der »Parteien von der B. V. veranlaßt werden. Diese hat »nach gutachtlicher Vernehmung ihrer Commißion das »Geeignete hierauf zu verfügen.

»Das Erkenntniß selbst darf in keinem Fall der »Gegenstand einer Berathung und eines Beschlußes der »B. V. werden. Wenn indeß gegen die Vollziehung noch »zuläßige Einreden vorgebracht werden, die ein weiteres »rechtliches Verfahren veranlaßen können, so sind diese »unverzüglich an daßelbe Austrägalgericht zu verweisen, »von welchem das Erkenntniß ausgegangen ist. In Ge»mäßheit des hierauf erfolgten weitern Ausspruchs ist

»durch die B. V. das erforderliche Executions-Verfahren »nach den gegebenen Vorschriften zu veranlaßen. Ergeben »sich ähnliche Anstände bei Compromissen und gütlichen »Vergleichen, so ist in gewöhnlicher Art, jedoch mit mög»lichster Beschleunigung ein Austrägalgericht zu ernennen, »welches über die gegen die Vollstreckung selbst noch »vorkommenden Einreden und Zweifel rechtlich zu erken»nen hat.

»Art. 14. Die Kosten der Execution sind auf den »wirklichen, nach dem Zwecke zu bemeßenden Aufwand »zu beschränken. Die Bundesregierung, gegen welche die »Execution verfügt worden, hat dieselbe, so weit sie liquid »sind, ohne Aufenthalt zu berichtigen oder hinreichende »Sicherheit dafür zu stellen. Einwendungen oder Be»schwerden, welche noch dagegen erhoben werden, sind »bei Executionen, die nicht in Folge förmlicher Rechts»streitigkeiten verhängt worden, durch die B. V. auf »erstatteten Vortrag der Bundestags-Commißion (über die »Executionen) auszugleichen: bei Executionen austrägal»richterlicher Erkenntniße aber sind dieselben durch das »Austrägalgericht, welches das Erkenntniß erlaßen hat, zu »entscheiden.«

* * *

Es ist hier der Ort zu untersuchen, in wie fern Nichtigkeiten eines Urteils seiner Vollziehung entgegenstehen können, und welche Mittel überhaupt im Bundeswege gegeben sind, Nichtigkeiten geltend zu machen. Die bisherigen Bundesgesetze schweigen zwar davon, überall jedoch, wo es Gerichte und Procedurformen giebt, können auch Nichtigkeiten vorkommen und muß es Mittel geben, sich dagegen zu schützen; daß sie im Bundes-Austrägalwege seltner vorkommen werden, ist zwar zuzugeben, daß sie aber niemals vorkommen würden, worin läge diese Garantie? Uebrigens verweisen ja die Bundesgesetze bei den Privatstreitigkeiten der Bundesglieder (ich bediene mich dieses Ausdruckes von den Streitigkeiten, die nicht das Bundesverhältniß unmittelbar betreffen) auf die gemeinen Rechte; diese werden also auch entscheiden müßen, wenn über vorgekommene angebliche oder wirkliche Nichtigkeiten Streit entsteht. Es bedarf deshalb, wie sich weiter zeigen wird, gar nicht der Sanctionirung eines eigenen Rechtsmittels [71]); diese ist vielmehr eine sehr schwierige, selten glücklich gelöste Aufgabe der Gesetzgebung, sondern wo es Klagen und Einreden giebt, da kann auch über Nichtigkeiten gehandelt werden.

Das gemeine Recht, insbesondre die römischen und canonischen Gesetze und der darnach in Deutschland gebildete, auch bei den Reichsgerichten im Wesentlichen anerkannte Gerichtsbrauch bietet nun eine sehr vollständige, mit der Natur der gerichtlichen Institutionen im vollsten Einklang stehende Nichtigkeitstheorie dar, worin es zwar nicht nach der illiberalen befangenen Weise, wie man ehedem das Proceßrecht behandelte, an Controversen gefehlt hat, die sich aber doch nach dem jetzigen Stande der Wissenschaft leicht auflösen laßen. Ich habe bereits in meinen Institutionen des römischen und

71) Schon Rudhart in seiner Darstellung des deutschen Bundesrechts, hat die Zuläßigkeit einer Nullitätquerel ungeachtet des Schweigens der Bundesgesetze mit Recht postulirt.

deutschen Civilproceßes eine möglichst vollständige Darstellung der Nullitäten-Theorie und deshalb zustehenden Rechtsmittel gegeben (S. 217. flg. und S. 506 flg.), und erlaube mir hier eine Anwendung der daselbst entwickelten Grundsätze auf die Bundes-Austrägal-Erkenntnisse.

Jedes Urteil ist seiner Giltigkeit nach bedingt durch die Qualification der bei dem Proceß handelnden nothwendigen Personen und durch die Beobachtung wesentlicher Proceßformen. Ein Urteil kann demnach nichtig seyn in dreifacher Hinsicht:

1. wegen absoluter Unfähigkeit oder Ungehörigkeit des verhandelnden und erkennenden Richters;

2. wegen Mangels an der nothwendigen Qualification der Parteien oder ihrer Vertreter, z. B. wenn ein unter Vormundschaft stehender Souverän für sich allein oder ein angeblicher Vertreter ohne Vollmacht gehandelt hätte;

3. wegen Vernachläßigung einer wesentlichen Grundform des Proceßes überhaupt, oder einer in den speciellen Proceßgesetzen bei Strafe der Nullität gebotenen Form eines Acts, oder wegen gänzlichen Mangels oder Fehlers eines Acts, durch den ein Theil des Verfahrens oder das Urtheil selbst erst seine rechtliche Substanz erhält, oder wegen dolus oder falsum des Richters, der Gegenpartei, oder des eigenen Vertreters; oder endlich wegen einer Formverletzung, wodurch einer Partei ein durch kein ordentliches Rechtsmittel (und dieß ist bei Austrägen immer der Fall) wiederbringlicher Nachtheil zugefügt worden ist, versteht sich jedoch sofern

die Formverletzungen bei einzelnen Acten nicht durch die Partei selbst, der ein Nachtheil daraus entsteht, verschuldet worden sind. Einzelne Beispiele solcher Nichtigkeiten liefern die gemeinen Rechte in Menge. Nur ist dabei folgender Unterschied ins Auge zu faßen. Einige Nichtigkeiten der zweiten und dritten Classe können durch ausdrücklichen oder stillschweigendeu Aßensus und Ratification der Partei oder durch unterlaßenen Gebrauch der Nichtigkeits-Einrede sowohl vor als nach dem Urtel (durch Unterwerfung unter daßelbe) gehoben werden — man kann sie bedingte Nichtigkeiten nennen; — bei andern ist dieß nicht der Fall, z. B. bei Verletzung einer Grundform, und bei der ersten Classe der Nichtigkeiten in der Person des Richters; man kann sie absolute nennen (womit aber die gewöhnliche, blos auf den Reichsproceß und die ihm nachgebildeten sich beziehende Eintheilung in heilbare und unheilbare Nichtigkeit nicht durchaus identisch ist). Bedingte Nichtigkeiten kann nur die Partei geltend machen, durch deren Aßensus sie geheilt werden könnten, und so lange der Aßensus nicht erfolgt ist; keineswegs aber die Gegenpartei.

Ferner sind nach einem sehr genauen Sprachgebrauch des römischen Rechts von den nichtigen Urteilen zu unterscheiden die blos wirkungslosen Urteile, sententiae injustae, invalidae, obgleich sie mit den absolut nichtigen in Ansehung der Folgen im Ganzen übereinkommen.

Dahin gehören nun:

1. Urteile welche gar nichts entscheiden;

2. Urteile, die etwas physisch oder moralisch Unmögliches verordnen;
3. Urteile, worin eine wirklich opponirte exceptio rei jam antea iudicatae gar nicht berücksichtigt, und nicht etwa ausdrücklich als unbegründet verworfen ist;
4. Urteile, die etwas contra jus publicum oder contra expressam sententiam legis ausdrücklich anordnen, z. B. wenn ein Austrägalgericht etwas unter Bundesgliedern erkennen sollte, was gegen die Grundgesetze des Bundes wäre.

Und welches sind nun die in allen diesen Fällen offenen, und von selbst sich verstehenden Rechtsmittel? Sie sind sehr mannigfach.

1. Der zu Etwas condemnirte Theil kann sich gegen die Execution durch die Einrede oder Behauptung der Nichtigkeit, oder Wirkungslosigkeit des Urteils schützen. Solche Einrede contra rem iudicatam erkennen die obigen Artikel im Allgemeinen als möglich an, und bestimmen das weitere Verfahren darüber.

2. Der Forderer, dem an der Beseitigung eines nichtigen oder wirkungslosen Urteils liegt, das ihm entgegengesetzt werden könnte, kann ganz von neuem in der Sache selbst klagen (also hier die Streitigkeit von Neuem bei der Bundes-Versammlung anbringen und die Bestellung einer anderweitigen Austrägal-Instanz veranlaßen) und dabei die Nichtigkeit oder Wirkungslosigkeit replicando geltend machen.

3. Es kann aber auch einem Theile, gleichviel Welchem? blos daran gelegen seyn, daß ein in äußerer Form zwar vollständiges aber in sich nichtiges oder

wirkungsloses Urteil schlechthin beseitigt werde, z. B. wenn es nur im Allgemeinen ein Rechtsverhältniß unter den Parteien feststellt ohne eigentliche Verurteilung zu gegenwärtigen Leistungen. Hier kann man, wie es schon von den Aeltern genannt worden ist, principaliter auf Vernichtung des Urteils klagen. Dieß ist eine selbstständige vor ein neues Austrägalgericht gehörige Rechtsstreitigkeit, die eigentliche querela nullitatis, die nichts anders ist, als eine ordentliche Klage. Diese findet auch Statt bei schon exequirten condemnatorischen Urteilen auf Rescißion und Ersatz, vorausgesetzt, daß es sich von absoluten nicht etwa bedingten Nichtigkeiten handeln sollte.

4. Wäre durch ein Urteil gar nichts oder völlig unverständlich entschieden, so muß zuerst bei dem Austrägalgerichtshof, der es gefällt hat, um Declaration gebeten werden, und erst wenn diese verweigert würde, müßte man zu einem der vorstehenden drei Wege recurriren. Aehnliches würde in dem Fall zu thun seyn, wenn noch gar kein definitiver Ausspruch des Austrägalgerichts in gehöriger Form vorliegen sollte.

Zeitbestimmungen und Präscriptionen gegen diese Proceduren sind, wie ich überzeugt bin und in meinen Institutionen a. a. O. S. 516. ausgeführt habe, hier im Allgemeinen nicht vorgeschrieben. Denn was nichtig und wirkungslos an sich ist, kann auch durch Zeitverlauf nicht rechtsbeständig werden, wenn es die Gesetze nicht bestimmt verordnen, wie keineswegs anzunehmen ist. Blos einige Beschränkungen sind gegeben:

Der Weg der Einrede contra rem judicatam

kann nach geschehener Execution nicht mehr gebraucht werden.

Der zweite obige Weg steht so lange offen, als die Klage in der Hauptsache selbst zuläßig ist.

Bei dem dritten Wege oder der Principalquerel wegen Nichtigkeit wird nicht selten eine dreißigjährige Präscription behauptet. Der J. R. A. liefert aber darüber keinen Beweis und die Nothwendigkeit dieses Satzes oder eine allgemein angenommene Praxis deshalb ist nicht erweislich. Nur wenn die Nichtigkeit auf ein Falsum gebaut wird, ist nach canonischem Recht eine 20jährige Präscription anzunehmen.

Declarationsgesuche sind anerkannt an keine Zeit gebunden.

Wohl aber ist zu bemerken, daß bei blos bedingten Nichtigkeiten, desgleichen bei Urteilen gegen res antea iudicatas der verletzten Partei zur Pflicht gemacht ist, sobald wie möglich die Querel anzubringen (illico), weil sonst aus längerem Stillschweigen eine Entsagung oder Deckung der Nichtigkeiten gefolgert werden könnte. Nur hierfür ließe sich die Aufstellung einer 30jährigen Präscription als eines längsten Termins, oder die Bestimmung eines noch kürzern Termins in einer Gesetzgebung rechtfertigen. Wie sollte aber jemals z. B. ein von einem ganz unqualificirten Richter gesprochenes Urteil eine vim rei iudicatae erlangen können!

Positive Beweise und nähere Ausführungen über Alles dieß habe ich in meinen Institutionen gegeben.

Und aus welchen Gründen könnte man wohl die Anwendbarkeit dieser Grundsätze auf die Bundes-Austräge bestreiten? Auf die speciellen Proceßordnungen der obersten deutschen Gerichtshöfe kann es in Hinsicht der Nichtigkeiten blos insofern ankommen, als dergleichen aus der Form des Verfahrens und des Urteilens abgeleitet werden. Mit dem gesprochenen Urteil hört aber die Wirksamkeit des Austrägalrichters und der von ihm angewandten Proceßordnung auf; sie kann also nicht darüber entscheiden, welche Nichtigkeitsrechtsmittel etwa zustehen können, sondern wenn Streitigkeiten über das Urteil entstehen, nur das gemeine Recht. Was schließlich die sonstigen post rem iudicatam im Laufe der Executions-Instanz noch zuläßigen Einreden betrifft: so verweise ich deshalb ebenfalls auf meine Institutionen S. 266. Es sind folgende:

1. die exceptio doli, wodurch das Judicat veranlaßt worden ist, die eigentlich nach heutigen Ansichten auch unter die Nichtigkeitsgründe zu rechnen ist;

2. die Einrede der Zahlung, Transaction oder sonstigen Befreiung seit dem Judicat — wo nicht schon seit der Litiscontestation, nach dem Gange des gemeinen deutschen Proceßes.

Auch die exceptio Scti Macedoniani und Velleiani, wenn sie, wie kaum anzunehmen ist, unter Souveränen irgend Anwendung finden könnte, würde gemeinrechtlich hierher gehören.

Art. 10. Es steht übrigens den Bundesgliedern frei, für ihre Streitigkeiten sowohl in einzelnen vorkommenden Fällen, als auch für alle künftige Fälle wegen besonderer Austräge und Compromiße übereinzukommen, wie denn auch frühere Familien- oder Vertrags-Austräge durch Errichtung der Bundes Austrägal-Instanz nicht aufgehoben noch abgeändert werden.

Anmerkung. Vgl. oben Art. 24. der W. Schl. A.

Art. 11. Die Bundes-Versammlung wird in Beziehung auf das Verfahren der Streitigkeiten der Bundesglieder unter sich eine Revision des Bundestagsbeschlußes vom 16. Juni 1817 vornehmen, wobei jedem Bundesglied weitere zweckmäßige Ergänzungen in Antrag zu bringen überlaßen bleibt.

Außerordentliches Austrägalverfahren in Bundes-Diadicasten.

Obgleich in den Bundesgesetzen keine von dem gewöhnlichen Austrägalverfahren abweichende Procedur, Ordnung für die Diadicasten, sondern vielmehr ein und dasselbe Verfahren für beide Fälle vorgeschrieben ist [72]: so haben doch schon in den bisher vorgekommenen, nicht eben allzu seltenen Fällen dieser Classe von Streitigkeiten, eigenthümliche Grundsätze in verschiedenen Bundesverhandlungen aufgestellt werden müßen, und es ist sogar durch einen — unten folgenden — Bundesbeschluß eine von dem gemeinen deutschen Proceß überaus abweichende Maxime des Verfahrens allgemein sanctionirt worden. Die hierher gehörigen Punkte sollen nun einzeln durchgegangen werden.

72) Sehr merkwürdige Verhandlungen hierüber enthalten die Bundes-Protocolle hinsichtlich der rheinpfälzischen Staatsgläubiger Lit. D. zwischen Baden und der B. V. M. s. die Protocolle von 1821. Th. XI. S. 125. flg. 161. 173. flg. 227. flg.

Zuerst wird es hier sehr gewöhnlich, wie schon die Erfahrung ergeben hat, geschehen, daß wer Klägers und Beklagtens Rolle zu übernehmen habe, unter den Parteien controvertirt wird; denn die Privatpartei, die eigentlich fordernde, hat, wie der Art. 31. der W. Schl. A. ergiebt, nur das Recht der Beschwerde zum Behuf der Einleitung der Sache, nicht eigentliches Verfolgungsrecht; und doch ist es dringend nothwendig, daß schon bei der Einleitung des Verfahrens durch die B. V. und noch mehr bei dem Austrägalgericht jene Rollen vertheilt werden.

Hier bietet sich nun die vollkommenste Analogie in den Grundsätzen des gemeinen Rechts von Theilungsproceßen, judiciis communi dividundo dar, die ja auch die Vertheilung von Paßivverpflichtungen nach dem zum Grunde liegenden Gemeinschaftsverhältniß zum Gegenstand haben können, und worin es entschieden ist, daß derjenige die Rolle des Klägers übernehmen müße, der allein auf Entscheidung dringt, eventualiter der, welcher zuerst darauf gedrungen hat, und wenn auch dieß nicht entscheiden kann, daß das Loos bestimmen solle. Und da die Bundesglieder unter sich bei ihren Streitigkeiten das gemeine Recht als subsidiarische Norm dienen lassen, so kann wohl die Anwendbarkeit dieser Grundsätze nicht bezweifelt werden. Freilich wird bei Anwendung derselben die Bundes-Versammlung gewißer Maaßen genöthigt, schon einen Act richterlicher Function auszuüben, allein es ist ihr ja durch Art. 11. der B. A. und Art. 30. der W. Schl. A. das Recht und die Pflicht zugetheilt, bei den Streitigkeiten der Bundesglieder, namentlich bei Diadicassen auch, die rechtliche Entscheidung durch ein Austrägalgericht zu veranlaßen, und dieß kann nicht ohne schon vorherige Vertheilung der Parteirollen geschehen. Indeßen läßt sich eine bestimmte Anerkennung jener gemeinrechtlichen Grundsätze bei der hohen B. V. keineswegs darthun. Bisher ist unter den Intereßenten meist durch Uebereinkunft ein Austrägalgericht gewählt, und diesem alsdann überlaßen worden, jene Rollen, ohne Präjudiz für sonstige Rechte zu vertheilen [73]), wo es aber doch am Ende wieder auf das gemeine Recht hinauskommen muß. Wenn nun aber bei dem jetzigen Stande der Bundesgesetzgebung keine solche Uebereinkunft Platz greifen sollte? dann dürfte es sich wohl aus den allegirten Artikeln der B. A. und W. Schl. A. rechtfertigen lassen, daß die B. V. durch einen Gemeinbeschluß ein Austrägalgericht bestimmt, und dahin geht auch der neueste Entwurf einer Austrägal-Ordnung. Ließe sich für jetzt weder die Anwendung der gemeinrechtlichen Grundsätze, noch das durchgreifende Recht der B. V. annehmen, so würde der Art. 30. der W. Schl. A. völlig vereitelt werden können.

So viel das Verfahren bei dem Austrägalgericht betrifft, so dienen, wie schon angedeutet ist, im Wesentlichen die Bundesbeschlüße vom 16. Juni 1817 und vom 3. August 1820 auch hierbei als Norm, mit fol-

73) So in der Ansprache der Churtrierschen Testaments-Executoren. Nach welchen Principien hier das Austrägalgericht die Rollen vertheilte, ergiebt sich aus den Entscheidungsgründen des Urteils nicht. Vrgl. B. Prot. Bd. XVIII., S. 136.

genden theils sich von selbst verstehenden, theils in Bundesbeschlüßen anerkannten Modificationen:

Vor allen Dingen fällt es in die Augen und ist wiederholt am Bundestage ausgesprochen worden, daß der Art. 30. der W. Schl. A. wesentlich den Vortheil der betheiligten Privatpersonen bezielt [74]), die gegen mehrere Souveräne kein gemeinschaftliches Forum nach der jetzigen politischen Lage Deutschlands haben, also die Realisirung der Rechtsordnung, Aufhebung der Rechtlosigkeit. Die Privatperson selbst wird indeßen nicht zum unmittelbaren Mithandeln zugelaßen, weil es sich in Fällen der vorausgesetzten Art zu oberst von völkerrechtlichen Verhältnißen fragt, an deren Bestimmung eine Privatperson keinen unmittelbaren Antheil haben kann. Die deutsche B. V. übernimmt daher die Vertretung des Rechtszustandes der Privatpersonen bei solchen Verhältnißen; sie hat die Pflicht und das Recht, in ihrem Intereße eine Bestimmung, eventualiter rechtliche Entscheidung zu veranlaßen: sie hat also auch das Recht und die Pflicht Mittel anzuwenden, daß dergleichen Bestimmung und Entscheidung wirklich, ohne längern Verzug, als denjenigen, den jedes ordentliche Rechtsverfahren nöthig macht, getroffen werde.

Daran ketten sich von selbst mehrere Eigenheiten des Verfahrens. Und zwar

1. hat die B. V. das Recht und die Pflicht, auf jede Weise für die Herstellung der Austrägal-Instanz

74) Vgl. den Commißions-Vortrag in der rheinpfälzischen Staatsgläubigersache. B. Pr. Bd. XI. S. 182. flg. besonders S. 186.; auch das Votum v. Nassau S. 70. ib

zu sorgen, wenn gleich Kläger und Beklagter gar keine Schritte zur Wahl eines solchen Gerichts thun sollten. Consequent hat sich daher auch die B. V. in Fällen dieser Art, wenn die hohen Parteien keine Uebereinkunft treffen würden, vorbehalten, das Erforderliche selbst zu verfügen. Vgl. B. Prot. Bd. XIII, S. 186. Beschluß v. 24. Febr. 1822.

2. Liegt dem ernannten Austrägalgericht noch kein vollständig motivirter Klage-Antrag eines Theils vor, so wird daßelbe vor allen Dingen gegen den als Imploranten anzusehenden Theil darauf präloquiren, und wenn diesem keine Genüge geschieht, durch Berichtserstattung der B. V. die Realisirung der Auflage anheimgeben müßen. Ohne solche Basis kann nichts verhandelt, kein Verfahren gedacht werden

3. Die weitern Verhandlungen gehen zwar im Ganzen nach der eignen Proceßordnung des Austrägalgerichts aber daßelbe muß sie ex offcio betreiben, nicht, wie in gewöhnlichen Streitigkeiten, dem Betrieb der Parteien überlaßen. Dieß ist festgesetzt durch folgenden merkwürdigen

Beschluß der B. V. das Verfahren bei den Austrägalgerichten betreffend, v. 19. Juni 1823.

(S. Prot. Th. 15. S. 26. flg.)

»Daß in allen den Fällen, in welchen ein Ver»fahren vor einer Austrägal-Instanz nach der Dis»position des 30. Art. der W. Schl. A. eingeleitet »ist, das oberste Gericht, welches die Austrägal»

»Instanz bildet, beauftragt und ermächtigt wird, »alle Fristen von Amtswegen zu beachten; bei Nicht- »befolgung einer ergangenen Verfügung, welche »peremtorische Eigenschaft hat, Verzichtleistung auf »die unterlaßene Handlung anzunehmen und eben »das auszusprechen, was sonst auf Antrag des an- »dern Theils als Folge der Unterlaßung zum Be- »hufe der endlichen Entscheidung auszusprechen seyn »würde.«

So klar und einfach diese Sanction ist, so wird es doch keinem Proceßualisten entgehen, daß ihre Anwendung in einzelnen Vorkommenheiten Schwierigkeit verursachen könne, besonders bei den verschiedenen Proceßsystemen der deutschen Gerichte, welche Austräge übernehmen müßen. Wir wollen einmal die Giltigkeit des s. g. gemeinen deutschen Proceßes bei dem Gericht voraussetzen. Nach dem vorstehenden Beschluß sind die peremtorisch gesetzten Fristen ipso jure präjudiciell und präclusivisch. Eine purgatio morae ist also nicht zulässig, auch keiner Ungehorsamsbeschuldigung bedarf es; aber eine restitutio in integrum wird doch erlaubt seyn? Man setze ferner: der Kläger habe sich mit der Replik versäumt. Hier kann der Beklagte nicht von der Instanz entbunden werden, sonst würde die Diadicasie vereitelt; sondern das Gericht wird nun in der Haupsache sprechen oder interloquiren müßen. Aber wie, wenn sich ein Producent im peremtorischen Termine versäumte, soll, obgleich auch der Product nicht erschienen, und also jure communi terminus circumductus ist, der Producent als beweisfällig erklärt werden? Man wird dieß behaupten, jedoch auch zugeben müßen, daß bei dem etwanigen Einverständniß der Parteien noch eine anderweitige Production nicht abgeschnitten werden darf.

Andere Eigenheiten sind folgende:

4. das Verfahren und Erkenntniß muß sich lediglich auf die im Art. 30. der W. Schl. A. deutlich ausgedrückte Vorfrage beschränken: Wer von den mehrern im Proceß begriffenen Bundesgliedern die Forderung einer Privatperson, ihre Existenz und eine gewiße Qualität vorausgesetzt, zu befriedigen habe, worin auch das liegt: zu welchen Antheilen jeder der Streitenden dabei intereßirt sey, oder ob einer nur principaliter, der andere nur subsidiarisch hafte [75]). Daß es auf die Liquidität der Forderung und eine strenge Legitimationsführung des Fordernden nicht ankomme, ist schon oben zu Art. 30. der W. Schl. A. bemerkt, wenn nur die Existenz der Forderung nicht von allen Interessenten bestritten wird, und über die Qualität der Forderung kein Zweifel seyn kann. Wäre letzteres der Fall, so würde unstreitig zuerst auf Beweis dieser Qualität interloquirt werden müßen. Uebrigens ist in den bisher vorgekommenen Fällen die nähere Bestimmung der Vorfrage bald der Vereinigung der Parteien, so wie der Festsetzung des Austrägalgerichts überlassen, bald auch, besonders in neuern Fällen (vgl. Prot. v. 1826. Bd. XVIII, S. 119. und 157.) im Bundesbeschluß normirt worden.

75) Daß die Vorfrage nicht darin bestehe, wer provisorisch den Forderer zu befriedigen habe, wie selbst am Bundestage von einer Seite her behauptet ward, ist wohl keinem Zweifel weiter unterworfen. S. die Wiederlegung im K. Sächsischen Votum, B. Prot. XIII, S. 130.

5. Wer beweisen müße? kann oft sehr schwer zu entscheiden seyn. Auf die Rolle des Klägers kann es nach der Natur der Diadicasien, wo eigentlich nur mehrere Beklagte unter sich ihr Verhältniß bestimmen lassen wollen, nicht ankommen. Ich glaube daher, bei widersprechenden Behauptungen, die einen positiven Beweis möglich machen (factum negantis nulla est probatio) muß allen Theilen principaliter der Beweis ihrer resp. Behauptungen auferlegt werden, sofern nicht der eine schon durch vorgelegte Beweise oder erschöpfende Vermuthungen davon entbunden wird.

6. Reconventionen sind bei diesem Verfahren undenkbar; denn es giebt gar keine eigentliche Convention [76]). Dagegen läßt sich die Annehmbarkeit von Compensations-Einreden nicht durchaus bestreiten, z. B. wenn ein zwar ursprünglich für die fr. Forderung mitverhafteter Theil sich auf einen Staatsvertrag berufen könnte, wodurch die andere Partei ausdrücklich gewiße Ansprüche anerkannt, und dafür die Zahlung einer Privatforderung übernommen hätte. Ohne dergleichen ausdrückliche Stipulation wird freilich, da es sich hier von Rechten Dritter handelt, keine Compensation für zuläßig erkannt werden können [77]). Staatsverträgen muß sich dagegen auch der Privatmann unterwerfen.

76) Vgl. die Stellen des röm. Rechts in meinen Instit. des röm. u. d. Civil-Pr. S. 70. Not. 49.

77) Vgl. den Bericht des O. A. G. zu Celle in der Rheinpfälz. St. Gl. Sache. Prot. der B. V. XIV, S. 36. und die Verhandlungen darüber S. 28 108. flg.; so wie die Commißions-Vorträge S. 67 flg. Beschluß S. 154.

7. Litisdenunciationen, um den Regreß zu sichern und etwanige Assistenz zu erhalten, müßen ohne Zweifel erlaubt seyn. Von den eigentlichen Adcitationen muß zuerst das früher Bemerkte wiederholt werden. Gesetzt aber, es ergebe sich im Laufe der Diadicasie, daß nicht blos die schon wirklich im Streit befindlichen Parteien, sondern noch andere Bundesglieder bei der Sache betheiligt seyen? Kann hier eine erzwingbare Adcitation Statt finden? Nein; denn ein Austrägalgericht kann nur unter solchen Parteien entscheiden, die ihm freiwillig oder auf bundesgesetzlichem Wege die Entscheidung überlaßen haben; eben so wenig kann aber, wenn sich jene Betheiligung entschieden heraus stellt, unter den jetzt nur im Streit befindlichen Parteien eine Entscheidung getroffen werden, die ein unumstößliches Resultat gewähren würde [78]). Dem Austrägalgericht wird also nichts übrig bleiben, wenn nicht die Parteien auf eine Entscheidung des Theilnahmeverhältnißes blos unter sich bestehn sollten, als auf Sistirung des Verfahrens zu erkennen und der B. V. anheimzugeben, mit Zuziehung der übrigen Intereßenten von Neuem eine Austrägal-Instanz zu bilden [79]). Daß sich die bisher nicht zugezogenen Intereßenten freiwillig der Verhandlung noch anschließen und dem Urteil unterwerfen können, versteht sich von sebst.

8. Das Definitiv-Urteil kann, wie bereits gezeigt ist, nicht auf eine unmittelbare wirkliche Befriedigung des Privatreclamanten gehn, und diesem etwa dadurch einen executorischen Titel geben wollen, sondern es muß

78) Wie in der nämlichen Sache später geschehen.

79) Vgl. Badisches Votum in dem B. Prot. Th. XI, S. 133.

sich schlechterdings an die Vorfrage halten. Den Reclamanten bleibt es nur überlassen, auf den Grund des praejudicii die darin als verpflichtet bezeichneten Intereßenten, jeden separatim in Anspruch zu nehmen und nöthigenfalls wegen verweigerter Justiz an die B. V. zu recurriren.

Es ist darüber gestritten worden, ob nicht auch das Austrägalgericht Competenz habe, wenn der Privatgläubiger auf provisorische Zahlungen wirklich schon besteht, darüber ein Provisorium unter den intereßirten Bundesgliedern festzusetzen. Hier laßen sich wohl die verschiedensten Meinungen mit Gründen unterstützen. Man kann sagen: die Vorfrage und die austrägalrichterliche Entscheidung hat gar nichts damit zu thun, dem Privatreclamanten unmittelbar zu einer Befriedigung zu verhelfen; diese und ihre Modalitäten muß er selbst bei den Landesbehörden ausmachen. Man kann aber auch sagen: da jeder Gläubiger nach den meisten in Deutschland geltenden Proceßrechten unter Umständen schon auf provisorische Zuerkennungen Anspruch machen kann, so läßt sich die Vorfrage der Schl. A. trennen in die Vorfrage über das Verhältniß der streitenden Bundesglieder hinsichtlich der provisorischen, z. B. laufenden Zins-Zahlungen, und in die Vorfrage über das Verhältniß bei der definitiven Befriedigung. Wollte man opponiren, daß die Frage: ob Jemand schon provisorische Leistungen fordern dürfe, lediglich nach den Umständen, ex aequitate im Proceß vom ordentlichen Richter ermeßen werden kann, daß es darauf kein absolutes Recht giebt, daß dieß also wieder eine besondre Vorfrage, und zu Bundesdiadicassen nicht geeignet sey: so könnte man entgegnen: daß die Zuläßigkeit provisorischer Befriedigung eben so supponirt werden könnte, als die Liquidität und Qualität der Forderung selbst. So viel ist richtig, daß bei der B. V. ein Commißionsvortrag die Ansicht von der Zuläßigkeit der provisorischen Vorfrage geltend gemacht hat, ohne jedoch durch ausdrückliche Beschlußnahme adoptirt worden zu seyn (vgl. B. Pr. Bd. XI, S. 24. und S. 184. flg.), und wogegen auch das K. Hannöversche Ober-Appellationsgericht zu Celle, in derselben Sache sprechend, gerade für die andere Meinung entschieden zu haben scheint. (B. Pr. Bd. XVIII, S. 18 und 19.).

Daß gegen die gefällten Präjudicien dieselben Rechtsmittel statt finden, wie gegen andere Austrägalurteile, versteht sich von selbst; und daß endlich den betheiligten Privatreclamanten vergönnt ist, bei dem Austrägalgericht ihr Intereße wahrzunehmen, ohne gleichwohl als wirkliche Parteien auftreten zu dürfen, daß sie also z. B. das Gericht zum unausgesetzten Betrieb der Sache veranlaßen dürfen, ist in einem Bundesbeschluß, wenn auch nur in einem einzelnen Fall, bisher schon anerkannt. (B. Pr. Bd. XI, S. 26. No. 5.).

Anhang
die weitere Fortbildung der Bundes-Austrägal-Gesetzgebung betreffend.

In der bisher entwickelten Lage befindet sich die Bundes-Austrägal-Gesetzgebung. Daß man sie noch nicht als vollendet betrachtet, beweisen die den Bundesbeschlüßen v. 1817 und 1820 beigefügten Vorbehalte weiterer Berathungen und Beschlußnahme darüber, so wie die deshalb am 3. August 1820 niedergesetzte und wohl noch fortbestehende Commißion. Letztere hat nun auch bereits die Resultate ihrer Erörterungen und Erfahrungen in dem nachstehend abgedruckten, am 21. Dzbr. 1821 der B. V. vorgelegten Entwurf zusammengestellt; es sind auch ganz besonders in den Jahren 1821 bis 1823 mehrere Abstimmungen darüber gesammelt worden, von denen die ausführlichern, namentlich die K. Preußische [80]), Wirtembergische [81]), Sächsische [82]) und Herzogl. Holstein-Lauenburgische [83]) in der officiellen Ausgabe der Bundes-Protocolle mitgetheilt worden sind. Es sollen daraus unter dem nachfolgenden Abdruck in der Kürze einige Bemerkungen, mit Beschränkung auf die wichtiger scheinenden Puncte, ausgezogen und beigefügt werden.

80) B. Prot. XII, S. 352. 364 — 389.

81) B. Prot. XIII, S. 126. flg.

82) Ebendas. S. 121. flg.

83) B. Prot. XIII, S. 242. flg.

In den letzten Jahren seit 1821 sind zwar noch mehrere wichtige Austrägalfälle, (fast lediglich Bundes-Diadicasien, auf den Grund des Art. 30. der W. Schl. A.) vorgekommen; in wie weit aber daneben das Gesetzgebungswerk vorgeschritten ist, darüber enthalten die bekanntgemachten Protocolle keine näheren Aufschlüße. Auch von Diskußionen, welche in einzelnen Fällen über die Anwendung der bestehenden Gesetzgebung vorgekommen seyn mögen, läßt sich wenig berichten, da seit 1824 die öffentlichen Protocolle der B. V. nach einem deshalb gefaßten Beschluß auf einen kleinern Kreis von Gegenständen beschränkt, und namentlich die Verhandlungen über Streitigkeiten unter Bundesgliedern zu Separatprotocollen verwiesen sind. Dankenswerth für die Wissenschaft ist es, daß einzelne Austrägal-Erkenntnisse selbst mitgetheilt worden sind.

Darf man vielleicht aus dieser Lage der Dinge den Schluß ziehen, daß sich die Hohe Versammlung von der Hinlänglichkeit der bisherigen Gesetzgebung überzeugt hat, und daß es eines neuen Gesetzes, welches, auf die Basis des nachstehenden Entwurfs redigirt, im Wesentlichen doch nur das schon bestehende mit einigen Abänderungen redintregrirt, nicht dringend bedürfe? Fast möchte der Verfaßer dieß glauben, da ihm selbst, wenn es erlaubt ist, seine bescheidene Meinung zu sagen, die bestehende Gesetzgebung, in Verbindung mit dem, was die Wissenschaft des Rechts und die Erfahrungen an die Hand geben, vollkommen genügend, und mit den Grundgesetzen des Bundes im schönsten Einklang zu stehen scheint. Die einzige wahre Inconvenienz in der bisherigen Austrägalform liegt unstreitig in der Verschiedenheit der Proceßordnungen, nach welchen die Sachen instruirt werden. Sollte sich denn nicht die Instruction unter der Leitung einer jederzeit niederzusetzenden Austrägal-Commißion aus dem Schooße der Versammlung selbst, jedoch mit Zuziehung zweier tüchtiger Rechtsconsulenten, die die B. V. auf Permanenz oder auf gewisse Jahre berufen könnte, führen lassen, nach einer besondern Austrägalordnung, die sich ohne große Schwierigkeit auf die Basis der früheren Reichs-Austrägalordnungen ausarbeiten und sanctioniren ließe? so daß nur die Abfassung der Urteile, wo es eines solchen bedürfen würde, den in der bisherigen Art zu ernennenden Austrägalgerichtshöfen überlassen würde? Daß dieser Organismus noch um vieles beßer, als der bisherige, oder als ein permanentes Bundesgericht seyn würde, woran früherhin gedacht worden ist, ließe sich mit vielen Gründen beweisen.

Entwurf eines Bundestags=Beschlusses über das Verfahren in Streitigkeiten der Bundesglieder unter einander.

§. 1.

(Bundestagsbeschluß vom 16. Juni 1817 a.)

Die Bundes-Versammlung hat in allen, nach Vorschrift der Bundesacte, bei ihr anzubringenden Streitigkeiten [1]) zwischen den Bundesgliedern, so wie auf Anträge von Privatpersonen [2]) in Gemäßheit des 30. Artikels der Wiener Schlußacte, die Vermittlung durch einen Ausschuß [3]) zu versuchen. Ueber die deßfalls zu treffende Einleitung und allenfalls nöthige Verfügung wird sie sich aber zuvörderst durch einen Ausschuß von zwei Mitgliedern gutachtlichen Vortrag erstatten lassen.

Anmerkung der Commission.

Streitigkeiten der Bundes-Glieder unter einander sind in der Regel zu wichtig, als daß es nicht rathsam

1) Auf eine Absonderung von Streitigkeiten um collidirende Interessen von wirklichen Streitigkeiten um verletztes Recht, dringt Preußen Bd. XII, S. 367.

2) An die Eingaben-Commißion sollen diese zuerst gelangen, nach dem Preuß. B. XII, S. 369. Der Streit kann sich aber auch auf andere Art entwickeln.

3) Einen Referenten hält für hinreichend Holstein XIII, S. 246.

seyn sollte, der Einleitung des Vermittelungsgeschäfts einen gutachtlichen Vortrag vorangehen zu lassen, und zwar um so mehr, da die Artikel 18, 19 und 20 der Wiener Schlußacte Bestimmungen enthalten, deren Berücksichtigung in manchen Fällen, auch ohne ausdrücklichen Antrag der Betheiligten, nothwendig werden kann, der 30. Art. der gedachten Schlußacte aber einen Fall voraussetzt, dessen Daseyn wenigstens bescheinigt seyn muß, um eine Einschreitung der Bundes-Versammlung zu rechtfertigen, in dieser Hinsicht also immer eine vorläufige Prüfung erforderlich ist. Des 30. Art. glaubte man hier gedenken zu müssen, damit der durch ihn vorgeschriebene Versuch einer gütlichen Ausgleichung und das weitere Verfahren, wenn dieser Versuch nicht gelingt, auch die gehörige Ordnung erhalte.

§. 2.

(Bundestagsbeschluß vom 16. Juni 1817 a. b.)

Jedes Bundesglied, welches sich wegen einer Streitigkeit mit einem andern Bundesgliede an die Bundes-Versammlung wendet, ist verbunden, derselben eine vollständige Darstellung der Sache [4]) und seiner Ansprüche zu überreichen, worüber der ernannte Vorbereitungs-Ausschuß (§. 1) seinen Vortrag zu erstatten hat. Zum Zwecke der Vermittelung ist von dem beklagten Theile eine Gegenausführung, und, im Falle einer Reclamation aus dem 30. Art. der Wiener Schlußakte, von den in Anspruch genommenen Bundesgliedern, eine Erklärung, unter Ansetzung eines Termins von vier bis sechs Wochen, zu fordern, hierauf aber, nach vorgängigem Vortrage des Vorbereitungs-

4) Eine documentirte fordert Wirtemb. XIII, S. 226.

Ausschusses, welcher in der nächsten Sitzung nach deren Eingang oder nach dem Ablauf des Termins zu erstatten ist, der Vermittelungs-Ausschuß zu bestellen, welcher aus drei Bundestagsgesandten 5) bestehen, und zu dessen Legitimation der im Beiseyn der Gesandten der Betheiligten oder deren Stellvertreter gefaßte Beschluß hinreichend seyn soll.

Anmerkung.

Nach dem Beschluße vom 16. Juni 1817 sollte der Vermittelungs-Ausschuß die Gegenausführung des beklagten Theils fordern. Es scheint aber zur Beförderung der Sache zu gereichen, wenn dieses von der Bundes-Versammlung selbst geschieht. Da übrigens das Stillschweigen des Beklagten den Vergleichsversuch nicht hindern oder aufhalten darf: so möchte es angemeßen seyn, zu bestimmen, daß der Vorbereitungs-Ausschuß nach Ablauf des Termins, auch wenn die Vernehmlaßung nicht eingegangen ist, seinen weitern Vortrag erstatte, und die Ernennung des Vermittelungs-Ausschußes veranlaße. Daß dieser nicht aus mehr und nicht aus weniger als drei Mitgliedern bestehe, hat um deßwillen zweckmäßig geschienen, weil eine größere Zahl leicht dem Fortgange des Geschäfts hinderlich werden könnte, die ungleiche Zahl aber bei einer Verschiedenheit der Ansichten von Nutzen seyn kann. Die im Bundestagsbeschluße v. 16. Juni 1817 beliebte Bekanntmachung der Ernennung des Ausschußes durch die Versammlung an die Parteien

5) Ein jus eximendi für den Klgr fordert Wirtemb. XIII, 228. Auch Holstein XIII, 251.

scheint überflüßig, da deren Bevollmächtigte in der Versammlung gegenwärtig sind.

§. 3.

(Bundestagsbeschluß vom 16. Juni 1817 c.)

Dem Vermittelungs-Ausschuße sind die, den Gegenstand betreffenden, bei der Bundes-Versammlung vorgekommenen Verhandlungen sofort zuzustellen. Dieser hat sodann zuvörderst in Erwägung zu ziehen, ob zur Aufstellung gründlicher Vergleichsvorschläge noch eine Aufklärung der Sachverhältniße nöthig ist, oder nicht. Im ersten Falle ist dieselbe von den Parteien, oder von demjenigen Theile, von welchem sie, den Umständen nach, zunächst erwartet werden muß, zu erfordern, und dazu ein Termin anzusetzen, welcher, ohne ausdrückliche, nur in besondern Fällen zu ertheilende Genehmigung der Bundes-Versammlung, die Zeit von sechs Wochen nicht überschreiten darf.

Anmerkung.

Die Nothwendigkeit vollständiger Aufklärung der Sachverhältniße zur Begründung angemeßener Vergleichsvorschläge leuchtet von selbst ein. Von der Beurtheilung des Ausschußes wird es aber abhängen, ob er solche schriftlich zu erfordern, oder aber eine vorbereitende Conferenz mit den Bevollmächtigten der streitenden Theile zu veranlassen für gut findet.

§. 4.

Hat ein oder der andere Theil sich weitere Erklärungen vorbehalten, und hält der Ausschuß solche zur gehörigen Einsicht der Sache oder zur Beförderung des Vergleichsgeschäftes für nothwendig oder nützlich, so hat er zu deren Beibringung auf gleiche Weise eine Frist festzusetzen. Der Ausschuß ist aber in keinem Falle an die Beobachtung der im gerichtlichen Verfahren gewöhnlichen Zahl von Schriftsätzen gebunden, sondern es kommt hierbei nur darauf an, daß er die für den Zweck erforderlichen Aufklärungen erhalte, worüber ihm die Beurtheilung lediglich zusteht.

Anmerkung.

Da es bei dem Vermittelungsgeschäft nur darum zu thun ist, daß der Ausschuß alle zweckmäßigen Hülfsmittel, um eine gütliche Vereinbarung zu erzielen, sich verschaffe, ein proceßartiger Schriftwechsel der Parteien aber zu solchen Hülfsmitteln nicht gehören, vielmehr das Werk nur erschweren dürfte: so hat man geglaubt, dem Ausschuße in dieser Hinsicht alle mögliche Freiheit bedingen zu müßen.

§. 5.

Von dieser ersten Einleitung hat der Ausschuß, längstens binnen 14 Tagen nach erhaltenem Auftrage, der Bundes-Versammlung Kenntniß zu geben, auch derselben, in der Folge, wenn die von ihm gesetzten Fristen nicht beachtet worden, Bericht zu erstatten, und zu ihrer Entschließung [6]) zu verstellen, ob der Vergleichsversuch als unausführbar anzusehen, und mithin das richterliche Verfahren einzuleiten, oder aber jener, unter Bewilligung weiterer Fristen, jedoch unbeschadet der im §. 8. den Betheiligten beigelegten Befugniß offen zu halten sey?

6) Das preußische Votum will diese wesentlich der Commißion überlaßen wißen, XII, S. 371. Mehrere andere Erinnerungen wegen des Vermittlungsgeschäfts, ib.

Anmerkung.

Ein Vermittelungsgeschäft kann öfters nur im Laufe der Zeit, und manchmal nach längeren Ruhepuncten der Unterhandlung, gelingen. Es ist daher kein Grund, es in allzuenge Fristen einzuschränken, wenn nur die Parteien und dritte Betheiligte nichts dagegen haben. Um jedoch den Vermittelungs-Ausschuß außer aller Verantwortung oder auch Verlegenheit zu setzen, hat man die Entscheidung von der Bundes-Versammlung abhängig machen zu müßen geglaubt.

§. 6.

Der Ausschuß ist verbunden, wenn er nähere Erläuterungen nicht nothwendig findet, binnen 14 Tagen nach erhaltenem Auftrage, oder aber innerhalb 14 Tagen nach dem Empfange der geforderten Erläuterungen, einen Termin zum Versuch der Güte anzusetzen, nach Abhaltung dieses Termins und spätestens nach Ablauf dreier Monate, von der Ertheilung des Auftrags an gerechnet, der Bundes-Versammlung von der Lage der Sache Rechenschaft zu geben, und damit von Zeit zu Zeit fortzufahren, bis entweder ein Vergleich gestiftet, oder die Bewirkung einer gütlichen Uebereinkunft für unerreichbar erkannt ist. Treten während des Vermittlungsgeschäfts besondere Schwierigkeiten ein; so hat der Ausschuß darüber sofort an die Bundes-Versammlung zu berichten, und deren Entscheidung zu gewärtigen.

§. 7.

(Bundestagsbeschluß vom 16. Juni 1817 d.)

Wird ein Vergleich zu Stande gebracht, so ist er der Bundes-Versammlung vorzulegen, und diese hat ihn durch einen förmlichen Beschluß unter die Garantie des Bundes zu stellen. Die Vergleichs-Urkunde ist in Urschrift, die gegenseitigen Ratifications-Urkunden aber sind in beglaubter Abschrift in dem Bundesarchiv niederzulegen.

§. 8.

(Bundestagsbeschluß vom 16. Juni 1817, III. Wiener Conferenz-Protocoll, Sess. 20. Beilage B.)

Sobald der Vermittlungs-Ausschuß sich überzeugt hat, daß der Zweck einer gütlichen Beilegung des Streites durch seine Bemühungen nicht erreicht werden kann, hat er, ohne an die oben bezeichneten Fristen gebunden zu seyn, hierüber seinen Bericht an die Bundes-Versammlung zu erstatten. Wenn aber das Vermittlungsgeschäft während eines Zeitraums von sechs Monaten, von der Constituirung des Vermittlungs-Ausschusses an gerechnet, ohne Erfolg geblieben ist; so sind Kläger oder Beklagter, oder auch Dritte, welche bei der Sache ein gehörig bescheinigtes Intereße haben, befugt, die Aufhebung des Vermittlungs-Auftrages und die Beförderung der richterlichen Entscheidung von der Bundes-Versammlung zu begehren.

Diese ist, auf den Bericht des Ausschußes oder das Ansuchen eines Betheiligten, verpflichtet, die richterliche Entscheidung durch eine Austrägal-Instanz zu bewirken.

Anmerkung.

Die nicht ungegründete Besorgniß, daß durch zwecklose Verlängerung des Vermittlungs-Geschäfts die Erfüllung des 11. Art. der Bundesacte, wo nicht vereitelt, doch ungebührlich verzögert werden könnte, hat den Wunsch veranlaßt, daß solchem Mißbrauche vorgebeugt werden möge. Es ist dieß bei den Verhandlungen über die Wiener Schlußacte in Anregung gebracht, und darauf eine Bestimmung in der Art, wie die obige, vorgeschlagen worden. Sie scheint der Absicht zu entsprechen, und hat daher hier eine Stelle erhalten.

§. 9.

Sollten von einem streitenden Theile Einwendungen gegen die Statthaftigkeit des Austrägalverfahrens gemacht werden: so ist von der Bundes-Versammlung ein Ausschuß von fünf Mitgliedern, um darüber in einer der nächsten Sitzungen sein Gutachten zu erstatten, sofort zu ernennen, und wenn von demselben die vorgebrachten Einwendungen ungegründet befunden sind, zur Einleitung des Austrägalverfahrens, ohne weitern Aufenthalt, zu schreiten. Im entgegengesetzten Falle hat die Bundes-Versammlung die Erledigung des Streits durch ein Compromiß in der Art zu bewirken 7), daß jeder Theil ein Bundesglied benenne, beide von den Parteien benannte Bundesglieder aber ein drittes Bundesglied erwählen, welche zusammen als Schiedsrichter in der Sache zu erkennen haben 8).

7) Preußen schlägt folgende Faßung vor: »Sollten von einem der streitenden Theile aus dem Grunde einer mehr politischen als rechtlichen Natur des Gegenstandes Einwendungen gegen die Statthaftigkeit des Austrägalverfahrens gemacht werden: so ist von der B. V. ein Ausschuß von 5 Mitgliedern sofort zu ernennen, um ihr darüber in einer der nächsten Sitzungen sein Gutachten zu erstatten. Werden auf dieses die vorgebrachten Einwendungen von der B. V. ungegründet befunden, so hat letztere die Erledigung rc. Aehnliches wünscht Holstein XIII, S. 248.

8) Eine Zuordnung von 2 Vorständen höherer Gerichtshöfe

Es soll auch hierbei im Wesentlichen, wie in Ansehung der Austräge vorgeschrieben ist, verfahren werden. Weigert sich nun einer der streitenden Theile, einen Schiedsrichter zu benennen, so soll dieses, an seiner Stelle, durch die Bundes-Versammlung geschehen. Die Uebernahme des schiedsrichterlichen Amts in solchen Fällen ist Bundespflicht 9).

Anmerkung.

Die Frage: wie es zu halten sey, wenn eine Sache für nicht geeignet zur Beurtheilung eines Civil.Gerichtshofes geachtet wird, ist mehrmals berührt worden. Man hat sie besonders auf den Fall angewandt, wenn eine Streitsache unter Bundesgliedern mehr politischer, als rechtlicher Natur seyn sollte. Die Commißion hat so wenig, als ihre Vorgänger, versucht, hier eine Grenzlinie zu ziehen. Sie hat aber erwogen, daß, wenn der Zweck des 11. Art. der Bundesacte vollständig erreicht werden soll, nothwendig auch für den Fall Vorsehung getroffen werden muß, wenn, wegen Beschaffenheit der Sache, gegen die angeordnete Austrägal-Instanz Einwendungen gemacht werden. Da nun Bundesglieder in keinem Falle gegen einander rechtlos und im Zustande der Gewaltthätigkeit bleiben dürfen, und es der Bundes-Versammlung unbedingt zur Pflicht gemacht ist, in allen, durch Vergleich nicht zu erledigenden Streitig-

schlägt überdies vor Wirtemberg XIII, S. 222., Dagegen ist Preußen XII, S. 374.

9) Mehrere Ausstellungen gegen die Faßung und Vollständigkeit dieses §. s. im Holsteinschen Votum XIII, 249.

keiten der Bundesglieder eine richterliche Entscheidung zu bewirken: so hat es, für den vorausgesetzten Fall, am angemessensten geschienen, dem Austrägalgericht ein geregeltes Compromiß zu surrogiren, welches auch einzutreten hätte, wenn die Frage von der Statthaftigkeit des Austrägalverfahrens blos zweifelhaft wäre. Nur wenn die Einwendung dagegen, nach gehöriger Prüfung durch einen Ausschuß, sofort und unzweifelhaft als ungegründet erschiene, wäre eine solche Ausnahme von der Regel nicht zuzulaßen. Auf diese Ansichten gründet sich der vorstehende §., welchen die Commißion um so mehr in Vorschlag bringen zu müssen geglaubt hat, als die Frage auch bei den Wiener Verhandlungen nur ausgesetzt, nicht beseitigt, jetzt aber bei ihr wieder in Anregung gebracht worden ist.

§. 10.

(Bundestagsbeschluß vom 16. Juni 1817, III. 2.)

Zur Einleitung des Austrägalproceßes soll von der Bundes-Versammlung in ihrer nächsten Sitzung, nach dem Eingange des obgedachten Berichts oder Ansuchens (§. 8.), der Beklagte [10]) durch einen Beschluß [11]) aufgefordert werden, binnen einer Frist, welche nicht unter vier und nicht über sechs Wochen, von dem Tage des Beschlußes an gerechnet bestimmt werden darf, der Bundes-Versammlung seine förmliche Klagschrift zu überreichen [12]), und zugleich zum

10) Redactionsfehler. Soll heißen Kläger.

11) Dem Vermittlungs-Ausschuß will dieß anheim geben Wirtemb. XIII, S. 228. Dagegen Holstein XIII, 251.

12) Dem Austrägalgericht wünscht dieß vorbehalten Wirtemb. XIII, S. 229. Auch Holstein XIII, 252.

Protokoll derselben drei bei der Sache nicht betheiligte Bundesglieder zu benennen, aus welchen der Kläger eines zu wählen berechtigt und seine Wahl binnen höchstens vier Wochen, welche Frist nur in Rücksicht auf die Entfernung der Parteien um vierzehn Tage verlängert werden kann, zum Protokoll der Bundes-Versammlung anzuzeigen verpflichtet ist.

Anmerkung.

Da der erste Antrag, in Beziehung auf den Zweck der zuvörderst zu versuchenden Vermittelung, sehr verschieden von einer förmlichen Klagschrift seyn kann, und vielleicht in der Regel seyn sollte: so hat es zur Beförderung der Sache dienlich und den Verhältnißen angemeßen geschienen, daß, nach vergeblich versuchter Güte, die Klagschrift der Bundes-Versammlung eingereicht, und von ihr, der es obliegt, die richterliche Entscheidung zu bewirken, dem Austrägalgerichte, mit den übrigen Acten, zugesandt werde.

§. 11.

(Bundestagsbeschluß vom 16. Juni 1817, III. 3.)

Wenn einer der streitenden Theile den ihm gesetzten Termin versäumt, so geht das Vorschlags- oder Wahlrecht [13]) auf die Bundes-Versammlung über. Dieser soll auch in dem besondern Falle die Bestimmung des Austrägalgerichts zustehen, wenn es zweifelhaft ist, wer als Kläger oder Beklagter zu betrachten sey? und die Parteien sich

13) Die Devolution des Wahlrechts auf die B. V., wenn der Kläger nicht wählt, will Preußen auf die Diadicasten beschränkt haben, XII, S. 475.

deßfalls nicht freiwillig vereinigen. Um sich hierüber zu erklären, ist denselben eine Frist von vier, höchstens sechs Wochen zu bestimmen, und derjenige, welcher demnach als Beklagter erscheint, soll zugleich mit dieser Erklärung drei Bundesglieder zur Auswahl des Klägers benennen. (§. 10.).

Anmerkung.

Nach dem Bundestagsbeschluße vom 16. Juni 1817 soll nur das verabsäumte Vorschlagsrecht auf die Bundes-Versammlung übergehen. Der Zweck erfordert aber, daß dieses auch, wenn das Wahlrecht versäumt wird, statt finde.

Der mögliche Fall, daß es zweifelhaft wäre, wer als Kläger oder Beklagter zu betrachten sey? (ein Fall, der besonders in Beziehung auf den 30. Art. der Schlußacte leicht vorkommen kann,) schien das vorgeschlagene Auskunftsmittel nöthig zu machen.

§. 12.

(Bundestagsbeschluß vom 16. Juni 1817, III. 3)

Das Gericht höchster Instanz des gewählten Bundesgliedes soll jederzeit die zur Entscheidung des Rechtsstreites berufene Austrägal-Instanz seyn. Die Bundes-Versammlung hat daher über die erfolgte Wahl einen Beschluß zu faßen, und solche dem gewählten Bundesgliede durch deßen Bundestagsgesandten, unter Anfügung sämmtlicher bei der Bundes-Versammlung und dem Vermittlungs-Ausschuße verhandelten Acten [14]), mit dem Anhang bekannt zu machen,

14) Eine Inrotulation wünscht Wirtemb. XIII, S. 230. Dagegen, wie überhaupt gegen alle Mittheilung der Vergleichsverhandlungen Holstein XIII, 253. flg.

daß daßelbe längstens binnen vier Wochen, von dem Tage des Beschlußes an, seine Oberstelle anweisen möge, nach vorgängigem ordnungsmäßigem Verfahren in der vorliegenden Rechtssache, als Austrägal-Instanz, im Austrag und Namen der Bundes-Versammlung, ein rechtliches Erkenntniß abzugeben. Bei diesem Gerichtshofe haben die Parteien, innerhalb der oben bestimmten Frist von vier Wochen, Bevollmächtigte zu bestellen, welchen alle Insinuationen gültig geschehen können. Wird diese Frist nicht beachtet, so ist der Gerichtshof berechtigt, Anwälte von Amts wegen für dieselben zu ernennen.

Anmerkung.

Das in vorstehendem Art. bestimmte Verfahren hat dem Zwecke und den Verhältnißen am meisten zu entsprechen geschienen, indem unmittelbare Communicationen der Bundesversammlung mit den obersten Gerichtshöfen der Bundesstaaten nicht nothwendig, dagegen aber mancherlei Bedenklichkeiten unterworfen seyn dürften.

§. 13.

Wenn, in Gemäßheit des 30. Artikels der Wiener Schlußacte, die zwischen mehreren Bundesgliedern streitige Frage: welches derselben eine Forderung von Privatpersonen zu befriedigen habe? zur Entscheidung einer Austrägal-Instanz zu bringen ist; so hat bei dieser zwischen den in Anspruch genommenen Bundesgliedern (wobei jedoch die Reclamanten ihr Interesse durch Intervention [15]) wahr-

15) Jedoch nicht als mitstreitende Theile, also nie im Wege der förmlichen Intervention, wünscht Wirtemb. XIII, S. 224. Vgl. preuß. Votum XII, S. 387. Sächsisches Votum XIII, S. 131.

zunehmen befugt sind) ein rechtliches Verfahren und eine richterliche Entscheidung nur allein darüber statt: welches von den betheiligten Bundesgliedern, oder in welchem Verhältniße mehrere derselben, entweder definitiv oder vorläufig [16]), die rechtsbegründeten Ansprüche der Reclamanten [17]) zu befriedigen gehalten seyen? Dahingegen gehört das weitere Verfahren zwischen den reclamirenden Privatpersonen und dem durch das Austrägal-Urteil als Schuldner anerkannten Bundesgliede, und das Erkenntniß über die Einreden, welche der Forderung selbst entgegengesetzt werden könnten, vor die ordentlichen Gerichte des Landes, bei welchen verfassungsmäßig der landesherrliche Fiskus zu belangen ist. Die Bundes-Versammlung wird daher in diesem Falle zur Erfüllung des 30. Artikels der Schlußacte dem gewählten Austrägal-Gerichte den Auftrag nur zur Entscheidung der gedachten Vorfrage ertheilen. Dieses hat demnach nöthigenfalls die in Anspruch genommenen Bundesglieder zur rechtlichen Verhandlung, unter einer kurzen Frist, aufzufordern.

Anmerkung.

Die Commißion hat geglaubt, diesen §. einschalten zu müßen, damit die Anwendung des 30. Art. der W. Schlußakte, seinem Zwecke gemäß, gesichert, und das dabei zu beobachtende Verfahren geordnet werde. Dieses wird hierdurch auf die **Vorfrage** beschränkt, und es

16) Die Weglaßung dieser Worte »definitiv oder vorläufig« fordert Wirtemberg XIII S. 215. Auch will Preußen keine Entscheidung zum Behuf vorläufiger Zahlungen XII, S. 388. Ebenso Sachsen XIII, S. 130. Holstein XIII, 255.

17) Weglaßung oder Verbeßerung »der rechtsbegründeten Ansprüche« fordert Holstein XIII, 255.

wird zugleich die Vermischung anderer Streitigkeiten mit derselben verhütet [18]).

§. 14.

(Bundestagsbeschluß vom 16. Juni 1817, III. 3. 4.)

Sämmtliche höchste Justizstellen der deutschen Bundesstaaten sind die zur Bundes-Austrägal-Instanz geeigneten und bestimmten Gerichtshöfe [19]), und die Uebernahme des Austrägal-Auftrages ist als Bundespflicht anzusehen. Nur ganz besondere, der Bundes-Versammlung etwa unbekannt gewesene Verhältniße, welche eine völlige Unfähigkeit zur Uebernahme dieses Auftrages begründen, können zur Entschuldigung dienen, sind aber binnen vier Wochen, von dem Tage des erhaltenen Auftrages an gerechnet, der Bundes-Versammlung vorzubringen, welche darüber längstens binnen vierzehn Tagen zu entscheiden hat.

Anmerkung.

Hier hat es nothwendig geschienen, der Entscheidung über die Entschuldigungsgründe ausdrücklich zu gedenken, was der Bundestagsbeschluß vom 16. Juni 1817 unberührt gelassen hatte.

18) Warum man nicht überhaupt Privatpersonen gegen mehrere betheiligte Bundesglieder, wenigstens unter gewißen Voraussetzungen ein Forum eröffnen wolle, wo es ihnen gestattet wäre, selbstständig zu handeln: kann billig wohl gefragt werden und ist auch im Wirtemb. Votum XIII, S. 225, so wie im Holstein-Lauenburgischen XIII, S. 255. schon erinnert worden

19) Eine ausdrückliche Verweisung auf Richterpflicht und Entlassung von den entgegenstehenden Dienstpflichten wünscht Wirtemberg. S. 331.

§. 15.

(Bundestagsbeschluß vom 16. Juni 1817, III. 4.)

Jedes Bundesglied, auch ein solches, welches nach dem 12. Artikel der Bundesacte mit andern ein gemeinsames Gericht dritter Instanz hat, kann von dem Beklagten vorgeschlagen werden, jedoch immer nur Einer der Theilhaber an demselben obersten Gerichte, und nur alsdann, wenn keiner dieser Theilhaber bei der zu entscheidenden Streitsache ein rechliches Interesse hat.

§. 16.

(Bundestagsbeschluß vom 3. August 1820, Art. 2.)

Dem zur Austrägal-Instanz bestellten obersten Gerichtshofe eines Bundesstaates steht die Leitung des Processes, und zwar, bis zur Errichtung einer allgemeinen Austrägal-Gerichtsordnung, nach der bei ihm geltenden Proceßordnung [20]), jedoch unter Beobachtung der nachfolgenden Bestimmungen, so wie die Entscheidung des Streites in allen seinen Haupt- und Nebenpuncten, uneingeschränkt und ohne alle weitere Einwirkung der Bundes-Versammlung oder der Landesregierung zu. Letztere wird jedoch, auf Ansuchen der Bundes-Versammlung oder der Parteien, im Falle einer Zögerung von Seiten des Gerichts, die zur Beförderung der Entscheidung nöthigen Verfügungen erlassen.

Anmerkung.

Es ist ein unverkennbarer Nachtheil der gegenwärtigen Einrichtung, daß die Bundesglieder bei ihren

20) Ein besonderes Verfahren bei Diadicasien schlägt vor Baden, B. Pr. 1821. XII, S. 21. flg. Kön. Sachsen, XIII, S. 131.

Rechtsstreitigkeiten auf ein gleichförmiges gerichtliches Verfahren nicht rechnen können. Wieviel hiervon abhängt, weiter hier auszuführen, scheint überflüßig zu seyn. Das Bedürfniß einer Austrägal-Gerichtsordnung dürfte wohl unverkennbar seyn [21]), da die Gleichförmigkeit des Verfahrens so wesentlich, die Herstellung derselben aber von dem Gerichtsgebrauche so vieler und so höchst verschieden organisirter obersten Gerichtshöfe, welche Austrägalgerichte werden können, nicht zu erwarten ist. Die Commission hat daher geglaubt, die Errichtung einer Austrägal-Gerichtsordnung ausdrücklich vorbehalten zu müßen, und sie giebt anheim, ob nicht dazu eine angemeßene Einleitung jetzt gleich zu treffen wäre.

§. 17.

(Bundestagsbeschluß vom 3. August 1820, Art. 3.)

Zur Theilnahme an einem Rechtsstreite unter Bundesstaaten kann ein drittes Bundesglied vor das erwählte Austrägalgericht nur alsdann zugelaßen werden, wenn dieses eine wesentliche Verbindung der Rechtsverhältniße desselben mit dem anhängigen Rechtsstreite anerkennt. Auch eine Wiederklage hat nur in diesem Falle bei dem erwählten Austrägal-Gerichte statt, und nur, wenn sie sogleich bei der Einlaßung auf die Vorklage angebracht wird.

§. 18.

(Ebendaselbst, Artikel 4.)

Wo keine besonderen Entscheidungs-Normen vorhanden

21) Nicht anerkannt wird dieß in dem Preußischen Votum, S. 379.

sind, hat das Austrägal-Gericht nach den in Rechtsstreiten derselben Art vormals von den Reichsgerichten subsidiarisch befolgten Rechtsquellen, in so fern solche auf die jetzigen Verhältnisse der Bundesglieder noch anwendbar sind, zu erkennen [22].

§. 19.

(Ebendaselbst, Artikel 5.)

Dem im Namen der Bundes-Versammlung abzufassenden Erkenntnisse sollen jederzeit die vollständigen Entscheidungsgründe beigefügt werden.

Ueber den Kostenpunct soll das erwählte Austrägal-Gericht nach gemeinrechtlichen Grundsätzen erkennen; und bei deren Bestimmung die ihm vorgeschriebene Taxordnung befolgen, ohne weitere Gebühren in Ansatz zu bringen.

§. 20.

(Bundestagsbeschluß vom 16. Juni 1817, III. 7.)

Das Erkenntniß in der Hauptsache muß längstens binnen Jahresfrist, vom Eingange des Austrägal-Auftrages bei dem gewählten obersten Gerichtshofe an gerechnet, erfolgen. Sollte dieß ausnahmsweise nicht thunlich seyn, so hat der oberste Gerichtshof als Austrägal-Instanz einen Be-

22) Nach dem Preußischen Votum soll der Austrägalrichter nur auf die unter den Parteien erörterten Rechtsquellen Rücksicht zu nehmen verpflichtet werden. S. 380. 383. Holstein-Lauenburg fordert, daß die Austrägalgerichte bei Zweifeln über die Anwendbarkeit der Reichsgesetze auf die jetzigen Verhältnisse der Bundesglieder, wie ehedem die Reichsgerichte beim Reichstage, so jetzt bei der B. V. anzufragen verpflichtet werden sollen. XIII, 261.

richt an die Bundes-Versammlung 23) zu erstatten, die Gründe eines nothwendig geglaubten längeren Verzugs anzuzeigen, und die Entschließung der Bundes-Versammlung darüber zu erwarten.

§. 21.

(Ebendaselbst, III. 7.)

Die Austrägal-Erkenntniße sind von dem gewählten Gerichtshofe, im Namen und Auftrage der Bundes-Versammlung, den Parteien zu eröffnen, und sodann, nebst den verhandelten Acten, der Bundes-Versammlung einzusenden 24).

§. 22.

Die Austrägal-Erkenntniße sind sofort nach ihrer Eröffnung als rechtskräftig anzusehen und zu befolgen. Jedoch ist die Restitution wegen neu aufgefundener Thatsachen und Beweismittel 25) zuläßig. Sie muß aber innerhalb Jahresfrist 26), vom Tage der Auffindung an gerechnet, nachgesucht, und es kann dadurch die Vollziehung des Austrägal-Erkenntnißes nicht aufgehalten werden 27).

23) Durch die betreffende Regierung, wie K. Sachsen vorschlägt XIII, S. 132.

24) Ueber die Art der Abfassung oder Beschließung der Urteile macht Wirtemb. besondere Vorschläge. S. 231.

25) Blos auf zuvor unbekannte Thatsachen wünscht das Rechtsmittel beschränkt Wirtemb. S. 336. Blos auf neu gefundene Beweismittel, nicht Thatsachen, Preußen. S. 351.

26) Für Beibehaltung des quadriennii, da ja die Execution ohnehin nicht aufgehalten würde, ist Preußen. S. 380. l. c. Vom Tage des publicirten Urteils will es Holstein gerechnet wissen. XIII, 262.

27) Dem richterlichen Arbitrium, wenn es den Restitutions-

Anmerkung.

Der Termin ist, in Folge der Berathungen der Wiener Conferenzen, zwar auf vier Jahre gesetzt. Wenn aber dieser Termin nicht von der Eröffnung des Austrägal-Urteils an gerechnet wird, sondern von der Auffindung der neuen Thatsachen und Beweismittel an: so scheint eine Jahresfrist zur Vorbereitung und Ausarbeitung des Restitutionslibells hinreichend, eine längere Frist aber der Begründung eines festen Rechtszustandes unter den im Streite befangenen Bundesgliedern nur nachtheilig zu seyn. Es ist ohnehin schon viel, daß, nach der vorliegenden Bestimmung, das Rechtsmittel der Restitution selbst durch keinen Zeitverfluß ausgeschlossen wird, und eben daher auch mehrmals wiederholt werden kann.

Es ist übrigens, in besonderer Beziehung auf dieses Rechtsmittel, der Commission die Erinnerung mitgetheilt worden, daß hier die Beobachtung der verschiedenen Proceßordnungen vorzüglich bedenklich zu seyn scheine. Denn die verschiedenen Proceßordnungen gewährten dem Imploranten nicht überall einen gleichen Umfang der Berechtigung, und wenn nun jedem Austrägalgerichte seine Proceßordnung zur Norm dienen soll: so könne dieses, namentlich bei dem Rechtsmittel der Restitution, auch auf die Entscheidung der Streitsache einwirken, und in dem einen Falle, so wie bei dem einen oder andern Territorialgerichte, der Partei mehrere,

libell communicirt, wünscht hier einigen Spielraum, Wirtemb. S. 235. Auch Holstein a. a. O.

in dem andern weniger Berechtigung weiterer Rechts-ausführung zustehen. Es scheine nun aber doch angemessen, daß wenigstens in dieser Hinsicht gleiche Berechtigungen für die Bundesglieder bei ihren Streitigkeiten statt finden sollten. Die Commission hat die Wichtigkeit dieser Bemerkung vollkommen erkannt, und hat es daher versucht, in den folgenden §§. 23 und 24 durch kurze und einfache Sätze in die Behandlung der Restitution bei den Austrägalgerichten diejenige Gleichförmigkeit zu bringen, welche mit Recht gewünscht wird. Es hat ihr zu dem Ende nothwendig geschienen, die Zuläßigkeit und die Erforderniße des Rechtsmittels im §. 23. genau zu bestimmen, und im §. 24 das bei allen Austrägalgerichten gleichmäßig zu beobachtende Verfahren vorzuzeichnen. Dabei hat sich aber auch zugleich die Nothwendigkeit gezeigt, im §. 25. eine Formel des Restitutions-Eides vorzuschreiben.

§. 23.

Die Restitution findet nur gegen definitive Erkenntniße und gegen solche Zwischen-Urteile statt, welche die Kraft eines definitiven Erkenntnißes haben. Sie ist auch gegen Erkenntniße über den Besitzstand, sofern solche nicht bloß den jüngsten Besitz betreffen, zuläßig. Sie kann aber allein rechtlich begründet werden, durch neue, vor der Eröffnung des Austrägal-Urteils dem Imploranten nicht bekannt gewesene, mit den gehörigen Beweisen belegte, erhebliche, mithin eine gänzliche oder theilweise Abänderung jenes Urteils erfordernde Thatsachen, oder aber durch neu aufgefundene Beweismittel für bereits vorgebrachte, erhebliche, jedoch bei der Abfassung des Urteils, wegen

Mangel des Beweises, nicht berücksichtigte Thatumstände, oder endlich durch neu aufgefundene, erhebliche Gegen-Beweismittel in Ansehung solcher Thatumstände, worauf das Austrägal-Erkenntniß ganz oder zum Theil gebaut worden ist.

§. 24.

(Bundestags-Beschluß vom 3. August 1820, Art. 7.)

Ueber die Zuläßigkeit der Restitution und über die Erheblichkeit und rechtliche Wirkung der neu aufgefundenen Thatsachen und Beweismittel hat derselbe Gerichtshof zu erkennen, welcher die Entscheidung in der Sache gefaßt hat. Der Restitutions-Libell, welchem die neu aufgefundenen Beweismittel vollständig beizufügen sind, ist vor Ablauf des oben bestimmten Termins (§. 22.) bei der Bundesversammlung einzureichen [28]). Diese wird sodann denselben durch einen in ihrer nächsten Sitzung nach dessen Uebergabe zu fassenden Beschluß, in der oben bestimmten Art (§. 12.), dem Austrägal-Gerichte, unter Zurücksendung der früheren Acten, mittheilen, welches hierauf zuförderst die Zuläßigkeit der Restitution zu prüfen und darüber zu erkennen hat. Wird dieselbe zuläßig befunden: so ist, nach vorgängigem Verfahren bis zur Duplik, das Haupterkenntniß abzugeben und zu eröffnen, hiernächst aber mit den Acten der Bundesversammlung einzuschicken.

§. 25.

(Ebendaselbst, Art. 8.)

Die Ableistung des Restitutions-Eides geschieht bei dem Austrägal-Gerichte durch den Vorstand derjenigen

28) Nur eine Anmeldung hält Wirtemberg und Holstein für allererst nöthig.

Behörde, unter deren Aufsicht und Genehmigung die Restitution nachgesucht wird, und von demjenigen Beamten des die Restitution nachsuchenden Theils, welcher die Sache bearbeitet hat, entweder in Person, oder durch Special-Bevollmächtigte. Sind mehrere dabei verwendet worden, so soll dem andern Theile frei stehen, den zu benennen, welcher den Restitutions-Eid abzustatten hat. Dieser Eid ist darauf zu richten:

> daß diejenigen, welche ihn abzuleisten haben, von den neu vorgebrachten Thatumständen und Beweismitteln vor der Eröffnung des Austrägal-Erkenntnisses keine Wissenschaft gehabt, und solche erst nachher erlangt haben, auch daß seit der Zeit der Auffindung die gesetzliche Frist von einem Jahre nicht abgelaufen sey [29].

§. 26.

In dem Falle, daß der durch ein Austrägal-Erkenntniß unterliegende Theil binnen vier Wochen [30] nach dessen Eröffnung darzuthun vermöchte, daß dasselbe, wegen offenbarer Verletzung gesetzlicher Vorschriften, oder der, bei Strafe der Nichtigkeit vorgeschriebenen gerichtlichen Ordnung [31], von selbst und ohne Rücksicht auf die dem Rechts-

29) Oder auch noch: daß er selbige alles angewandten Fleißes ungeachtet nicht habe herbeischaffen können. Wirtemberg S. 238. Hier wird auch, wie von Holstein, der Eid blos in subsidium für nothwendig gehalten.

30) Zu enge die Frist findet Wirtemberg S. 239. und will 1 Jahr. Drei Monat Holstein.

31) Als Nichtigkeitsgrund will das preußische Votum auch genannt haben falsche Documente und bestochene Zeugen. Beides liegt wohl schon unter »Verletzung gesetzlicher Vorschriften«. Nur nicht Nullitates propter violationem iuris in thesi Holstein.

streit zum Grunde liegende Thatsachen, als ein rechtliches Erkenntniß nicht bestehen könne, so ist er auch damit, jedoch ohne Suspensivwirkung, zuzulassen, und die Bundesversammlung hat auf die innerhalb obiger Frist ihr zu übergebende Ausführung, nach eingeholter Vernehmlassung des Gegentheils, einen obersten Gerichtshof zu beauftragen [32]), über den Grund oder Ungrund der vorgeschützten Nichtigkeit zu erkennen, und seine Entscheidung der Bundesversammlung, nebst den Acten, einzusenden. Diese wird sodann die Parteien davon in Kenntniß setzen, und, falls das angegriffene Urtheil für nichtig erklärt werden sollte, bei dem gewählten Austrägal-Gerichte, in Gemäßheit des cassatorischen Erkenntnisses, das weitere rechtliche Verfahren bewirken [33]).

Anmerkung.

Wenn durch ein Einziges Urtheil über Rechtsverhältnisse endlich entschieden werden soll, die, da sie unabhängige Staaten und erlauchte Familien betreffen, in der Regel von Wichtigkeit seyn werden: so scheint es billig, denjenigen, welche sich einem so wenig günstigen Unterschied von ihren eigenen Unterthanen unterworfen haben, wenigstens Sicherheit gegen die Folgen menschlicher Schwäche, welche sich auch bei den ansehnlichsten Gerichtshöfen, durch Abweichung von gesetzlichen Vor-

32) Das ordentliche Austrägalverfahren dabei will Wirtemberg auch bei der Aufstellung des Gerichtshofs S. 239. Eben so Holstein.

33) Das erste Austrägalgericht, deßen Urtheil caßirt wird, sollte also noch einmal erkennen? eine für manche Fälle harte Zumuthung. S. auch Holsteinisches Vot. XIII, 265.

schriften äußern können, alsdann zu gewähren, wenn eine offenbare Verletzung der Gesetze und der gerichtlichen Ordnung sofort nachgewiesen werden kann. Aber nur unter möglichster Beschränkung hat die Commission geglaubt, auf die Zulaßung einer Nichtigkeitsklage antragen zu müssen, und so dürfte die Berücksichtigung eines gewiß seltenen Falles, indem darüber eine billige Beruhigung gegeben wird, zur Befestigung des Vertrauens in eine ihrer Natur nach sehr mangelhafte Einrichtung dienen.

§. 27.

(Bundestags-Beschluß vom 3. Aug. 1820. Art 9.)

Die Bundesversammlung verfügt die Vollziehung der Bundes-Austrägal-Erkenntniße, in so fern denselben nicht sofort oder nicht vollständig Folge geleistet und deßhalb bei ihr von Betheiligten die Anzeige gemacht wird. Fallen bei der Vollziehung noch Streitigkeiten vor, welche eine richterliche Entscheidung erfordern, so steht diese dem Austrägal-Gerichte zu, welches das zu vollziehende Erkenntniß gefaßt hat, und die Parteien können solche bei demselben unmittelbar anbringen, ohne daß es deßhalb eines weitern Auftrages der Bundesversammlung bedarf.

IV.

Von einzelnen staatsrechtlichen Anomalien in den deutschen Bundesstaaten.

Wie im völkerrechtlichen Verband die Halbsouveräne, so gehören für das innere Staatsrecht auch diejenigen Erscheinungen zu den seltnern, aber auch deshalb um so merkwürdigern, wo Staatshoheit und Unterthansverhältniß nicht in ihrem reinen Gegensatz sich hervorstellen, sondern noch ein Mittelglied sich eingeschaltet findet, ein unterthäniges Hoheitsverhältniß. Anomalien dieser Art — denn zu Anomalien muß man jene Erscheinungen wohl rechnen, da die neuere Entwickelung der Staatsverhältniße immer mehr und mehr zu einer völlig unvermischten Hinstellung der Staats-Souveränetät sich hingeneigt hat — entstanden in Deutschland durch die Mediatisirung ehemaliger Reichsstände; andere hinterließ aber schon das Reich bei seiner Auflösung gleichsam wie eine Erbschaft dem deutschen Staatenbund. Es hatte bereits einzelne Unter-Landesherrn, besonders abgetheilte Glieder landesherrlicher Familien mit einer der Hoheit des Erstgebornen oder seiner Linie untergeordneten Landesherrschaft; es hatte ferner Reichsstände ohne Landeshoheit, welche doch nach dem neuern Reichsstaatsrecht Bedingung der Reichsstandschaft war; es umfaßte endlich Gebiete, deren Besitzer ohne Reichs- und oft auch Kreisstandschaft, die landesherrlichen Gerechtsame darüber ausübten, und zum Theil nur in sehr geringer Abhängigkeit von Kaiser und Reich standen [1]). Jede dieser Anomalien hat ihr eigenes Recht; die Uebereinstimmung einzelner ist nur zufällig und beruht bloß bei den Mediatisirten seit 1806 auf gewißen gemeinschaftlichen, völkerrechtlichen Grundlagen. Die Darstellung dieser letztern Verhältniße ist bereits versucht, wenn auch noch keineswegs vollendet worden, und auch zu einer Vollendung bisher nicht angethan; in sich begründeter erscheinen die vorerwähnten angeerbten alten Anomalien, und daher auch um vieles reifer zu publicistischer Behandlung. Aber auch um vieles schwieriger. Denn es bedarf dazu genauer Local-Kenntniß und einer fortlaufenden historischen Kunde von den auf derartige Verhältniße sich beziehenden Territorial-Staats-Acten aus ältester bis zur neuesten Zeit. Bei den spärlichen Hilfsmitteln hierzu kann auch die nachfolgende Zusammenstellung mehr nur ein übersichtlicher und anregender Versuch seyn, der übrigens hauptsächlich die Verhältniße jener Anomalien zum deutschen Bunde berücksichtigen wird, während das Einzelne und mehr Innere dem Territorial-Staatsrecht vorbehalten bleiben muß [2]).

1) Vgl. Pütters histor. Entw. der heutigen Staatsverf. des deutschen Reichs. Th. 3. S. 290. 294. der 2. Aufl. Klübers öffentl. R. d. t. Bundes §. 101. Not. a. §. 240 c. Not. b. und die Zusätze S. 986.

2) Ganz dem Territorial-Staatsrecht gehören an und blei-

I. Paragirte [3]) deutsche Fürstenhäuser mit subordinirten landesherrlichen Rechten.

Den ersten Platz unter diesen, wenn man auf den Umfang der Rechte sieht, behauptet noch jetzt der Herr Landgraf von Heßen - Rothenburg [4]) rücksichtlich der sogenannten Niederheßischen Quart.

Die Geschichte der Abtheilung dieses Hauses ist bekannt. Sie hing zusammen mit der Einführung der Primogenitur im fürstlichen Hause Heßen-Caßel im Anfang des 17. Jahrhunderts. Dem Erstgebornen wurden, wie es in den Hausverträgen heißt [5]), drei Theile des Fürstenthums mit den zugehörigen Graf- und Herrschaften, auch andern Pertinenzien, nebst der ganzen Regierung und Superiorität, den jüngern oder nachgebornen Herrn aber die übrige Quarta des Fürstenthums

ben daher hier ausgeschloßen die Rechtsverhältniße der alten Standesherrn und Standesherrschaften in Oesterreich, Böhmen, Schlesien, den Lausitzen, wovon Einiges bei Klüber a. a. O. §. 230 *a*. Not. b.

3) Ich bediene mich dieses Ausdrucks, als einer für derartige Verhältniße bereits hergebrachten technischen Bezeichnung, natürlich ohne daran selbst wieder Folgerungen zu knüpfen.

4) Nicht mehr Heßen = Rheinfels = Rothenburg. S. Tractat zwischen Sr. Majestät dem K. v. Preußen und Sr. Durchlaucht dem Landgraf von Heßen = Rothenburg d. d. Caßel d. 16. Oct. 1815. Art. 2.

5) Diese das abgetheilte landgräfliche Haus betreffenden Hausverträge sind besonders abgedruckt 1767. in Fol. Zum Theil finden sie sich auch bei Moser St. R. Bd. XIII und XIV. Famil. St. R. Th. 1. S. 377. flgg.

und der zugehörigen Graf- und Herrschaften, überhaupt der vierte Theil tam praesentium quam futurorum bonorum absque omni onere, mit allem ihrem Einkommen, der ordentlichen, sowohl bürgerlichen als peinlichen Gerichtsbarkeit, wie auch auf den assignirten Oertern mit allen utilibus, dominiis, als: Collaturen, Jagden, Zöllen und dergleichen (die Straßenfälle ausgenommen) und sonst mit allen Gerechtigkeiten, Gefällen, Nutzbarkeiten und andern Zubehörungen, für sich und ihre ehelichen Leibeserben zugewiesen, jedoch dergestalt, daß dem Erstgebornen über solchen vierten Theil die Superiorität und Hoheit verblieb. Den Unterthanen in den, den jüngern Söhnen angewiesenen Orten wurde die herkömmliche, vollkommene Huldigungsleistung an dieselben, excepto tamen regimine, regalium et superioritatis jure aufgegeben. Unter diese dem Erstgebornen vorbehaltne landesfürstliche Hoheit und Obrigkeit begriffen die Verträge und Anweisungsbriefe: das jus episcopale, die Beschreibung und Erscheinung zu den Landtagen, Erlaßung von Landordnungen, Vergünstigung von Zünften und Jahrmärkten, das Geleit, Straßen- und Münzrecht, Land- Trank- und herrkömmliche Soldaten-Steuern, Rayse, Folge, Musterung und Oeffnung, Appellation, Landzug, und in Summa alle übrigen Hoheitsrechte nach näherer Bestimmung der vor und nach der Abdication des Landgrafen Moritz (1627) aufgerichteten Abschiede 6).

6) Vertrag v. 12. Febr. 1627. Vors Siebendte. Caßelischer Anweisungbreif v. 20. Febr. ejusd.. (Samml. der Hausvertr. S. 36. 37.) und das Huldigungschema (Ebds. S. 38. 39.).

So blieb also zwar eine einzige Landesregierung und nur eine Repräsentation des Landes gegen Reich und andre Staaten, dem abgetheilten Hause aber wurde in der That eine untergeordnete Landeshoheit, ein Inbegriff von landesherrlichen Rechten, unter landeshoheitlicher, von s. g. Reservatbeamten ausgeübter Ober-Aufsicht eingeräumt. An Streitigkeiten mit dem regierenden Hause hat es, wie bei so getheilten und sich durchkreuzenden Rechten natürlich war, allerdings nicht gefehlt: sie sind aber theils durch Vergleich, theils im contradictorischen Wege beseitigt worden, und die Entscheidungen des obersten Gerichtshofs zu Caßel enthalten mehrere rechtliche Bestimmungen dieser Verhältniße [7]. Ausgegangen ist man dabei hauptsächlich von dem Princip: daß nach der Faßung der Hausverträge der Rothenburger Linie im Allgemeinen alle landesherrlichen Rechte eingeräumt worden, welche weder wesentliche Hoheitsrechte, noch dem regierenden Hause namentlich, und zwar in den Hausverträgen selbst, vorbehalten seyen [8].

Seit der Vernichtung des Königreichs Westphalen ist das landgräfliche Rothenburgische Haus, nachdem es unter der Fremdherrschaft schwer beeinträchtigt worden war, jedoch glücklicher noch als die Kurlinie sich im Besitz seiner Domänen erhalten hatte, in seine alten vertragsmäßigen Rechte wiederum eingetreten, sofern nicht durch die im J. 1815 mit der Krone Preußen ge-

7) S. *Canngiesser* Collect. decis. supr. trib. Appell. Hasso Cassell. dec. 162–171. 214—216. 286. 288. auch Pfeiffers practische Ausführungen. Band 2. S. 322. S. 475. flg.

8) *Canngiesser* l. c. t. I., dec. 171. tom. II., dec. 285.

schloßene Tractaten der Gebietsantheil des Herrn Landgrafen geschmälert worden ist, wofür jedoch Entschädigung geleistet ist.

Auch in der neuesten Zeit hat es nicht ganz an Conflicten zwischen der höchsten und dieser untergeordneten Landesherrlichkeit gefehlt. Es wird vergönnt seyn, dies durch die summarische Anzeige eines im J. 1826 entstandenen intereßanten Rechtsstreits zu belegen. Durch ein Ausschreiben des kurfürstlichen Staats-Ministeriums zu Caßel vom 21. Febr. 1823 war nämlich zum Besten der Gemeinheiten im Kurfürstenthum eine Hilfssteuer vom Brandtwein eingeführt worden. Die Regierungen wurden beauftragt, wegen der richtigen Vereinnahmung und sichern Aufbewahrung des Geldes Maasregeln zu treffen; auf Contraventionen ward die Strafe der zwanzigfachen Erlegung des Betrags, halb für den Angeber und halb für die Staats-Caße, bestimmt; die Gerichtsbehörden aber wurden angewiesen, darauf in vorkommenden Fällen zu erkennen. Hausvertragsmäßig wollten nun die landgräflichen Gerichtsbehörden der Quart die Cognition über diese Straffälle in ihrem District und zugleich den fiscalischen Strafantheil in Anspruch nehmen; die landesherrlichen Gerichte aber zogen die Sachen an sich und veranlaßten dadurch die Anstellung einer Klage von Seiten des Herrn Landgrafen gegen den Staatsanwalt der Provinz Niederheßen. Es ward entgegengesetzt: 1. Die

Hausverträge könnten über diese Streitigkeit nicht entscheiden, da die neue Hilfssteuer damals noch nicht existirt habe, folglich auch die Contraventionsfälle unter der dem Rothenburgschen Hause zugestandenen Jurisdiction nicht begriffen seyn könnten; 2. die Steuer habe die Natur einer allgemeinen Landessteuer, zugleich auch 3. eine polizeihoheitliche Beziehung ihrem Zweck nach; denn die Unterthanen sollten dadurch bei Kirchen- Schul- Wege- u. Waßerbauten erleichtert werden. Das Steuer-Regal und die Polizeihoheit gebühre aber unbestritten dem regierenden Hause: deshalb sey auch die nähere Festsetzung und Sicherung der Hilfssteuer den landesherrlichen Behörden übertragen worden und ihnen stehe daher mit demselben Recht das zur Sicherung dienende Mittel, die Bestrafung der Defraudationen zu.

Die in erster Instanz wegen Abfaßung des Urtels ersuchte Juristenfacultät zu Bonn erkannte pro petitis libelli. Sie erwog: daß die bestehenden Hausverträge über das wechselseitige Verhältniß der verwandten hohen Häuser hauptsächlich Maas und Ziel geben müßten; — daß dadurch dem abgetheilten Hause das Recht der ordentlichen Criminal- und Civil-Gerichtsbarkeit in der Quart, ohne Einschränkung auf die damals nur darunter gehörigen Gegenstände eingeräumt worden sey; — daß demnach auch den Heßen-Rothenburgschen Gerichten das Einschreiten und Erkenntniß in allen denjenigen Straffällen unbestreitbar gebühre, welche nach allgemeinen Grundsätzen des Staatsrechts oder der hergebrachten Verfaßung zur ordentlichen Criminalgerichtsbarkeit gehören, und ihnen die Cognition darüber gegen die bestehenden Verträge einseitig nimmer entzogen werden könne; — daß überdem und ganz richtig die ministerielle Verordnung selbst wegen Einführung der fr. Steuer die Bestrafung der Contraventionsfälle ausdrücklich den Gerichtsbehörden überweise; — daß es bei dem vorliegenden Titel der Heßen-Rothenburgschen Linie zur Ausübung der Strafjustiz nicht weiter darauf ankommen könne, aus welchem Reservathoheitsrecht des regierenden Hauses die Einführung der fragl. Steuer abzuleiten sey, indem die damit verbundenen Strafbestimmungen lediglich und zunächst aus der Criminalgewalt des Staats flößen, und was vermöge der ordentlichen gesetzgebenden Gewalt für Gesetzübertretungen oder Civilfälle festgesetzt werde, in der Regel auch den ordentlichen Gerichtsbehörden, als den Vollziehern der Gesetze in entstehenden Rechtsfällen dieser Art, zu vollstrecken gebühre; — daß ein Andres nur bei denjenigen Hoheitsrechten angenommen werden könnte, welche in sich selbst eine besondre Strafgewalt und zugleich eine besondre oder ausnahmsweise Jurisdiction enthalten, wie z. B. das in den Hausverträgen vorkommende und dem regierenden Hause vorbehaltene jus episcopale, was in sich zugleich das jus coërcendi hat, obgleich auch gerade bei der Ausübung dieses Episcopalrechts in Straffällen der Geistlichen ein provisorischer Vergleich vom 8. Mai 1660 dem landgräflich-Rothenburgschen Hause einige Vortheile, nämlich den Bezug der erkannten Geldstrafen einräume; — daß nun aber in dem, dem regierenden Hause allerdings vorbehaltenen Steuer- oder Finanz-Regal, sofern man aus diesem die Einführung der fr. Steuer ableiten wollte, nach einer consequenten Sonderung der verschiedenen Hoheitsrechte wesentlich nur das Recht der directen Beitreibung der verfaßungsmäßig festgesetzten Steuern liege, nicht auch zugleich eine eigne Steuer-Justiz-Gewalt zur Erkennung und Vollstreckung der Strafen oder zur Entscheidung andrer dabei vorkommender Rechtsfälle; — daß vielmehr dieß Alles der ordentlichen Justizgewalt überlaßen bleiben müße; — daß die Behauptung des bekl. Staats-Anwalts: weil den landesherrlichen Behörden die Sicherung der fr. Steuer überlaßen sey, so müße auch das dazu führende Mittel der Bestrafung von Defrauden ihnen zustehn, offenbar zu weit und in infinitum führen würde; — daß man nun zwar das Steuer-Ausschreiben wegen seiner gemeinnützigen Zwecke auch unter die landesherrliche Polizeihoheit subsumiren und darnach, wegen der in neuern Theorieen und Gesetzgebungen mit der Polizeigewalt in Verbindung gesetzten besondern Polizeigerichtsbarkeit auch die fragl. Contraventionen dieser letztern zuzuschreiben geneigt seyn könnte: daß jedoch die Aufstellung einer solchen eigenthümlichen, von den ordentlichen Gerichten abgesonderten polizeilichen Jurisdiction der ältern deutschen Verfaßung, welche man gewiß auch in den Heßischen Hausverträgen vor Augen hatte, fremd sey, jedenfalls besondre Behörden und ausdrückliche Attributionen voraussetzte; daß sich aber dergleichen Behörden neben den Gerichtsbehörden in der Quart nicht vorfänden; — daß übrigens auch wegen der landespolizeilichen Zwecke der fragl. Steuer sie selbst noch nicht für eine landespolizeiliche Maasregel gehalten werden dürfe, sondern nur die Verwendung derselben, während das Recht sie zu fordern immer aus der Finanzhoheit abgeleitet werden müße; daß es dem Allen zu Folge an einem rechtlichen Grunde mangle, den Behörden der Quart die in Anspruch genommene Cognition zu entziehen; — daß in der ihnen solchergestalt vindicirten Strafgerichtsbarkeit nach allgemeinen staatsrechtlichen Grundsätzen auch das Recht auf Beziehung der Strafgelder, als fructus jurisdictionis, enthalten sey; daß die Hausgesetze der Rothenburgschen Linie ausdrücklich die Straf-Frevel und Bußen mit der Gerichtsbarkeit zusprächen und ihr Recht darauf in mehrern besondern Fällen durch Verträge von 1655, 1660 und 1740 anerkannt worden sey; — daß zwar das Steuer-Ausschreiben die Hälfte der fragl. Strafgelder ausdrücklich der Staats-Caße oder dem landesherrlichen Fiscus zugesprochen habe, hierdurch gleichwohl den hausgesetzlichen Rechten der abgetheilten Linie kein Eintrag geschehen konnte; daß vielmehr Kraft dieser Hausgesetze die landgräfliche Cammer von selbst an die Stelle der Staats-Caße treten müße, und dieß um so mehr, da dem abgetheilten Hause die regalia minora s. utilia, folglich auch das Fiscalrecht auf die ihm durch die Verträge belaßenen Bußen und Strafgelder zugestanden seyen rc.

Ich habe geglaubt; diese aus den Facultäts-Verhandlungen mir noch gegenwärtigen, in dem Urteil vom Referenten ausführlicher erörterten Entscheidungsgründe wegen ihres mannigfaltigen publicistischen Gehalts hier mittheilen zu dürfen. Welches fernere Schicksal die Sache selbst gehabt habe, ist mir unbekannt geblieben 9).

Schwerlich laßen sich dieser Stellung des landgräflichen Heßen-Rothenburgschen Hauses die Verhältniße andrer deutschen Paragien an die Seite setzen. Seit dem Erlöschen des Anhalt-Bernburg-Schaumburgschen Manns-

9) Nach den Präjudicaten des churfürstlichen Ober-Appellations-Gerichts zu Caßel bei Pfeiffer a. a. O. S. 482. scheinen dort freilich in frühern Sachen andre Grundsätze aufgestellt worden zu seyn.

stammes (wegen des Amtes Hoym) können höchstens noch folgende hier in Betracht gezogen werden:

1. Das gräfliche Haus Waldeck zu Bergheim, unter Fürstlich Waldeckscher Hoheit. Demselben steht jedoch keineswegs ein bedeutender Umfang von Rechten auf dem Paragialgebiet zu, sondern hauptsächlich nur die Civil-Gerichtsbarkeit, nebst den Jagden und andern Dominialrechten [10]).

2. Der Nebenast des fürstlichen Hauses Reuß-Schleiz zu Köstritz, entsprungen von Heinrich XXIV und paragirt auf den Grund einer väterlichen Disposition von 1679 mit der Pflege Reichenfels im Fürstenthum Schleiz. Von einer Uebertragung eigner landeshoheitlicher Rechte findet sich aber in den darüber vorliegenden Nachrichten keine Spur [11]).

Es bleibt nun noch über das selbstständige äußere Verhältniß solcher Häuser Einiges zu sagen. Dies hat sich seit der Auflösung des Reichs wesentlich darin geändert, daß Nachgeborne und ihre Abkömmlinge aus dem Zustand der Reichsunmittelbarkeit, der ihnen theils von Rechtswegen, theils auch nach der Reichspraxis, so wie nach den ausdrücklichen Bestimmungen der meisten Hausgesetze gebührte [12]), in einen Zustand der persönli-

10) In Gemäßheit der Disposition des Grafen Christian Ludwig von Waldeck vom J. 1695 bei Moser St. R. B. XIV, S. 349. flg.

11) Nachrichten darüber bei Moser St. R. XIII, S. 331. 334. 340. Famil. St. R. Th. 1. S. 440. 459.

12) Moser St. R. XIV, S. 401. flg. Reußischer Geschlechtsreceß v. 1690. §. 5.

chen Unterwürfigkeit unter die Souveränetät des Staats, wozu sie gehören, völkerrechtlich versetzt worden sind. Eine Exemtion hiervon würde dem Begriff der Staats-Souveränetät widersprechen. Sie können keinen Staat im Staate bilden; sie haben keine völkerrechtliche Anerkennung ihrer Selbstständigkeit oder Unabhängigkeit für sich. Sie entbehren daher auch des Rechts einer äußern völkerrechtlichen Repräsentation, wie auch schon früher unter der bloßen Landeshoheit der erstgebornen Linie der Fall war; sie sind in dieser Beziehung nicht einmal zu den Halbsouveränen zu rechnen, und haben daher auch kein actives oder passives Gesandtschaftsrecht. Nur durch Bevollmächtigte [13]) können sie, so weit es ihre Rechte betrifft, mit Souveränen verhandeln, und auch dieß nur unbeschadet der Hoheitsrechte des eignen Souveräns, ja, sofern diese berührt werden, schon vermöge der ältern Hausgesetze, nur durch den Regierenden [14]).

Umgekehrt verpflichteten manche Hausgesetze, z. B. die Heßischen, die Lippeschen, die Reußischen, den Regierenden, bei allgemeinen Landesangelegenheiten die abgetheilten Familienglieder zuzuziehn, wenigstens ihren Rath dabei zu erfordern [15]). Schwerlich sind durch die

13) Man vergleiche unter andern die Form des zwischen der Krone Preußen und dem Herrn Landgrafen von Heßen-Rothenburg im J. 1815 abgeschloßenen, schon oben allegirten Vertrags.

14) Vgl. das Pactum des Heßischen Hauses Caßeler Linie v. J. 1627. »Vors Zehndte« (Moser St. R. XIII. S. 141.)

15) S. den Heßischen Vertrag a. a. O. Disposition des Gra-

Erlangung der Souveränetät diese Verpflichtungen gegen die Familie von selbst aufgehoben worden; der Begriff der Souveränetät leidet nicht durch die in der Ausübung der Hoheitsrechte dem Regenten gesetzten innern Schranken solcher Art; nur Nothstand und Gefahr, überhaupt solche Verhältnisse, die eine völlig unabhängige Willensbestimmung des Souveräns durch innere Nothwendigkeit erfordern, könnten ihn berechtigen, jene Verbindlichkeiten zu übersehn; außerdem würden die Nachgebornen seine Handlungen wenigstens künftig nicht anzuerkennen haben, auch im Wege Rechtens sich dagegen zu schützen befugt seyn.

Hieran knüpft sich zuletzt die Frage, in wiefern den abgetheilten Häusern in Beziehung auf ihre Besitzungen von Seiten des deutschen Bundes gewiße Verbindlichkeiten auferlegt, oder ihre Rechte überhaupt durch Bundes-Beschlüße oder Bundes-Einungen beschränkt werden könnten? An sich liegen diese Verhältniße der Bundes-Verfaßung fremd; sie bezieht sich zunächst auf die verbündeten Souveräne. Und in so weit nun die Bundesbeschlüße sich auf die Ausübung von Souveränetäts- oder Hoheitsrechten beziehn, so werden sich auch die abgetheilten Häuser, welche dabei Concurrenz haben, denselben ohne Zweifel unterwerfen müßen, da der all-

ken Christian Ludwig von Waldeck v. J. 1685. (Moser XIV. S. 344. 352. Deßelben Reichsfama Th. 4. S. 355.) Wegen des Reußischen Hauses, wo überhaupt eine Gesamtregierung besteht, und der jüngeren Linie insbesondre s. Moser XIII. S. 332.

gemeine Rechtsbestand in Deutschland davon abhängig ist; sollten aber durch gemeinnützige Anordnungen des Bundes die Privatrechte der Abgetheilten eine Beeinträchtig erleiden, so ließe sich wohl zweifeln, ob der Souverän dazu, ohne Beistimmung Jener, seine Einwilligung geben oder sie wenigstens dadurch rechtlich verpflichten könne. Nichts, außer Noth, kann von Heilighaltung der Verträge und der ihnen gleichstehenden Hausgesetze entbinden.

* * *

Auch in mediatisirten ehemaligen reichsständischen Häusern fanden sich Paragial-Verhältniße, z. B. im Isenburgschen. Welche Modificationen dieselben durch die Subjicirung erlitten haben, kann nach dem Plane dieses Aufsatzes und bei dem Mangel an publicistischem Verkehr unsrer Zeit hier nicht näher erörtet werden. Dagegen ist hier noch eines andern, weit bedeutendern eigenthümlichen Verhältnißes, wenigstens im Vorbeigehen zu erwähnen, was sich von den bisher erwähnten wesentlich unterscheidet. Es ist das Territorialverhältniß der dem fürstlichen Hause Schaumburg-Lippe zugehörigen Aemter Alverdissen und Blomberg (ohne die Stadt dieses Namens).

Nach einer alten Tradition sollte Simon III. von Lippe schon 1368 dem zu seiner Herrschaft gehörigen Lande verheißen haben, daß es nur in eine Hand huldigen, und nicht mehr denn einen Herrn haben, die Herrschaft der Lippe nur ein Erbe seyn solle. Hierauf fußte auch das Kaiserliche Primogenitur-Diplom vom 12. Febr. 1593 und darnach, so wie nach einem Testament Simons VI. theilten sich deßen Söhne Simon VII, Otto, Herrmann und Adolph. Der Aeltest-Geborne ward regierender Herr zur ganzen Grafschaft, und erhielt außerdem zu seinem ausschließlichen Besitz bestimmte Orte und Aemter. Otto erhielt Bracke und Amt Blomberg, Herrmann Schwalenberg, Philipp Bückeburg und Alverdißen, als Erbtheile mit dem merum et mixtum imperium, mit verhältnißmäßigen Antheilen an den Steuern, und überhaupt mit dem größten Theile der Regierungsrechte. Der ältesten, regierenden Linie blieb wesentlich »die hohe Landes-Obrigkeit«, die geistliche Jurisdiction, die Landfolge und dergl. Hofgerichte und Consistorium blieben gemeinschaftlich unter dem Directorium des Aeltesten; dieser sollte auch des Raths der Nachgebornen sich bedienen, ohne ihr Vorwißen keinen Landtag ausschreiben u. s. w. Es war also das ganze Verhältniß ein Gemisch von Gesamtregierung und getheilter Landesherrlichkeit; es war keine reine Abtheilung der Brüder, kein wahres Apanagial, oder Paragialverhältniß. Daher nun, bei der ungenauen Bestimmung der wechselseitigen Rechte, fast unaufhörliche Streitigkeiten, Proceße und Tractaten. Die Herrmannische (Schwalenberger) und Ottonische (Brackische) Linie starben aus. Ihre Erbantheile fielen theils auf die regierende Hauptlinie zu Detmold, theils auf die Bückeburger oder Schaumburgsche, ohne daß jene ungleiche Regierungsgemeinschaft aufgehoben ward. Und so hatte

Schaumburg-Lippe an seinem ursprünglich Lippeschen Antheil in der That nicht die volle Landeshoheit; wohl aber einen sehr bedeutenden Antheil daran [16]). Bekanntlich haben deshalb auch in den neuesten Zeiten allerhand Streitigkeiten fortgedauert. Ihr rechtlicher Verhalt und ob vielleicht Schaumburg-Lippe seit der Rheinbunds-Acte (Art. 34.) die volle Souveränetät in Anspruch nehme: das Alles ist zu wenig aufgeklärt und zu näherer Erörterung hier nicht geeignet.

Von noch anderer Beschaffenheit ist in demselben Hause das Rechtsverhältniß des wirklich apanagirten gräflich Lippeschen Familienzweiges Bisterfeld-Weißenfeld, früher Sternberg-Schwalenberg genannt, von Jobst Herrmann, jüngstem Sohne des Grafen Simons VII. abstammend. Denn obgleich derselbe kein Paragium in Land und Leuten besitzt, sondern nach Beseitigung eines frühern Tractats von 1667 und in Gemäßheit eines neuern von 1762 blos eine gewiße jährliche Revenue von Lippe-Detmold bezieht: so gebührt ihm doch nach der Hausverfaßung eine bestimmte Theilnahme an allgemeinen Landes-Angelegenheiten, und er übt dieselbe noch fortwährend aus.

16) S. über alles dieß Mosers St. R. XIII, S. 308. XIV, S. 263. flg. Familien St. R. Th. 1. S. 414. flg.

II. Ehemalige der Landeshoheit secundum quid unterworfene alte Reichsstände.

Die Ueberschrift zeigt schon an, daß hier nicht von bloßen reichsständischen neuern Personalisten die Rede ist, die für ihre Person und Güter der völligen Landeshoheit eines andern Reichsfürsten unterworfen und eine wirkliche Unregelmäßigkeit in der deutschen Verfaßung der neuern Zeit waren: sondern es handelt sich von alten Reichsständen, welche bei Entstehung und Ausbildung der Landeshoheit sich für ihre Person und Güter nicht frei von derselben erhalten konnten, jedoch reichsständische Vorzüge und zum Theil bedeutende unterherrliche Rechte retteten [17]. Dahin gehört nun

a) das fürstliche und gräfliche Haus der Herrn von Schönburg im Königreich Sachsen.

Dieses alte edle Haus besitzt bekanntlich drei ehemalige Böhmische Reichs-Afterlehnsherrschaften: Glaucha, Waldenburg und Liechtenstein, wovon aber bereits durch den Teschener Frieden das Unter-Lehns-Eigenthum an Sachsen cedirt wurde — neben andern sächsischen größern Lehnsherrschaften, nämlich der niedern Grafschaft Har-

17) Der Unterschied der alten Grafen und Herren mit Reichsstandschaft und der neuern bloßen Personalisten ist am deutlichsten anerkannt im R. A. v. 1548. §. 66. »Die Grafen und Herrn so kürzlich ihre Dignität erlangt« und »nicht immediate Glieder und Stände des Reichs gewesen, oder darin begütert sind.«

tenstein und der dazu gehörigen Herrschaft Stein, in dem Territorium der Markgrafschaft Meißen. Unbestritten gebührte diesem Hause das Recht der Reichsstandschaft, zuletzt mit zwei Stimmen im Wetterauschen Grafen-Collegium, wobei es nur zweifelhaft war, ob, wie Chursachsen behauptete, blos als ein persönliches Recht[18]), oder ob wegen der Böhmischen Reichs-Afterlehne, wie dies früher von den Vertheidigern der Schönburgschen Haus- und Personal-Rechte behauptet worden ist[19]). Gewiß war dabei nur, daß die von Schönburg nach den Reichsmatrikeln unmittelbar zum Reichsdienst, desgleichen zu den Cammerzielern beitragen mußten, und nicht etwa von Chursachsen eximirt waren, so wie, daß sie zu den obersächsischen Kreisständen gehörten.

Am streitigsten war lange Zeit ihr Territorialverhältniß zu Chursachsen. Endlich siegte die Landeshoheit; das Haus Schönburg mußte sie anerkennen und sich selbst der Jurisdiction von Chursachsen in allen dinglichen und persönlichen Angelegenheiten, unbeschadet gleichwohl

18) Vergl. Römers Staatsr. des Churf. Sachsen, Th. 3. S. 306. Anm.

19) Vgl. *Richter* consil. Vol. I. c. 41. — In den ältern Reichsmatrikeln werden beim obersächsischen Kreise die von Schönburg bald nur simpliciter ohne Zusatz der Besitzungen mit ihrem Anschlag aufgeführt, bald mit Benennung von Glaucha. Letzteres in der Usualmatrikel des R. C. G. (s. Gerstlachers H. der d. R. GG. Th 6. S. 911.) Bei Schmauß C. I. P. A. p. 1726. kommen sie in der Matrikel vor als Herrn zu Glaucha und Waldenburg. Das kann freilich gegen Sachsen keinen Beweis machen.

der Reichs- und Kreisstandschaft, unterwerfen. Ein Receß zwischen dem König v. Polen und Churfürsten von Sachsen auf der einen, und den Grafen und Herrn von Schönburg auf der andern Seite, geschloßen zu Dresden den 4. Mai, agnoscirt zu Glaucha am 19. und approbirt zu Dresden am 27. ejusd. 1740., bestimmte auf eine sehr umfaßende Weise die gegenseitigen Rechte wegen der Böhmischen Lehnsherrschaften. Sachsen behielt die Landeshoheit und alle hoheitlichen Rechte, jedoch mit partieller Theilnahme des Hauses Schönburg in untergeordneten Kreisen. So blieb ihm die Steuererhebung und Verwendung mit Modificationen, das Recht eine Compagnie von 100 Mann zu halten, und damit sein Reichs-Contingent selbst zu bestreiten, nebst vielen sonstigen hoheitlich-herrschaftlichen Befugnißen in weltlichen und geistlichen Dingen [20]). Die nähere Darstellung dieser besondern Territorial-Verhältniße gehört dem sächsischen Staatsrecht an [21]). Sie haben auch nach der Auflösung des deutschen Reichsverbands keine Veränderung erlitten; die königl. sächs. Regierung hat bei der ihr eignen Religiosität den Receß von 1740. noch immer fort als unverbrüchliche Norm des staatsrechtlichen Verhältnißes des Hauses Schönburg und seiner Besitzungen anerkannt, wie von Seiten dieses Hauses selbst nicht in Abrede gestellt worden ist [22]).

20) Siehe den Receß bei v. Römer, Staatsr. des Churfürstenth. Sachsen Th. II. S. 73—83., nun auch beigedr. der off. Ausgabe der Bundest. Protoc. Bd. 17. S. 113-128.

21) S. Weißes Lehrb. des K. Sächs. Staatsrechts Th. 1. S. 32. Th. 2 S. 440. flg.

22) S. die Denkschrift des fürstl. gräfl. Schönburgschen Be=

Aber mit der Auflösung des deutschen Reichs hörte auch das dem gedachten Hause unabhängig von den sächsischen Territorial-Verhältnißen zustehende Recht der Reichs- und Kreisstandschaft auf. Es war ohne Gegenstand; Sachsen war nicht schuldig dafür den geringsten Ersatz zu leisten, da ihm nicht die Veränderung zur Last fiel; es war ein Zufall, den das Haus Schönburg selbst tragen und verschmerzen mußte. Auf der andern Seite hätte aber vielleicht Sachsen nach erlangter Souveränität sich für berechtigt halten können, jenem subordinirten Hause die Erfüllung derselben Verpflichtungen gegen sich anzusinnen, welche es als Reichs- und Kreisstand gegen Kaiser und Reich gehabt hatte, oder ein Surrogat dafür, insbesondre für die nun wegfallenden matricularmäßigen Reichslasten, die die äußere Vertheidigung des Landes zum Zweck hatten. Denn nach §. 11. des Receßes waren die Grafen und Herrn von Schönburg mit ihren Unterthanen zwar verpflichtet, servitia territorialia und Beitritt zur allgemeinen Landesdefension dem Churhause Sachsen zu leisten, ohne jedoch wider ihren Willen außerhalb Landes (der Churstaaten) geführt werden zu dürfen. Doch ist nicht bekannt, daß das königl. Haus Sachsen deshalb drückende Anforderungen gemacht habe.

So war der Zustand der Dinge, als es dem fürstl. und gräfl. Hause Schönburg gelang, bei dem Congreße zu Wien, durch Vermittlung der Mächte Oesterreich, Frankreich, Rußland, Preußen und Großbrittanien von

vollmächtigten in den Bundest. Protoc. a. a. O. Seite 105. 110.

Sr. Majestät dem König von Sachsen nachstehende Erklärung zu seinen Gunsten ausgestellt zu seyn:

1) à reconnoître les avantages et les droits qui seront assurés dans la Ligue Germanique aux Princes et Comtes de Schoenburg, sauf les droits que la Cour exerce sur les biens de la dite maison;

2) à observer et faire observer pour tous les tems à venir et dans toute leur étendue les termes du Recés du 4. Mai 1740. etc. Fait a Vienne le 18. Mai 1815.

Diese Erklärung ward von den 5 Mächten unterm 29. Mai 1815 förmlich angenommen, für einen Theil des unter ihnen am 18. abgeschloßenen Vertrags erklärt, und außerdem durch Art. 118. der Congreßacte für einen integrirenden Theil dieser Acte selbst erklärt. So war denn das Recht dieses Hauses möglichst sichergestellt.

Schon im März 1818 brachten die FF., GGr. und Herrn von Schönburg bei dem H. Bundestage durch Uebergabe einer Denkschrift [23]) die weitere Bestimmung ihrer Verhältniße zu dem Bunde nach Maasgabe des Receßes von 1740 in Anregung. Sie bemerkten darin im Wesentlichen: daß ihre Rechtsverhältniße an und für sich, so wie in Beziehung auf Sachsen gegenwärtig nur allein nach dem fragl. Receß bemessen werden könnten, da derselbe von allen Mächten, insbesondre auch von den deutschen B. Staaten garantirt worden sey: daß andern Theils durch die Natur dieser Rechtsverhältniße selbst gewiße unmittelbare Beziehungen des Hauses zum

23) Abgedruckt in den Beil. der B. Prot. a. a. O. S. 105. flg.

deutschen Bunde bedingt seyen, welche eine nähere Feststellung nöthig machten. Hingewiesen ward dabei auf die im Receß anerkannte Reichs- und Kreisstandschaft, auf das mit Hinsicht hierauf dem Hause belaßene Recht der Besteuerung und eignen Truppenhaltung, welches Alles durch die obigen völkerrechtlichen Stipulationen bis auf den heutigen Tag unverrückt erhalten worden sey. Es ward ferner gedacht, daß dieser besondre Rechtsstand des Hauses Schönburg mit der Lage der seit 1806 mediatisirten Reichsstände keineswegs in gleicher Linie stehe, namentlich auch davon unabhängig sey, in wiefern diesen Mediatisirten noch Curiatstimmen in pleno zugestanden werden möchten; übrigens aber wolle man die weitere Bestimmung des Rechtsverhältnißes zu dem d. Bunde diesem vertrauend überlaßen, mit der Ueberzeugung gleichwohl: daß in Betreff jener Gerechtsame und Obliegenheiten, in Ansehung welcher das Haus Schönburg früher nur in unmittelbarer Beziehung zu Kaiser und Reich gestanden hätte, nunmehr auch nothwendig eine unmittelbare Beziehung zu dem deutschen Bunde eintreten müße.

Am 24. Januar 1819 brachte der fürstlich-gräfliche Bevollmächtigte des Hauses die Denkschrift wieder in Erinnerung, unter der Hindeutung auf die bevorstehende Regulirung der deutschen Bundes-Militär-Angelegenheiten, deren definitiver Feststellung die Berichtigung der Rechte und Intereßen des Hauses Schönburg vorangehn zu müßen scheine [24]. Indeßen ruhte die Sache,

24) S. 27. a. a. O.

bis sie am 17. März 1825 der königl. sächsische Bundesgesandte selbst von Seiten seines allerhöchsten Hofes in Anregung brachte, unter dem Anführen, daß die zeitherige Nichterledigung der Angelegenheit Weiterungen zwischen der königl. sächs. Regierung und dem Hause Schönburg über die Auslegung und Anwendung der Receße herbeygeführt habe, und deshalb eine Vereinigung über das dem gedachten Hause vorbehaltene Rechtsverhältniß zum Bunde gewünscht werden müße. Die hierauf ernannte Bundestags-Commißion, bestehend aus dem K. K. Präsidial-Gesandten Fr. Münch von Bellinghausen, dem K. Pr. Gesandten von Nagler und dem K. Baierschen Gesandten v. Pfeffel, erstattete hierauf am 14. Aug. 1825 ihren Vortrag [25]).

Das Gutachten sonderte in Gemäßheit der der Wiener Congreßacte beigefügten Bestimmung die doppelte Beziehung des Hauses Schönburg, einmahl zu Sachsen, und dann zum deutschen Bunde. So viel nun

1. das Verhältniß zu Sachsen betreffe, so sey unmittelbar hierwegen weder ein Antrag an die B. V. gebracht worden, noch würde sich dieselbe vorerst in dieser Beziehung für competent erkennen. Denn wollten auch die Fürsten und Grafen von Schönburg als Glieder des hohen vormaligen Reichsadels und ehemalige Reichsstände die persönlichen Rechte der mediatisirten vormaligen Reichsstände in Anspruch nehmen: so möchte doch, bei allen sonstigen Analogien eine Anwendbarkeit des Art. 6 [26]) und 14 der Bundesacte und des Art. 63 der

25) Ebendas. S. 86. 98. flg.

26) Dieser Artikel behält bekanntlich den Mediatisirten noch

Wiener Schlußacte von 1820 nicht behauptet und weder darauf, noch auf sonstige besondre Bestimmungen eine Competenz der B. V. in dieser Beziehung begründet werden können. Denn lediglich die Receße vom J. 1740 bildeten nach der, der Schlußacte des W. Congreßes beigefügten Königl. Sächs. Declaration die Norm für die staatsrechtlichen Verhältniße des Hauses Schönburg zu Sachsen, und die besondre Garantie dieser Receße stehe dem deutschen Bunde nicht zu [27]. Dagegen sey

2. das Verhältniß des Hauses Schönburg in Beziehung auf den deutschen Bund allerdings von der Erklärung und Entscheidung des Bundes abhängig und sohin zur Competenz der B. V. gehörig. Es sey die Sache des Bundes zu bestimmen, welches die künftige Stellung des Hauses Schönburg zum deutschen Bunde, und die ihm hierin zu gewährenden Vortheile und Rechte seyn sollten, wovon jene Königl. Sächs. Decla-

die Aussicht vor, durch die B. V. einige Curiatstimmen in pleno zugestanden zu erhalten.

27) Diese Bemerkung ist gegen §. 2. der Schönburgschen Denkschrift gerichtet, worin behauptet wird, daß wegen Art. 119. der Congr. Acte und des Beitritts der sämtlichen deutschen Bundesstaaten zur Congr. Acte auch die receßmäßigen Rechte des H. Schönburg von allen deutschen Bundesstaaten in Beziehung auf Sachsen garantirt seyen. Die königlich sächsische Declaration vom 18. Mai 1815, die Basis alles Uebrigen, erkennt nur die Garantie der fünf Mächte an und Garantien können nicht aufgedrungen werden.

ration rede, und welche Sachsen anzuerkennen sich verpflichtet habe.

Gleichwohl könne sich die Commißion bei dem völligen Mangel nicht nur jeder nähern maaßgebenden Bestimmung in Bezug auf das festzusetzende Verhältniß, sondern auch jedes anderweitigen Vorgangs- oder Anhaltpunctes nicht wohl für befugt halten, dem weisen Ermeßen der resp. Bundesglieder vorzugreifen u. s. w.

Nach ihrem Antrage ward daher beschloßen, daß sämmtliche Gesandtschaften sich die Instructionen ihrer resp. Regierungen erbitten wollten, welche Stellung, Vorzüge und Rechte dem Hause Schönburg im d. B. und durch denselben zu gewähren seyn möchten. Die spätern Bundes-Protocolle weisen indeßen einen Fortgang zur fernern Beschlußnahme nicht nach.

Die Schwierigkeit einer Entscheidung ist einleuchtend. Erklärlich also, daß weder das Haus Schönburg bestimmte Anträge, welchen äußern Rechtsstand im deutschen Bunde es verlange, gemacht hat, noch auch Sachsen, wie natürlich, irgend ein bestimmtes Anerbieten, noch endlich die Commißion des Bundestages bestimmte Vorschläge.

Nach §. 5. der Denkschrift scheint es das Haus Schönburg als Basis seiner Ansprüche betrachten zu dürfen, daß in Betreff jener Gerechtsame und Obliegenheiten, worin die frühere unmittelbare Verbindung zu Kaiser und Reich bestanden, nunmehr eine unmittelbare Beziehung zu dem deutschen Bunde einzutreten habe.

Wollte man diese Basis weiter verfolgen und entwickeln, so würden sich daran folgende Fragen und Erwägungen knüpfen laßen.

1. Das Haus Schönburg hatte das Recht der Reichsstandschaft, also Theilnahme an der gesetzgebenden Gewalt. Läßt sich dafür Ersatz fordern oder geben? Das Reich ist aufgelöst. Der deutsche Bund ist nicht der Universalsuccessor des deutschen Reichs geworden; sondern die verschiednen Souveräne, jeder für seinen Antheil. Nur ein Werk ihres Willens und ganz neu ist der deutsche Bund. Die Reichsstände waren eine Vereinigung bevorzugter Unterthanen und Corporationen; der deutsche Bund ist ein Bund von Souveränen. So, könnte man sagen, fehlt es ganz an Raum und Bedingungen zum Wiederaufleben der Reichsstandschaft, wenn auch in veränderter Gestalt. Bundesglied kann das Haus Schönburg nicht werden, da ihm Souveränität fehlt. Sollten freilich den 1806 mediatisirten Reichsständen noch Curiatstimmen in pleno der B. V. zugestanden werden, so scheint das Haus auf eine Theilnahme hieran einen billigen Mit-Anspruch zu haben. Es stimmte früher unter den Wetterauischen Grafen. Erhalten die übrigen ein Aequivalent, warum nicht auch Schönburg? Freilich wird sich gegen diese Bewilligung überhaupt immer der Widerspruch der Souveränetät geltend machen. Außerdem unter welchem Gewande sollte die todte Reichsstandschaft erscheinen? als consultative Stimme? als das Recht, einen diplomatischen Agenten am Bundestage zu haben? Beides wären kostspielige Rechte, unfehlbar mit Beiträgen zur Bundes-

Matricular-Caße verbunden, ohne wesentlichen Werth, deren Vortheile leicht einfacher zu erlangen sind.

2. Das Haus Schönburg hatte die Kreisstandschaft im obersächsischen Kreise. Von der alten Kreis-Eintheilung ist aber kein Schatten zurückgeblieben und ein Ersatz rechtlich nicht dafür zu leisten.

3. Es hatte ferner das Recht, sein Reichstruppen-Contingent selbst, und nicht mittelbar durch Sachsen zu stellen. Sachsen kann receßmäßig kein Schönburgsches Militär außerhalb Landes gebrauchen. Gleichwohl ist es doch sicher eine unbestreitbare Pflicht des Hauses Schönburg, die es selbst nicht verkennt, zur allgemeinen Vertheidigung Deutschlands für den Schutz, der ihm gewährt wird, beizutragen. Hier scheint also ein Punct und die Möglichkeit einer nähern Regulirung von Seiten des hohen Bundes sich zu ergeben. Nach Analogie der ältern Verfaßung müßte nun das Haus Schönburg eine eigne Stelle in der Bundes-Matrikel erhalten und dann auch den allgemeinen matricularmäßigen Verpflichtungen für die deutsche Kriegsverfaßung unterworfen werden. Dabei würde nichts natürlicher seyn, als das Schönburgsche Contingent mit dem sächsischen zu vereinigen, unter welchem es wohl schon jetzt, wenigstens implicite, begriffen ist; auch hat Sachsen darauf wegen seiner sonstigen Stellung als Kreisoberster des obersächsischen Kreises und wegen seiner Landeshoheit über Schönburg den nächsten Anspruch. Hiermit würde vielleicht noch

4. die Erwägung in Verbindung zu setzen seyn,

in wie fern es für jene Obliegenheiten einer Erweiterung des dem Hause Schönburg zustehenden Besteuerungsrechts bedürfen möchte, wobei nicht zu übersehen, daß im §. 10. des Receßes schon im Allgemeinen für außerordentliche Fälle Vorsehung getroffen ist [28]).

5. Mit der Reichsstandschaft stand das Recht oder die Eigenschaft des hohen Adels in Verbindung. Daß ein solcher noch fortdauert, ist in der B. A. Art. 14 a. ausgesprochen. Die vollkommenste Analogie ist dafür, daß auch dem Hause Schönburg diese Qualität fortdauernd anerkannt werde. Ja es bedarf deshalb nicht einmahl einer Erklärung.

Andre Regulirungspuncte laßen sich kaum auffinden. Denn Alles übrige betrifft das Verhältniß zu Sachsen und ist durch den Receß bestimmt. Auf Bundes-Austräge kann kein Anspruch gemacht werden, da nach dem Receß die Mitglieder des Hauses Schönburg der Jurisdiction von Sachsen in allen Arten von Klagen unterworfen sind, und Bundes-Austräge Souveränität voraussetzen.

28) Behandelt hat die Fragen, ob dem Hause Schönburg gegen den Inhalt der Receße von Seiten des Königs von Sachsen besondre Steuern oder Mannschaftstellungen zum Bundesheer angesonnen werden dürften? Hr. Prof. Pernice in dem Hallischen Festprogramm vom 3. August 1828. und sie aus Gründen des Rechts verneint. Eine andre Frage ist natürlich die, was der d. Bund fordern und festsetzen könne.

Beinahe auf gleicher Linie mit dem Hause Schönburg stand im Allgemeinen

b. Das gräfliche Haus Stolberg.

Auch ihm gebührte seit] unvordenklicher Zeit das Recht der Reichsstandschaft (im Wetterauischen Grafen-Collegium in neuern Zeiten ausgeübt), obgleich es mit seiner unstreitig ältesten Stammherrschaft, der Grafschaft Stolberg am Harz, der sächsischen Landeshoheit und wegen der c. 1429 angeerbten Grafschaft Wernigerode [29]) der Landeshoheit der Markgrafen von Brandenburg, zugleich Lehnsherrn von Wernigerode [30]), unterworfen, in beider Hinsicht aber mit bedeutenden Vorrechten und mit dem Besitz einzelner Regalien versehen war. Die Reichsmatrikel von 1521 verzeichnet »alle von Stollberg« mit 3 Mann zu Roß und 12 Fußknechten; sie befanden sich nicht minder im Besitz der Kreisstandschaft beim obersächsischen Kreise [31]); auch die C. G. Usual-Matrikel that ihrer unter den obersächsischen Kreisständen specifice Erwähnung. Dingliche mit Landeshoheit verbundene Reichsstandschaft gebührte ihnen unbestritten nur wegen ihrer im J. 1581 angeerbten Antheile der Grafschaft Königstein, mit Kreisstandschaft

29) Moser v. d. t. Reichsständen S. 892. St. R. Bd. XXXVIII, S. 46.

30) Seit 1268. Erneuert 1450. Vgl. v. Lancizolle Gesch. der Bildung des pr. Staats. Th. 1. S. 279—281.

31) Moser St R. XXXI. S. 28. 37.

im Oberrheinischen Kreise [32]). Dagegen waren sie wegen der an sich reichs- und kreisständischen im J. 1609 angeerbten, jedoch erst 1635 in Lehen empfangenen Grafschaft Hohenstein genöthigt, die Landeshoheit von Braunschweig-Lüneburg anzuerkennen [33]).

Die Auflösung des Reichs hatte nun für das gräfliche Haus im Allgemeinen die Folge, daß es wegen seiner Antheile an der Grafschaft Königstein (Herrschaft Ortenberg und Geudern) unter großherzoglich Heßische Souveränetät gerieth, vorbehaltlich der durch die rheinische und deutsche Bundes-Acte den Mediatisirten zugesicherten Rechte [34]); wegen seiner übrigen Besitzungen erlitten die Rechtsverhältniße des gräflichen Hauses folgende Veränderungen.

Die Grafschaft Wernigerode, nachdem sie einen Bestandtheil des Königreichs Westphalen ausgemacht hatte, fiel unter die Lehnsherrlichkeit der Krone Preußen, mit Wiederherstellung des frühern Rechtsstandes zurück [35]).

32) Moser v. d. Reichsst. S. 851. flg. B. den Kraysen S. 95. St. R. XXVI. S. 442.

33) Die Ausübung der Reichs- und Kreisstandschaft wegen Hohenstein war wohl in mehrfacher Hinsicht streitig, obgleich vertragsmäßig feststand, daß Stolberg die Leistung der Reichs- und Kreisbedürfniße allein zu bewirken habe, jedoch mittelst eines Beitrags von Braunschweig-Lüneburg.

34) Rheinbunds-Acte Art. 24.

35) Wiener Congr. A. Art. 23. S. M. le Roi de Prusse possédera de nouveau, *comme auparavant*, en toute souveraineté et propriété les pays suivans ..... La même

Dieser beruhte im Wesentlichen auf Lehnbriefen, Herkommen und einem Receß d. d. Berlin v. 19. Mai 1714 nebst mehrern landesherrlichen Rescripten [36]. Durch einen Receß vom 28. Novbr. 1814 ward zwar ein vom frühern Zustande etwas abweichendes Interimisticum regulirt [37]; allein schon am 5. Jänner 1815 erklärte der König durch eine Cabinets-Ordre, daß es seine Absicht nicht sey, die dem Grafen von Stolberg-Wernigerode nach dem Receß von 1714 zustehenden Gerechtsame zu schmälern, und nach mehrern Verhandlungen erfolgte am 13. August 1822 ein neuer Receß, confirmirt am 17. Sept. ejd. wodurch mit Aufhebung des Interimisticums von 1814 das Rechtsverhältniß des Besitzers und der Grafschaft definitiv regulirt ward [38]. Die merkwürdigsten Bestimmungen darüber für den Zweck der gegenwärtigen Abhandlung sind nachstehende:

Die receßmäßigen Rechte von 1714 werden nach dem Besitzstand des J. 1806 wiederhergestellt, insofern bei den auf das deutsche Reich bezughabenden Verhältnißen mit dem Aufhören deßelben keine Modificationen von selbst eingetreten oder ausdrücklich stipulirt sind. Streitigkeiten darüber sollen durch königliche Commißio-

disposition s'étend *aux droits de souveraineté et de suzeraineté sur le comté* de Wernigerode.

36) Vgl. v. Rabe Sammlung preuß. Verord. Band VIII, S. 607.

37) Abgedruckt in Voß Zeiten Decbr. 1814. S. 443. S. auch v. Kamptz J. B. III, S. 345.

38) Der Receß findet sich im Amtsblatt der Regierung von Magdeburg v. J. 1823.

nen oder vor dem Kammergericht, als geheimen Justiz. rath ausgemacht werden. (§. 1.) Der Graf behält diejenigen Standesvorzüge, welche den vormaligen Verhältnißen seines Hauses während des Reichsbestandes angemeßen sind; insbesondre soll bei Organisation ständischer Verfaßungen seine Stellung dabei, mit Rücksicht auf sein bevorrechtetes Verhältniß bestimmt werden. (§. 2. zum Theil schon erfüllt, bei der Organisation der Stände in der Provinz Sachsen durch die K. Verordnung v. 17. März 1824). Die Grafschaft ist allodificirt (da der Lehnsverband zwischen der Krone Preußen und dem gräflichen Hause durch den Tilsiter Frieden aufgehört und durch das Westphälische Edict vom 28. März 1809 vollends aufgehoben worden ist) und geht auch auf den weiblichen Stamm über. Die Hausgesetze [39]) werden wiederhergestellt, sofern sie in der Fremdherrschaft aufgehoben worden (§. 3). Ueberhaupt sollen nicht nur nach den Grundsätzen der frühern deutschen Verfaßung die schon bestehenden Familien-Verträge des gräflichen Hauses, besonders der Wernigeroder Linie aufrecht erhalten werden, sondern es soll auch dieser die Befugnis zustehn, fernere Verfügungen über ihre Familien-Verhältniße und Güter zu treffen. Diese letztern erhalten jedoch, soweit ihre Wirkung selbst nicht schon für die Paciscenten mit dem Abschluß nach allgemeinen Gesetzen ihren Anfang nimmt, nicht eher vor den Gerichten verbindliche Kraft, als bis die Allerhöchste Ge-

39) Die Fideicommiß-Eigenschaft der Grafschaft ist festgestellt im J. 1699, die Primogenitur im J. 1738 und vom König confirmirt am 23. Juni 1739.

nehmigung ertheilt ist. (§. 4) Begeht der Besitzer der Grafschaft ein Verbrechen, so wird er durch ein standesgenoßenschaftliches Criminalgericht gerichtet. (§. 22) u. s. w.

Die unter zwei Linien des gräflichen Hauses getheilte Grafschaft Stolberg nebst den dazu gehörigen Besitzungen gieng in den staatshoheitlichen Beziehungen durch den Wiener Frieden vom 18. Mai 1815 und die darauf vollzogene Theilung Sachsens von diesem an die Krone Preußen über. Das Rechtsverhältniß der Grafen wegen dieser Besitzungen gegen Sachsen war durch keinen umfaßenden Staatsact, sondern theils durch einzelne Receße, Reverse und landesherrliche Erklärungen, theils durch das Herkommen bestimmt worden [40]). Auch ihnen gebührten bedeutende untergeordnete Hoheitsrechte [41]). Durch die preußische Besitz-Ergreifung ist darin keine wesentliche Veränderung herbeigeführt worden. Dem

40) Zu den bemerkten Staatsacten gehören vornehmlich ein Cursächsischer und Stolbergscher Receß v. 12. Mai 1568 nebst einer Erläuterung d. d. Dresden 22. Novb. 1671 in Lünig Spicil. secul. II, S 1380. 1392; ein noch ungedruckter Receß vom 5. Jänner 1684. Submißions-Reverse der Grafen v. J. 1730. 1731. 1738. 1740 und die landesherrlichen Declarationen v. 16. Mai 1738. 17. Mai 1755. Vgl. Weiße Sächs. St. R. Th. 1. S. 38. 39.

41) Darstellungen des Rechtsverhältnißes finden sich in Wabst Nachr. v. d. cursächs. Justiz-Verf. S. 228 wegen der Consistorialrechte. Umfaßender in Weiße's diplomat. Beiträgen der sächs. Geschichte. Lpz. 1799. No. I. S. 1—88. 283—290 und in deßelben N. Museum f. Sächs. Gesch. Freib 1801. B. 2. H 2. S. 40 - 114.

Vernehmen nach ist aber eine ähnliche definitive Regulirung der staatsrechtlichen Beziehungen, wie bei Wernigerode, im Werke.

Was die Grafschaft Hohenstein betrifft, so fiel sie nach Beendigung der Westphälischen Zwischenherrschaft unter die Hoheit des Königs von Großbritannien und Hannover zurück. Bekanntlich gehört sie zu einem Theil der gräflichen Linie Stolberg-Stolberg, der aber seit 1777 unter Braunschweig-Hannöverschem Sequester steht, und wegen der Forst Sophienhof der Linie Stolberg-Wernigerode. Das staatsrechtliche Verhältniß war wegen beider Antheile durch einen Receß vom J. 1733 bestimmt [42]), der wahrscheinlich auch jetzt noch die Grundlage der Rechte des gräflichen Hauses ist, so weit sie nicht wegen Stolberg-Stolberg durch die Sequestration und den mit dieser Linie von Hannover am 4. Aug. 1821 geschloßenen Vertrag suspendirt oder modificirt worden sind [43]).

Waren nun auch bei einer nähern Vergleichung der Gerechtsame des Hauses Schönburg und Stolberg die

42) Abgedruckt in Strubens rechtl. Bedenken Theil 2, S. 195 flg. Ein älteres Actenstück über die obigen Verhältniße findet sich in Arndts Archiv der sächs. Gesch. Th. 1. S. 399 flg.

43) Andre Besitzungen des Stolbergschen Hauses, namentlich Schwarza im Hennebergschen, wovon unten unter No. III. noch Einiges, und der Antheil an den Aemtern Kelbra und Herungen in Thüringen, gehörten nicht zu den reichsstandschaftlichen-Besitzungen des Hauses und daher auch nicht in die obige Darstellung.

des erstern durch den Receß vom J. 1740 umfaßender und beziehungsweise vortheilhafter festgestellt und gesichert, z. B. in Ansehung des jus armorum, so standen doch beide Häuser in Hinsicht auf Reichs- und Kreisstandschaft einander gleich; und doch ist nicht bekannt, daß von Seiten des Hauses Stolberg irgend ein näherer Schritt gethan worden wäre, um eine völkerrechtliche Anerkennung, oder Herstellung unmittelbarer Beziehungen zu dem deutschen Bunde auf jene Basis hin zu erlangen.

III. Nicht reichsständische Häuser mit landesherrlichen Rechten.

Es gab einst unmittelbare Reichslande, wenn auch zum Theil geringern Umfangs, deren Besitzer von Landeshoheit frei, vielmehr selbst landesherrliche Rechte, ja wohl die Landeshoheit in ihrem ganzen Umfang ausübten, übrigens ohne Reichs- und meist ohne Kreisstandschaft waren, aber auch keinem reichsritterschaftlichen Verbande angehörten, wodurch theoretisch wenigstens der Besitz der Landeshoheit würde aufgegeben worden seyn. Sie waren mit einem Wort unmittelbare freie Reichssaßen, in dem Besitz ihrer Lande und Rechte durch Titel und rechtsverjährte Zeit geschützt [44]). Eins der vorzüglichsten Beispiele dieser Art liefert die Herr-

44) Verzeichniße solcher Besitzer und Besitzthümer s. bei Moser v. den d. Reichsständen S. 1485 flg. und Büsching Erdbeschr. IX, S. 600 flg. d. 7. Ausg.

schaft Kniphausen [45]) dem Grafen Bentink gehörig, vormals burgundisches Lehen, eingeschloßen vom Meere und von Oldenburg.

Graf Anton I. von Aldenburg empfieng sie ohne Vorbehalt fremder Landeshoheit aus dem Nachlaß seines natürlichen Vaters Anton Günthers, letzten Grafens von Oldenburg. Seine Enkelin, die Erbtochter Antons II. brachte sie durch ihre Vermählung im J. 1733 mit Wilhelm Grafen v. Bentink auf ihre gemeinschaftliche Descendenz.

Mit dem deutschen Reichsvereinstand das kleine Gebiet nur in schwacher Verbindung; häuptsächlich nur in Bezug auf das Justizwesen; weder zu Römermonaten noch zu den Kammerzielern trug es bei; die Reichsmatrikel thut seiner keine Erwähnung, die Usual-Matrikel des R. C. G. nur als eines unsichern Ansatzes. Im J. 1810 ward es der Souveränetät des Königreichs Holland factisch unterworfen, dann aber im J. 1813 zugleich mit der sie landwärts ganz umschließenden Erbherrschaft Jever von kaiserlich rußischer Seite in Besitz genommen, ohne daß dem Grafen Bentink seine alten landesherrlichen Rechte wieder eingeräumt worden wären. In dieser Lage blieb die Sache auch noch eine Zeitlang, nachdem Jever an Oldenburg übertragen worden war [46]). Auf dem Congreß zu Aacheu übernahmen

45) Nicht auch die demselben Besitzer gehörige edle Herrschaft Varel, worüber er zwar auch bedeutende Vorrechte auszuüben hat, jedoch vorlängst schon die Oldenburgsche Landeshoheit begründet ist.

46) Nähere Nachrichten über alle diese Verhältniße s. im

Rußland und Preußen die Ausgleichung der hierdurch zwischen der Regierung von Oldenburg und dem Grafen Bentink entstandenen Irrungen. Die hiernächst zu Berlin eingeleiteten Unterhandlungen, zu welchen auch Oesterreich vermittelnd beigetreten war, hatten den Abschluß einer Uebereinkunft im Juni 1825 zur Folge, welche sodann in Gemäßheit der darin enthaltenen Stipulationen unter die Garantie des deutschen Bundes gestellt worden ist.

Die Bestimmungen dieser Uebereinkunft in 10 Artikeln [47]) sind publicistisch zu merkwürdig, als daß eine kurze Zusammenstellung hier unterbleiben könnte.

Der H. Graf — welcher, wie es im Eingang heißt, den Schutz des deutschen Bundes, wie früherhin des deutschen Reichs zu genießen wünscht — tritt für sich und seine Familie in Beziehung auf die Herrschaft Kniphausen unter den weiter folgenden Bestimmungen in den Besitz und Genuß der Landeshoheit [48]) und

Rhein. Bund. H. XV, S. 426 flg. u. H. XXII, S. 103 flg. Murhards politische Annalen v. J. 1826. Vgl. Hassels geneal. hist. stat. Almanach für 1829. S. 219. flg.

47) Abgedruckt in den Protoc. der deutsch. B. V. von 1825 S. 137—143.

48) Vorbehaltlich nämlich der Ober= oder Reichshoheit von Oldenburg, wovon der Art. 2 spricht. Hier hat man demnach ein wahres, wirklich anerkanntes jus territorii subordinatum secundum quid, was früherhin zwar schon in der Theorie des deutschen Staatsrechts vorkam, jedoch wohl schwerlich in irgend einem Fall von

der persönlichen Rechte und Vorzüge [49]) wieder ein, wie ihm dieselben vor Auflösung der deutschen Reichsverfassung zustanden. (Art. 1) Andre Rechte und Vorzüge des Herrn Grafen und seiner Familie außer Beziehung zur Herrschaft Kniphausen sind von dem gegenwärtigen Abkommen gänzlich ausgeschieden (Art. 10).

Damit die Herrschaft Kniphausen wieder ein integrirender Theil von Deutschland werde, zu welchem sie auch früherhin gehört hat, und die Erhaltung der äußern und innern Sicherheit deßelben, für welchen Zweck der deutsche Bund besteht, auch auf sie sich ausdehne: so ist der H. Graf zufrieden, daß die Hoheit über Kniphausen, Ihn selbst und Seine Familie, als Besitzer der Herrschaft, jedoch nur so, wie sie vorhin bei Kaiser und Reich gewesen ist [50]), von Sr. Durchlaucht dem Herzoge von Oldenburg und Nachfolgern im Herzogthum ausgeübt werde, wogegen Höchstderselbe für Sich und Seine Nachfolger die Pflichten [51]) übernimmt, welche mit der Reichshoheit verbunden waren. Durch diese Unterordnung bleibt aber das Verhältniß der Herrschaft

dem Inhaber der Oberhoheit wörtlich anerkannt worden seyn dürfte.

49) Welches waren und sind diese? Recht des hohen Adels? der Ebenbürtigkeit? überhaupt Rechte landesherrlicher Familien?

50) Die (theoretische) kaiserliche Machtvollkommenheit? oder die Reichshoheit, wie sie factisch über Kniphausen ausgeübt ward?

51) Z. B. die Wahl=Capitulationsmäßigen des Schutzes u. dergl.

als eines besondern Landes, sowohl gegen das Herzogthum Oldenburg, als gegen die übrigen Staaten Sr. herzoglichen Durchlaucht unberührt [52]). (Art. 2) Mit dem Rechtsbestande des Vertrags fallen dagegen alle besondern Befugniße des Besitzers der Herrschaft in Bezug auf auswärtige Verhältniße, die derselbe etwa vor Auflösung des Reichs gehabt haben mag, hinweg, indem die Intereßen sowohl des Grafen, als Seiner Unterthanen, bei andern Staaten durch den Souverän, welchem die, vormals Kaiser und Reich zugestandene Hoheit über Kniphausen eingeräumt ist, unter dem Schutz des Bundes vertreten werden.

Die Herrschaft Kniphausen gehört vermöge dieser Unterordnung zu den deutschen Bundeslanden [53]), und der Besitzer erkennt demnach die Bundesgesetzgebung auch für Kniphausen als gültig an. In Folge deßen soll sich von selbst verstehn, daß unter dem Titel der ehemaligen Reichsgesetzgebung keine besondern Rechte über Kniphausen auf Sr. herzogliche Durchlaucht übergehen, da die ehemalige Reichsgesetzgebung nur in Erlaßung neuer Ordnungen und Gesetze im Reiche, mithin solcher Gesetze sich geäußert, welche allgemein für die Reichsunterthanen verbindliche Kraft haben sollten, Bestimmungen aber, welche mit solchen Ordnungen und Gesetzen überhaupt zu vergleichen wären, gegenwärtig nur

52) Folglich hat der Graf kein jus belli oder foederum, noch das jus legationum. Nur innere subordinirte Landeshoheit.

53) Nicht: Staaten.

bei dem Bundestage verhandelt und vereinbart werden könnten [54]). (Art. 3.)

Zu den Bundesmatricularmäßigen Lasten an Geldleistungen und Mannschaftstellung trägt die Herrschaft Kniphausen in dem Verhältniß bei, wie es bei andern deutschen Bundesländern der Fall ist. Die Mannschaft wird aber dem herzoglich Oldenburgschen Contingent einverleibt, und das Geld zu den herzoglichen Caßen bezahlt. (Art. 4.)

Der Graf erhält wieder das Recht der besondern Flagge. (Art. 5.)

Die Justizgewalt übt der Graf wieder, wie zur Zeit des deutschen Reichs aus, mit folgenden Abänderungen: a) das O. Appellationsgericht zu Oldenburg vertritt die Stelle der ehemaligen Reichsgerichte in Sachen der Unterthanen unter sich und gegen ihre Obrigkeit, desgleichen in Privatangelegenheiten des Grafen und seiner Familienglieder (hier jedoch vorbehaltlich des

54) Diese Stelle ist sehr merkwürdig. Sie setzt den deutschen Bund gewißer Maaßen an den Platz der ehemaligen Reichshoheit, als wäre, was doch nicht, die Reichsstaatsgewalt, das Recht der Gesetzgebung wenigstens, auf den deutschen Bund übergegangen. Jeder Souverän vermag aber schon in seinem deutschen Staat wenigstens soviel in Ansehung der Gesetzgebung, als Kaiser und Reich. Und was die Reichsgesetzgebung in Ansehung aller Theile und Glieder des Reichs bestimmen durfte, konnte sie auch — mit Beachtung der jura singulorum — in einzelnen Theilen. Gegen diesen Passus scheint daher auch hauptsächlich die Königl. sächsische Erklärung gerichtet, wovon unten.

Antrags auf Actenversendung). b) daßelbe O. App. Gericht fällt die Criminal-Urteile rc. auf weitere Vertheidigung; und exequirt c) die gegen den Besitzer der Herrschaft ergangenen Urtheile. d) Die Stelle des Reichsfiscals vertritt ein Beamter, um auf Erhaltung guter gemeiner Ordnung, und Erfüllung der von der Landesobrigkeit in dem Abkommen übernommenen Verbindlichkeiten zu wachen [55]). Ueber die Anträge entscheidet das O. A. Gericht. (Art. 6.)

Das Oberappellationsgericht zu Oldenburg ist sodann auch die schiedsrichterliche (Austrägal-) Instanz für alle Irrungen und Streitigkeiten, welche die Auslegung des Receßes, den Umfang und die Natur der Sr. herzogl. Durchlaucht übertragenen Hoheit und der dem Grafen zustehenden Rechte im gegenseitigen Verhältniße zu einander an sich, oder in ihrem Princip betreffen, und so weit nicht die fiscalische Amtsthätigkeit begründet ist. Dabei kann der Graf ebenfalls auf Actenversendung antragen. (Art. 7.)

Der Art. 8 enthält eine Vereinbarung wegen der Verfaßung der indirecten Abgaben.

Im Art. 9 endlich wird vereinbart, den deutschen Bund um die Uebernahme der Garantie zu ersuchen, und zwar dahin, daß er auf die genaue und vollständige Erfüllung der in dem Vertrag enthaltenen Bestimmungen achten, insbesondre darauf halten wolle, daß die Streitigkeiten zwischen Sr. Durchlaucht dem Hrn. Herzog von Oldenburg und dem Grafen auf dem verein-

55) Wie etwa in der heßischen Quart die kurheßischen Hoheitsbeamten.

barten Wege zur Entscheidung gebracht, so wie die erfolgten Erkenntniße pünclich vollzogen werden. Zu dem Ende soll dem Grafen der Recurs an die B. V. in allen vorkommenden Fällen offen stehn. —

In den Berathungen bei der hohen B. V. erinnerte nun der Königl. sächs. Bundesgesandte Folgendes gegen die Uebernahme der nachgesuchten Garantie [56]):

1. dem Vertrage liege die Idee einer Trennung der Regierungsrechte in reichshoheitliche und landeshoheitliche zum Grunde, welche ohne das Bestehn der Reichsverfaßung nicht gedacht werden könne, auch mit Art. 57 der W. Schl. Acte nicht wohl zu vereinigen sey. Doch hiervon abgesehn, so ließe sich

2. die im Schlußsatz des Art. 3 ausgesprochene Ansicht nicht wohl theilen, daß Bestimmungen, die mit den vormaligen Reichsordnungen und Gesetzen zu vergleichen wären, dermalen nur beim Bundestage vereinbart werden könnten. Denn die Beschlüße der B. V. selbst erhielten ja erst durch die Anordnungen der einzelnen Bundesglieder verbindliche Kraft für ihre Unterthanen.

3. sey das Intereße des Bundes hinsichtlich der Contingentstellung und der Ausführung der Bundesbeschlüße nicht gehörig gewahrt u. s. w.

Die 16te Stimme legte eine besondre Erklärung in einem Separat-Protokoll nieder.

Indeßen vereinigte sich die h. Versammlung zuletzt am 9. März 1826 zu dem Beschluß »daß der Bund »in diesem ganz eignen und besondern Falle

56) S. Bundes-Prot. von 1826. S. 49–51.

»die Garantie mit der im Art. 9 ausgedrückten Wir»kung um so bereitwilliger übernehme, als dadurch we»der das Verhältniß Sr. Durchlaucht des Herzogs von »Oldenburg zum Bunde eine Aenderung erleide, noch »auch durch die Uebernahme dieser Garantie dem wohl»begründeten Recht dritter Personen Eintrag geschehn »solle [57].«

Anerkannt hat wohl der Bund dadurch kein Princip, welches in dem Vertrage selbst zwar zum Grunde gelegt seyn mag, mit der jetzt bestehenden Verfassung Deutschlands aber in directem Widerspruch stehn würde.

So viel, wie dem Grafen Bentink, gelang keinem andern Besitzer ehehin völlig reichsunmittelbarer Gebiete zu erhalten. Dahin gehörten aber

1. die im Art. 43. der Wiener Congreßacte zur preußischen Monarchie, jedoch ohne ausdrücklichen Vorbehalt standesherrschaftlicher Rechte gezogene, im J. 1815 auch wirklich von Preußen in Besitz genommene Baronie Schauen im ehemaligen Fürstenthume Halberstadt gelegen, einer Linie des freiherrlichen Hauses von Grote zugehörig, worüber der Besitzer, ohne reichs- und kreisständischen Nexus, die landeshoheitlichen Rechte vormals wirklich ausübte. Privatnachrichten zufolge sind dem jetzigen Besitzer blos die grundherrlichen und Eigenthumsrechte verblieben; selbst die Civil-Gerichtsbarkeit ist von ihm aufgegeben. Unter den Ständen der Provinz Sachsen nimmt er keinen bevorrechteten Platz ein.

57) B. Prot. l. c. S. 73—75.

2. Das Amt Schwarza, Enclave des preußischen Antheils von Henneberg, dem Grafen von Stolberg-Wernigerode gehörig. Der Umfang der von dem gräflichen Hause bisher darüber ausgeübten Gerechtsame ist vor mehrern Jahren durch einen berühmten Publicisten untersucht worden. In wie fern es bei dem ausgemittelten Besitzstand verblieben ist, und ob eine nähere Regulirung bevorsteht, ist bisher nicht zu einer allgemeinen Kenntniß gekommen.

3. Das fürstlich Wiedsche und gräflich Walderdorfsche Condominat-Amt Mayscheidt im K. preußischen Regierungsbezirk Coblenz, bestehend aus den Kirchspielen Isenburg und Großmayscheidt, ehemals Theil der blos kreisständischen Grafschaft Nieder-Isenburg, seit seiner Abtrennung davon aber im J. 1664 nicht mehr selbst kreisständisch, sondern nur reichsunmittelbar. Die Miteigenthümer übten früher, außer andern Hoheitsrechten auch das jus appellationum gemeinschaftlich aus. Seit der Unterwerfung unter Naßau im J. 1806 und demnächst unter Preußen sind hierin verschiedne partielle Aenderungen vor sich gegangen, die zum Theil auch in dem zwischen Sr. Majestät dem König von Preußen und dem Hrn. Fürsten von Wied am 29. Mai 1826 geschloßenen Receß ihre nähere Bestimmung erhalten haben.

Mehrern andern Besitzungen derselben Art sind theils durch Staatsverträge, theils durch die Begünstigung der Souveräne die gewöhnlichen standesherrlichen Gerechtsame beigelegt worden, wie die Verzeichniße der Mediatisirten bei Klüber a. a. O. S. 931 flg. einzeln nachweisen; z. B. Rheda, der Herrschaft Homburg a. d.

Mark, desgleichen der mit der reichsständischen Grafschaft Holzappel schon seit längerer Zeit verbundenen, an sich blos reichsunmittelbaren Herrschaft Schaumburg, worüber Naßau durch die rheinische B. A. Art. 24 die Souveränetät erhielt.

Noch geringfügigere Besitzungen der nämlichen Claße, über deren heutigen Rechtszustand Nachrichten fehlen, nennt Klüber a. a. O. S. 532 in fine.

Möchte die vorstehende Abhandlung, die an sich keinen nähern Anspruch auf Anerkennung einer Verdienstlichkeit macht, wenigstens publicistische Aufmerksamkeit auf solche Singular-Verhältniße, und Mittheilungen zur Ergänzung der Kenntniß von dem öffentlichen Rechtszustand in Deutschland anregen!

Gedruckt bei C. F. Thormann in Bonn.

Uebersicht.

Berichtigung.

S. 112 Not. 3 sind die Worte: geheime Referendarien, Cabinetsräthe zu streichen, da dieselben allerdings aus vielen Gründen unter den allgemeinern Begriff der Staatsdiener gehören.

Kolibri 360 GmbH
Ferdinand-Jühlke-Straße 7
99095 Erfurt, Deutschland
produktsicherheit@kolibri360.de